FORSCHUNGSBERICHTE DES LANDES NORDRHEIN-WESTFALEN

Nr. 2316

Herausgegeben im Auftrage des Ministerpräsidenten Heinz Kühn
vom Minister für Wissenschaft und Forschung Johannes Rau

Heinrich Lindner

Forschungsinstitut der Friedrich-Ebert-Stiftung, Bonn-Bad Godesberg

Die Inanspruchnahme steuerlicher und vermögenspolitischer Vergünstigungen durch die Lohnsteuerpflichtigen

- Ein Beitrag zur Untersuchung der Verhaltensweisen Lohnsteuerpflichtiger und der Effektivität sozialpolitischer Maßnahmen des Gesetzgebers -

Westdeutscher Verlag Opladen 1972

ISBN 978-3-531-02316-8 ISBN 978-3-322-88585-2 (eBook)
DOI 10.1007/978-3-322-88585-2

Gesamtherstellung: Westdeutscher Verlag

V o r w o r t

Für viele Arbeitnehmer gilt das Lohnsteuerrecht als ein Buch mit sieben Siegeln. Sie überlassen die Besteuerung weitgehend dem Arbeitgeber und versuchen nur selten, den Steuerabzug auf seine Richtigkeit hin zu überprüfen.

Die volle Ausschöpfung der vom Gesetzgeber eingeräumten Möglichkeiten der Steuerersparnis erfordert die Bearbeitung eines Antrags. Viele Arbeitnehmer haben aber eine Abneigung gegen schriftliche Arbeiten oder ihnen fehlt einfach das Interesse an steuerlichen Angelegenheiten.

Als Konsequenz sowohl dieses Verhaltens als auch der bestehenden Unkenntnisse ergeben sich Lohnsteuerüberzahlungen, die aus sozialpolitischer Sicht insofern bedeutsam sind, als daraus eine tatsächliche - wenn auch nicht gewollte - Höherbelastung einkommensschwacher Schichten resultieren kann. Insbesondere wäre dadurch das Ziel einer Einkommens- und Steuerlastumverteilung in starkem Masse gefährdet.

Entsprechendes gilt bezüglich der Ausnutzung der staatlichen Massnahmen zur Sparförderung. Auch hier wäre das Ziel der staatlichen Vermögenspolitik, die Gewinnung breiter Bevölkerungsschichten für den Gedanken des Sparens und des Eigentumserwerbs, beeinträchtigt, wenn sich herausstellt, dass sich sozial schwächere Schichten der Bevölkerung nicht oder nur im geringen Umfang an der staatlichen Sparförderung beteiligen.

Die vorliegende Untersuchung hat es sich daher zur Aufgabe gesetzt, zu prüfen,

- ob die These richtig ist, dass die Lohnsteuerzahler dem Fiskus jährlich Milliardenbeträge 'schenken'

- welche Faktoren darüber entscheiden, ob die Steuerpflichtigen ihre steuerlichen Abzugsmöglichkeiten optimal ausnutzen und schliesslich

- ob für die Ausschöpfung der staatlichen Massnahmen zur Sparförderung ähnliche Faktoren ausschlaggebend sind wie für die Inanspruchnahme steuerlicher Vergünstigungen.

Die Beantwortung dieser Fragen ist zum einen aus finanzwissenschaftlicher Sicht relevant, da sie einen Beitrag zur Untersuchung der Verhaltensweisen der Lohnsteuerpflichtigen darstellt, zum anderen aus sozialpolitischer Sicht, da von ihr Hinweise auf die Realisierung sozialpolitisch motivierter Ziele der Besteuerung erhalten werden können.

Die Untersuchung stützt sich auf eine repräsentative Erhebung unter den Lohnsteuerpflichtigen des Bundeslandes Nordrhein-Westfalen. Der Stichprobenumfang wurde auf 700 Lohnsteuerpflichtige festgelegt, von denen insgesamt 610 befragt werden konnten. Diese Beschränkung war notwendig, da zum einen das einzelne Interview eine besonders lange Zeit beansprucht, zum anderen für viele Steuerpflichtige eine Nacherhebung in den Finanzämtern (Überprüfung der Anträge auf Lohnsteuer-Jahresausgleich) sowie Kontrollinterviews geplant waren und weil schliesslich drittens wegen der erwarteten strukturellen Unterschiede zwischen Beantwortern und Nichtbeantwortern die Absicht bestand, eine möglichst hohe Beantwortungsquote zu erzielen. Die Untersuchungsergebnisse wurden mit Hilfe eines Chi-Quadrat-Tests statistisch gesichert.

Ich bedanke mich bei

- dem Landesamt für Forschung, Düsseldorf, das die Erhebung finanziert hat
- dem Staatssekretär des Finanzministeriums Nordrhein-Westfalen, Herrn Dr. M. Döring, der die Ziehung der Stichprobe sowie die Nacherhebung in den Finanzämtern ermöglicht hat
- den Bediensteten der Finanzverwaltung, die bei der Erhebung in den Finanzämtern behilflich waren, den Lohnsteuerpflichtigen, die sich zu einem Interview bereit erklärt haben, sowie den Interviewern, die sich in für sie oft schwierige steuerliche Probleme einarbeiten mussten
- Frau Bludau für die Betreuung des Manuskripts
- dem Mathematiker, Dr. H. Schunck, der bei der Erstellung des Stichprobenplans beratend tätig war
- der Psychologin, Frau Dr. A. Bruggemann, und der Steuerbevollmächtigten, Frau A. Schunck, mit denen Expertenfragen in sozialpsychologischen und steuerlichen Angelegenheiten diskutiert wurden, und nicht zuletzt
- Herrn Professor Dr. O. Blume, der die Arbeit als Dissertation betreut hat.

Bonn, im März 1972 Heinrich Lindner

Inhaltsverzeichnis

Seite

Seite

T a b e l l e n v e r z e i c h n i s

Seite

1 Einleitung

1.1 Zum Gang der Untersuchung

Nach einer Erläuterung der Grundzüge des geltenden Lohnsteuerrechts sowie der gesetzlichen Vorschriften zur Sparförderung und Vermögensbildung im ersten Kapitel wird in einem zweiten Kapitel auf die Untersuchungsmethoden eingegangen. Im Mittelpunkt dieses Kapitels werden die der Untersuchung zugrunde liegenden Fragestellungen und Hypothesen katalogartig aufgeführt und begründet werden.

Im dritten Kapitel werden die Untersuchungsergebnisse vorgelegt. Zunächst wird auf die Kenntnisse der Lohnsteuerpflichtigen über die Lohnsteuer sowie die Höhe der von ihnen geleisteten Lohnsteuerüberzahlungen einzugehen sein. Danach werden mögliche Einflussfaktoren dieser Kenntnisse und der Lohnsteuerüberzahlungen untersucht und überprüft, ob weiterhin von der Richtigkeit der zugrunde liegenden Hypothesen ausgegangen werden kann. Schliesslich werden die Zusammenhänge zwischen der Ausnutzung der steuerlichen Abzugsmöglichkeiten einerseits und der Beanspruchung der Sparförderung andererseits untersucht.

Im vierten Kapitel werden zunächst die Untersuchungsergebnisse zusammengefasst und diskutiert werden. Insbesondere soll geprüft werden, ob mit Hilfe der untersuchten Merkmale der Typ des Steuerpflichtigen bestimmt werden kann, der seine steuerlichen Abzugsmöglichkeiten optimal ausnutzt, bzw. der die staatlichen Sparvergünstigungen weitgehend beansprucht. Abschliessend werden die sozialpolitische Relevanz der Ergebnisse und Verbesserungsvorschläge der geltenden gesetzlichen Bestimmungen zu untersuchen sein.

1.2 Die geltenden gesetzlichen Bestimmungen

1.2.1 Die Grundzüge des geltenden Lohnsteuerrechts

Die Lohnsteuer, eine besondere Erhebungsform der veranlagten Einkommensteuer, ist mit einem für 1971 geschätzten kassenmässigen Aufkommen von 42,8 Mrd. DM[1] die Haupteinnahmequelle der öffentlichen Haushalte. Sie ist die Steuer, mit der die breite Masse der Arbeitnehmer bei Durchsicht ihrer Gehalts- und Lohnabzüge ständig konfrontiert wird und die daher auch, besonders im Zusammenhang mit der geplanten Steuerreform, im Mittelpunkt des öffentlichen Interesses steht.

Die Grundlagen des geltenden Lohnsteuerrechts sind das Einkommensteuergesetz[2], die Lohnsteuer-Durchführungsverordnung[3] und die Verordnung über den Lohnsteuer-Jahresausgleich[4][5]. Für die Einkommensermittlung besteht im deutschen Einkommensteuerrecht folgendes Grundschema: Nach einem pragmatisch-kasuistischen Einkommensbegriff werden sieben Einkunftsarten unterschieden, nämlich Einkünfte aus 1. Land- und Forstwirtschaft, 2. Gewerbebetrieb,

---

1) Quelle: DER BUNDESMINISTER FÜR WIRTSCHAFT UND FINANZEN (Hrsg.): Die Steuereinnahmen des Bundes und der Länder im Dezember 1971 und im Rechnungsjahr 1971, Dokumentation Nr. F/19, 31. Januar 1972, S. 8.

2) EStG in der Fassung vom 12. Dezember 1969. BGBl. I S. 2265, zuletzt geändert durch Gesetz vom 10. August 1971, BGBl. I S. 1266.

3) LStDV in der Fassung vom 29. April 1971. BGBl I S. 397, BGBl. III 611-2.

4) JAV in der Fassung vom 16. März 1971. BGBl. I S. 195, BGBl. III 611-2-4.

5) Als weitere Grundlagen des geltenden Lohnsteuerrechts sind zu nennen:
- die Lohnsteuer-Richtlinien (LStR in der Fassung vom 30. Dez. 1969, BAnz. 1970 Nr. 7 Beilage, BStBl 1970 I S. 25)
- die Reichsabgabenordnung (AO vom 22. Mai 1931, zuletzt geändert durch Gesetz vom 30. August 1971
- oberstrichterliche Entscheidungen des Reichsfinanzhofs bzw. des Bundesfinanzhofs sowie Verwaltungserlasse für Sonderfälle.

3. selbständiger Arbeit, 4. nichtselbständiger Arbeit, 5. Kapitalvermögen, 6. Vermietung und Verpachtung und 7. sonstigen Einkünften. Die Einkunftsarten 1 bis 3 sind Gewinneinkünfte, bei denen der Gewinn im Prinzip durch einen Betriebsvermögensvergleich mit Hilfe einer Bilanz, bei kleineren Gewerbetreibenden und freiberuflich Tätigen häufig durch Gegenüberstellung von Betriebseinnahmen und -ausgaben, ermittelt wird. Die übrigen Einkunftsarten, zu denen auch Lohneinkünfte zu zählen sind, sind Überschusseinkünfte, d.h. es wird der Überschuss der Einnahmen über die Werbungskosten (Aufwendungen zur Erwerbung, Sicherung und Erhaltung der Einnahmen) festgestellt. Einkünfte aus mehreren Einkunftsarten werden zusammengerechnet. Von den Gesamteinkünften werden die Sonderausgaben abgezogen, deren Abzugsfähigkeit vom Gesetzgeber aus sozialen, wirtschaftlichen oder sonstigen Gründen anerkannt wird.[1)]

Nach Abzug der Sonderausgaben ergibt sich das steuerpflichtige Einkommen. Aber auch dieser Betrag kann noch um bestimmte Freibeträge (Kinderfreibeträge, Altersfreibetrag etc.[2)]) sowie um die aussergewöhnlichen Belastungen gekürzt werden, soweit sie vom Gesetzgeber als solche anerkannt werden. Als Rest bleibt der "zu versteuernde Einkommensbetrag", für den schliesslich an Hand der Steuertabelle die Steuerschuld festgestellt werden kann.

Die Höhe der Steuerschuld richtet sich nach dem geltenden <u>Steuertarif</u>, dessen Verlauf nicht nach wissenschaftlichen Kriterien beurteilt werden kann, sondern der das Ergebnis einer politischen Entscheidung des Gesetzgebers ist, die in der Bundesrepublik zugunsten eines wie folgt aufgebauten,

---

1) Vgl. PEHL, G.: Steuerpolitik in der Bundesrepublik Deutschland, Köln 1962, S. 36.

2) Vgl. hierzu die umfassende Arbeit von KNIEF, P.: Steuerfreibeträge als Instrumente der Finanzpolitik, in: Abhandlungen zur Mittelstandsforschung, Nr. 34, Köln und Opladen 1968 (Kölner Dissertation 1967), insbesondere S. 21 ff und S. 28 ff.

im Prinzip progressiven Tarifs, ausgefallen ist:[1] An die Nullzone, in der ein Grundfreibetrag von 1680 DM (Unverheiratete) bzw. 3360 DM (Verheiratete) steuerfrei bleibt (sogenannter Existenzminimumfreibetrag[2]) schliesst sich für zu versteuernde Einkommen bis 8000 DM bei Unverheirateten, bis 16.000 DM bei Verheirateten die Proportionalzone an, in deren Bereich das zu versteuernde Einkommen der Besteuerung mit einem Steuersatz von 19 Prozent unterliegt; zu versteuernde Einkommensteile oberhalb der Proportionalzone fallen in den verhältnismässig rasch ansteigenden Progressionsteil des Einkommensteuertarifs, der bei

1) Nach HALLER ist es wissenschaftlich nicht möglich zu bestimmen, ob nach dem Leistungsfähigkeitsprinzip (für jeden Steuerpflichtigen gleiche relative Einbusse derjenigen Bedürfnisbefriedigung, die ihm aus dem steuerbaren Einkommen möglich ist) die Einkommensteuer progressiv, proportional oder regressiv gestaltet werden muss. HALLER schlägt daher vor (als eine zu diskutierende Lösung), eine proportionale Leistungsfähigkeitssteuer einzuführen, die durch eine progressive Umverteilungssteuer zu ergänzen wäre. Vgl. HALLER, H.: Probleme der progressiven Besteuerung (Walter Eucken Institut, Vorträge und Aufsätze, Nr. 27), Tübingen 1970, S. 3, S. 9; SCHMIDT hingegen geht von dem Progressionsprinzip ganz ab. Er meint: "Aber es gelingt nicht, den herrschenden Ideenströmungen ein Bild der sozialen Gerechtigkeit zu entnehmen, das für solch spezielle Entscheidungen, wie die Gestaltung eines Progressionstarifs ausreicht." SCHMIDT, K.: Die Steuerprogression, Veröffentlichungen der List Gesellschaft e.V., Bd. 20, Bonn 1959, S. 74. SCHMIDT fordert dazu auf, das Postulat einer absoluten Progression aufzugeben und sich mit einer kompensatorischen Progression zu begnügen, da die absolute Progression die "Kapitalbildung" und "Investitionsneigung" beeinträchtigen würde (vgl. ebd., S. 148 f.); NEUMARK dagegen ist der Ansicht, dass die Steuerprogression zwar nicht in bezug auf ihr konkretes Mass, wohl aber dem Prinzip nach wirtschaftstheoretisch gerechtfertigt werden kann. Vgl. NEUMARK, F.: Grundsätze gerechter und ökonomisch rationaler Steuerpolitik, Tübingen 1970, S. 178. Für NEUMARK ist das Progressionsprinzip im Prinzip untrennbar mit dem Leistungsfähigkeitsgrundsatz verbunden (vgl. ebd., S. 179).

2) Zum Begriff des Existenzminimums vgl. PIEL, W.-D.: Zur sozialen Bedingtheit und politischen Bestimmbarkeit des sozialen Existenzminimums, Dissertation, Köln 1968, S. 26 f.

Einkommen von 110.000 DM (Unverheiratete) bzw. 220.000 DM (Verheiratete) den Spitzensteuersatz von 53 Prozent[1] in der auslaufenden oberen Proportionalzone erreicht.[2]

Ehegatten werden, wie schon aus den vorstehenden Erläuterungen zum Steuertarif deutlich wurde, in der Regel nach dem sogenannten Splittingverfahren zusammenveranlagt. Nur bei Abgabe einer entsprechenden Erklärung kann auch eine getrennte Veranlagung gewählt werden. Bei der Zusammenveranlagung werden alle Einkünfte der Ehegatten zusammengerechnet, die Ehegatten bleiben jedoch selbständige Steuersubjekte, so dass beispielsweise bei den Werbungskosten auf die steuerlich relevanten Verhältnisse des einzelnen Ehegatten abzustellen ist.[3] Bei der Ermittlung des Einkommens und des zu versteuernden Einkommensbetrages bilden die beiden Ehegatten eine Einkommensgemeinschaft. Sowohl die Sonderausgaben - was zu einer Verdoppelung des Sonderausgabenpauschalbetrages sowie der Sonderausgabenhöchstbeträge führt - als auch z.B. die aussergewöhnlichen Belastungen der Ehegatten werden zu-

---

1) Einschliesslich Ergänzungsabgabe 54,59 Prozent. Vgl. PRESSE- UND INFORMATIONSAMT DER BUNDESREGIERUNG (Hrsg.): Steuerreform 1974 - Die Beschlüsse der Bundesregierung vom 11. Juni 1971 über Eckwerte und Grundsätze, Bulletin Nr. 95/S. 993 (Sonderausgabe), Bonn, den 23. Juni 1971, S. 1015.

2) Vgl. STEUERREFORMKOMMISSION (EBERHARD-Kommission): Gutachten der Steuerreformkommission. Loseblattausgabe in 3 Bänden, Bonn 1971, Bd. I: Abschnitt II, Tz. 631.

3) Vgl. STEUERREFORMKOMMISSION (1971): a.a.O., Bd. I: Abschnitt II, Tz. 537.

zusammengefasst.[1] Schliesslich wird der zu versteuernde Gesamteinkommensbetrag halbiert und der sich dann nach dem Grundtarif ergebende Steuerbetrag verdoppelt.

Beim Splittingverfahren wird kein Unterschied gemacht, ob nur der Mann, nur die Frau oder beide Ehegatten Einkünfte beziehen. Auch wird nicht berücksichtigt, ob die Ehegatten Kinder haben. Es wird immer so verfahren, als entfiele auf jeden Ehegatten die Hälfte des Gesamteinkommens. Dies aber führt im Progressionsbereich des Einkommensteuertarifs zu einer Abschwächung der Progression mit der Folge einer mit wachsendem Einkommen steigenden Entlastung im Verhältnis zwischen Ehegatten, von denen nur einer verdient, und Ledigen mit gleichhohem Einkommen.[2] Die Steuerentlastung beträgt je nach Höhe des Einkommens bis 11.281 DM jährlich. Der überwiegende Teil der Lohnsteuerpflichtigen "profitiert" von diesem sogenannten Splittingeffekt nicht, da er der Besteuerung nach dem Proportionalsteuersatz von 19 Prozent unterliegt.[3] Über die Berechtigung oder Nichtberechtigung des Splittingverfahrens gab es in den letzten Jahren eine hier nicht näher zu erörternde wissenschaftliche und politische Diskussion, die wegen der geplanten Steuerreform auch heute noch anhält und in der auch verfassungsrechtliche

1) Nur beim Altersfreibetrag wird auf die persönlichen Verhältnisse jedes Ehegatten abgestellt.

2) Vgl. DER BUNDESMINISTER FÜR FAMILIE UND JUGEND (Hrsg.): Bericht über die Lage der Familien in der Bundesrepublik Deutschland - Familienbericht -, Bad Godesberg 1968 (Drucksache V/2532, S. 111.

3) Als Folge der Verdoppelung des Grundfreibetrages ergibt sich hier lediglich eine Steuerersparnis von 320 DM.

Gesichtspunkte eine entscheidende Rolle spielen.[1)]

Die hier zu untersuchenden Einkünfte aus nichtselbständiger Arbeit unterliegen dem Quellenabzugsverfahren (Abzug der Steuer vom Arbeitslohn durch den Arbeitgeber), das die Benutzung von Lohnabzugstabellen erfordert, um dem Arbeitgeber das Massenverfahren des Steuerabzugs zu erleichtern.[2)]

---

1) Vgl. z.B.: LITTMANN, K.: Kritische Marginalien zur Kontroverse "Individuelle Veranlagung oder Haushaltsbesteuerung", in: Finanzarchiv, NF, Bd. 27 (1968), S. 174 ff. LITTMANN ist Anhänger einer getrennten Veranlagung: "Der eigentliche Fehler der Konstruktion der Haushaltsbesteuerung liegt freilich darin, dass steuerlich der Haushalt entsprechend den bürgerlich-rechtlichen Normen und nicht gemäss den faktischen Verhältnissen definiert wird" (ebd., S. 185). Für LITTMANN wäre die "... individuelle Veranlagung ... eine nahezu ideale Form der Besteuerung" (ebd., S. 186). DAS INSTITUT "FINANZEN UND STEUERN" (: Einschränkung des Ehegattensplitting ? - Eine kritische Betrachtung -, Brief 109, Bonn 1968) befürwortet das derzeit geltende uneingeschränkte Splittingverfahren und bezeichnet dieses Verfahren als "optimale Veranlagungsform" (ebd., S. 37). Ähnlich argumentiert die STEUERREFORMKOMMISSION (1971), a.a.O., Bd. I, Abschnitt II, Tz. 557 ff, ibs. Tz. 560. Nach den Eckwerten der Bundesregierung ist eine Beibehaltung des Ehegattensplitting vorgesehen. Vgl. PRESSE- UND INFORMATIONSAMT DER BUNDESREGIERUNG (Hrsg.): Eckwerte ..., a.a.O., S. 1019. Für eine Begrenzung des Splitting treten ein: DER BUNDESMINISTER FÜR FAMILIE UND JUGEND (Hrsg.): a.a.O., S. 112 (sogenannter "HECK-Plan", der dann im Bulletin vom 1.6.68, Nr. 69, S. 590 "Zur Reform des Familienlastenausgleichs" konkretisiert wurde); ferner PEHL, G.: "Veredeltes Splitting" als künftige Grundlage der Ehegattenbesteuerung? in: Wirtschaftswissenschaftliche Mitteilungen, H. 9, 1957, S. 211; ferner DEUTSCHER GEWERKSCHAFTSBUND, BUNDESVORSTAND (Hrsg.): Vorschläge des DGB zur Steuerreform, Düsseldorf 1971, S. 12. Für eine Erweiterung des Ehegattensplitting zu einem geschlossenen System der Familienbesteuerung (mit Kinderadditiven) trat 1967 der WISSENSCHAFTLICHE BEIRAT BEIM BUNDESMINISTERIUM DER FINANZEN ein. (: Gutachten zur Reform der direkten Steuern (Einkommensteuer, Körperschaftsteuer, Vermögensteuer und Erbschaftsteuer) in der Bundesrepublik Deutschland, in: Schriftenreihe des Bundesministeriums der Finanzen, H. 9, Bonn 1967, S. 31 ff).

2) Vgl. UPMEIER, W.: - Die neue "Klassensteuer" - Die Verselbständigung der Besteuerung nach Einkommensarten, dargestellt an der gesonderten Besteuerung der Einkünfte aus nichtselbständiger Arbeit - Zum Postulat der Gleichmässigkeit der Besteuerung -, Dissertation, Köln 1970, S. 64.

In die Steuertabellen sind bereits folgende Pausch- und Freibeträge eingearbeitet: 1. je ein Pauschbetrag für Werbungskosten (564 DM) und Sonderausgaben (936 DM), 2. ein Arbeitnehmerfreibetrag (240 DM), 3. Kinderfreibeträge (1. Kind: 1200 DM, 2. Kind 1680 DM und für jedes weitere Kind 1800 DM und 4. ein Sonderfreibetrag für alleinstehende Arbeitnehmer, die vier Monate vor Beginn des Kalenderjahres, für das der Lohnabzug vorgenommen wird, das 49. Lebensjahr vollendet haben (840 DM bzw. 1200 DM, wenn sie einen Kinderfreibetrag erhalten: jeweils berücksichtigt in Steuerklasse II). Um besonderen Verhältnissen[1] Rechnung zu tragen, ist dem Arbeitnehmer die Möglichkeit gegeben, sich z.B. wegen besonders hoher Werbungskosten, Sonderausgaben oder wegen aussergewöhnlicher Belastungen zu Beginn oder während des Jahres im sogenannten Lohnsteuer-Ermässigungsverfahren beim Finanzamt einen individuellen Freibetrag auf der Steuerkarte eintragen zu lassen.[2] Auch kann die Steuerkarte bei Änderungen der Steuerklasse oder der Zahl der Kinderfreibeträge jederzeit[3] durch das Finanzamt oder die zuständige Gemeindebehörde geändert werden.

Beim Lohnsteuerabzug sind allein die Eintragungen auf der Lohnsteuerkarte massgebend: Zunächst sind die indi-

---

1) Die besonderen Verhältnisse sind inzwischen schon zu "Normalverhältnissen" geworden, da die Sonderausgabenpauschale nicht mehr ausreicht, um die steuerbegünstigten Aufwendungen der Mehrzahl der Arbeitnehmer abzudecken.

2) Nach § 40 Abs. 1 Ziff. 6 EStG können auf Antrag des Arbeitnehmers als vom Arbeitslohn abzuziehende Beträge auf der Lohnsteuerkarte Verluste eingetragen werden, die z.B. bei erhöhten Absetzungen nach § 7 b EStG entstehen. Früher konnten diese Verluste nur im Wege der Veranlagung ausgleichend berücksichtigt werden.

3) Anträge sind bis zum 30. November des Kalenderjahres, für das die Lohnsteuerkarte gilt, zu stellen.

viduellen Freibeträge vom Arbeitslohn abzuziehen;[1] danach ergibt sich aufgrund der Steuerklasse sowie der Zahl der Kinderfreibeträge aus der Lohnabzugstabelle der Steuerbetrag. Lohnsteuer hat der Arbeitgeber bei jeder Lohnzahlung einzubehalten und an das Finanzamt abzuführen. Das geltende Lohnsteuerrecht kennt sechs Steuerklassen, die durch folgende Übersicht dargestellt werden können:[2]

Steuerklasse I:	Ledige und Geschiedene, die nicht in Steuerklasse II fallen
Steuerklasse II:	Ledige und Geschiedene, die älter als 49 Jahre sind
Steuerklasse III:	Verheiratete, wenn für einen der Ehegatten eine Lohnsteuerkarte nicht auszuschreiben ist oder für diesen die Steuerklasse V beantragt wird
Steuerklasse IV:	Für Ehegatten, die beide Arbeitslohn beziehen und nicht die Steuerklassen III und V beantragen
Steuerklasse V:	Für den zweiten Ehegatten auf Antrag, wenn der erste Ehegatte in die Steuerklasse III fällt
Steuerklasse VI:	Arbeitnehmer, wenn sie in einem zweiten oder weiteren Dienstverhältnissen Arbeitslohn beziehen.

Verwitwete Arbeitnehmer fallen je nach Alter, verstrichener Zeit seit dem Todesjahr des Ehegatten und Vorliegen eines Kinderfreibetrages in die Steuerklasse I, II oder III.

Sind die während eines Kalenderjahres vom Arbeitslohn einbehaltenen Steuerbeträge insgesamt höher als die nach der Jahreslohnsteuertabelle auf den Jahresarbeitslohn geschuldete Jahreslohnsteuer, so wird der Unterschiedsbetrag im Lohnsteuer-Jahresausgleich erstattet. Diese Lohnsteuererstattung wird z.B. in folgenden Fällen notwendig:

1) Bis zum Jahre 1970 mussten vor Anwendung der Steuertabelle ausserdem vermögenswirksame Leistungen nach dem Dritten Vermögensbildungsgesetz (§ 17 Abs. 2) entsprechend den Vorschriften des Zweiten Vermögensbildungsgesetzes vom Arbeitslohn abgezogen werden.
2) Faustregel.

- bei ungleichen oder unregelmässigen Lohnzahlungen
- bei nachträglicher Berücksichtigung einer günstigeren Steuerklasse oder Kinderzahl
- bei nachträglicher Berücksichtigung von Freibeträgen, die beim laufenden Lohnabzug nicht voll zur Auswirkung gekommen sind, und
- bei nachträglicher Beantragung von Freibeträgen oder steuerfreien Beträgen für erhöhte Werbungskosten, Sonderausgaben, aussergewöhnliche Belastungen usw.

Zunächst ist für den Lohnsteuer-Jahresausgleich der Arbeitgeber zuständig, der diesen in den vom Gesetz bestimmten Fällen durchführen muss, ohne dass es eines Antrages des Arbeitnehmers bedarf. Der Arbeitgeber ist zur Durchführung des Lohnsteuer-Jahresausgleichs verpflichtet, wenn der Arbeitnehmer während des ganzen Jahres in einem Dienstverhältnis gestanden hat und am 31. Dezember des betreffenden Jahres bei ihm in einem Arbeitsverhältnis steht.[1] Er ist zur Durchführung des Jahresausgleichs berechtigt, wenn der Arbeitnehmer ihm die Zeiten seiner Nichtbeschäftigung durch amtliche Unterlagen, z.B. durch Vorlage seiner Arbeitslosenmeldekarte, nachweist.

In den Fällen, in denen der Lohnsteuer-Jahresausgleich vom Arbeitgeber nicht durchgeführt wird und/oder der Arbeitnehmer Tatsachen vorbringen kann, die eine günstigere Besteuerung rechtfertigen, kann der Arbeitnehmer einen Lohnsteuer-

---

1) Eine Verpflichtung besteht nur, wenn der Arbeitgeber am 31.12. des betreffenden Jahres mehr als 9 Arbeitnehmer beschäftigt. Sonderbestimmungen gelten bei einem Wechsel der Steuerklasse oder bei einer Änderung der eingetragenen Kinderfreibeträge: Hier ist der Arbeitgeber für den Lohnsteuer-Jahresausgleich nicht zuständig, wenn die Änderung nicht mehr als vier Monate gegolten hat. Vgl. hierzu auch STOLLFUSS-Tabellen: Jahreslohnsteuer-Tabelle 1970, Ausgabe Oktober 1970 (mit Erläuterungen), Bonn 1970, S. 75.

Jahresausgleich beim Finanzamt beantragen.[1] Dies gilt insbesondere dann, wenn der Arbeitnehmer höhere steuerfreie Beträge geltend machen kann, als sie auf der Lohnsteuerkarte eingetragen sind. Dabei sei auf folgende Gruppen besonders eingegangen:

---

1) Nach § 46 EStG werden Arbeitnehmer vor allem in folgenden Fällen zur Einkommensteuer veranlagt, so dass die Möglichkeit eines Lohnsteuer-Jahresausgleichs durch das Finanzamt nicht gegeben ist:

a) wenn das Einkommen des Arbeitnehmers mehr als 24.000 DM beträgt

b) wenn das Einkommen des Arbeitnehmers bis zu 24.000 DM beträgt und entweder

b1) die Einkünfte, von denen der Steuerabzug vom Arbeitslohn nicht vorgenommen wurde, insgesamt mehr als 800 DM betragen und

b2) in dem Einkommen Einkünfte aus mehr als einem Dienstverhältnis enthalten sind, die dem Steuerabzug vom Arbeitslohn unterlegen haben und der zu versteuernde Einkommensbetrag bei Personen, die in die Steuerklasse III oder IV fallen, 16.000 DM und bei Personen, die in die Steuerklasse I oder II fallen, 8.000 DM übersteigt oder

b3) in den Einkünften Versorgungsbezüge (§ 19 Abs. 3 EStG) von mehr als 9600 DM aus mehreren früheren Dienstverhältnissen enthalten sind oder

b4) wenn auf der Lohnsteuerkarte ein steuerfreier Betrag wegen eines Verlustes bei den Einkünften aus Vermietung und Verpachtung eingetragen worden ist oder

b5) wenn getrennte Veranlagung beantragt wird.

Vgl. STOLLFUSS-Tabellen: Lohnabzugs-Tabelle-Monat-, 51. Auflage (mit Erläuterungen), gültig ab 1. Januar 1971, Bonn 1970, S. E 17.

1. Als Werbungskosten - soweit ihre Summe den Pauschalbetrag übersteigt - können u.a. folgende Aufwendungen geltend gemacht werden: Aufwendungen für Arbeitsmittel (Werkzeuge, Fachbücher, Fachzeitschriften, Berufskleidung), Gewerkschaftsbeiträge, Aufwendungen für Fahrten zwischen Wohnung und Arbeitsstätte (bei Benutzung eines Kraftfahrzeuges sind Kilometerpauschbeträge[1] anzusetzen), Mehraufwendungen für doppelte Haushaltsführung, Mehraufwendungen für Verpflegung bei berufsbedingter mehr als zwölfstündiger Abwesenheit von der Wohnung (1970[2]: ohne Einzelnachweis DM 2,50 täglich).

2. Unter dem Begriff "Sonderausgaben" werden eine Reihe von Beträgen bestimmter Einkommensverwendungen zusammengefasst, die nach dem Willen des Gesetzgebers steuerbegünstigt sind. Hauptgruppe der Sonderausgaben bilden die Aufwendungen zur Lebensvorsorge. Sie sind zusammen mit anderen Aufwendungen[3] im Rahmen eines komplizierten Höchstbetragssystems abzugsfähig (Tabelle 1): Sie sind zunächst bis zu einem Jahresbetrag von 1100 DM zu berücksichtigen. Für den Ehegatten erhöht sich dieser Betrag um weitere 1100 DM und für jedes Kind, für das dem Steuerpflichtigen ein Kinderfreibetrag zusteht, um 500 DM. Bei Steuerpflichtigen, die das 50. Lebensjahr vollendet haben, verdoppeln sich diese Beträge. - Sonderausgaben, die die genannten Höchstbeträge übersteigen, können zur Hälfte, höchstens jedoch bis zu 50 Prozent der massgeblichen Höchstbeträge zusätzlich berücksichtigt werden. Vor Anwendung der Höchstbetragsvor-

---

1) 1970: auf 40 km begrenzt; ab 1971 werden auch Aufwendungen anerkannt, soweit sie auf eine Entfernung von mehr als 40 km entfallen.

2) Ab 1972 DM 3.-.

3) Beiträge an Bausparkassen, Kranken-, Unfall-, Haftpflicht-, Ausbildungs- oder Studienversicherungen, an Sterbe-, Witwen-, Waisen- und Versorgungskassen u.a. Der Abzug von z.B. Versicherungsbeiträgen zu Versicherungen auf denErlebens- oder Todesfall, die aufgrund von nach dem 8. Dez. 1968 abgeschlossenen Verträgen geleistet werden, ist nur dann möglich, wenn der Vertrag auf die Dauer von mindestens 12 Jahren abgeschlossen wurde (allerdings Sonderbestimmungen für ältere Steuerpflichtige).

Tabelle 1: Höhe der begünstigten Sonderausgaben nach geltendem Recht

Familienstand, Alter und Anzahl der Kinder	(1) Vorwegabzuziehende Versicherungsbeiträge	(2) Feste Höchstbeträge für Versicherungsbeiträge (soweit 1 übersteigend) und Bausparbeiträge	(3) Feste Höchstbeträge für 1 + 2 zusammen	(4) zuzüglich 50 v.H. von 2	(5) Höchstmöglicher Abzug (Spalte 3 + 4)
	DM	DM	DM	DM	DM
a) Alter unter 50 Jahre					
Unverheiratet ohne Kinder	1 000	1 100	2 100	500	2 650
Verheiratet ohne Kinder	2 000	2 200	4 200	1 100	5 300
Verheiratet mit 1 Kind	2 000	2 700	4 700	1 350	6 050
Verheiratet mit 2 Kindern	2 000	3 200	5 200	1 600	6 800
b) Alter über 50 Jahre					
Unverheiratet ohne Kinder	1 000	2 200	3 200	1 100	4 300
Verheiratet ohne Kinder	2 000	4 400	6 400	2 200	8 600
Verheiratet mit 1 Kind	2 000	5 400	7 400	2 700	10 100
Verheiratet mit 2 Kindern	2 000	6 400	8 400	3 200	11 600

Quelle: Presse- und Informationsamt der Bundesregierung (Hrsg.): Eckwerte ..., a.a.O., S. 1017 schriften dürfen Lebensvorsorgeaufwendungen gemäss § 10 Abs. 1 Ziff. 2 EStG bis zu einem Betrag von 1000 DM bzw. bei Verheirateten von 2000 DM abgezogen werden. Diese Beträge verringern sich jedoch um den vom Arbeitgeber geleisteten Beitrag zur gesetzlichen Rentenversicherung.

In unbeschränkter Höhe abzugsfähig sind dagegen z.B. folgende Sonderausgaben: Schuldzinsen, Kirchensteuer, Vermögensteuer, Renten und dauernde Lasten sowie in der Regel Steuerberatungskosten. Darüber hinaus sind Spenden zu mildtätigen, kirchlichen, religiösen und den als besonders förderungswürdig anerkannten gemeinnützigen Zwecken bis zu 5 Prozent, zu wissenschaftlichen und staatspolitischen Zwecken bis zu 10 Prozent des Gesamtbetrages der Einkünfte abzugsfähig. Beiträge und Spenden an politische Parteien können bis zu 600 DM, bei Ehegatten bis zu 1200 DM jährlich abgezogen werden. Ferner sind Kosten für die Berufsausbildung oder Weiterbildung in einem nicht ausgeübten Beruf (§ 10 Abs. 1 Ziff. 8 EStG) bis zu 900 DM jährlich als Sonderausgaben abzugsfähig.

3. Als <u>aussergewöhnliche Belastungen</u> können folgende Aufwendungen geltend gemacht werden, für die durch Typisierung[1] Höchstbeträge festgelegt wurden (§ 33 a EStG):[2]

---

1) Vgl. hierzu SEBIGER, H.: Grenzen der Typisierung in der Einkommensbesteuerung, dargestellt am Beispiel des § 33 a EStG, in: Steuer-Kongress-Report, München und Berlin, 1964, S. 120 ff., insbesondere S. 121.

2) Zu den Zielen des Gesetzgebers im Hinblick auf die Zweiteilung der aussergewöhnlichen Belastungen nach §§33 und 33a EStG vgl. SCHARFENSTEIN, H.: Zur Problematik der aussergewöhnlichen Belastungen im deutschen Einkommensteuerrecht, Dissertation, Köln 1964, S. 23.

- für den Unterhalt und eine etwaige Berufsausbildung von Personen, für die der Steuerpflichtige keinen Kinderfreibetrag erhält: 1200 DM jährlich
- für die auswärtige Unterbringung einer in der Berufsausbildung befindlichen, unterhaltenen Person: ebenfalls 1200 DM jährlich
- in bestimmten Fällen für die Beschäftigung einer Haushaltshilfe (stundenweise): 600 DM jährlich oder einer Hausgehilfin: 1200 DM jährlich
- für die den Körperbehinderten entstehenden Mehraufwendungen: Pauschbetrag nach dem Grad der Erwerbsunfähigkeit

Die als aussergewöhnliche Belastungen anerkannten Aufwendungen für Krankheit (und Diät), Tod, Unfall, Unwetterschäden und dgl. sind steuerlich nur abzugsfähig, soweit die Summe dieser Aufwendungen die zumutbare Eigenbelastung übersteigt, die sich nach dem Familienstand, der Anzahl der Kinderfreibeträge und dem Einkommen des Arbeitnehmers bemisst (§ 33 EStG).

Bei allen steuerbegünstigten Aufwendungen werden die als steuerfrei anerkannten Beträge von der Bemessungsgrundlage abgezogen. Als Folge des Progressionstarifs ergibt sich daher eine mit wachsendem Einkommen ansteigende absolute Steuerersparnis, ein Problem, auf das weiter unten noch einzugehen sein wird.[1] Soweit sich nach Abzug der Beträge von der Bemessungsgrundlage ergibt, dass die Jahreslohnsteuer niedriger ist als die vom Arbeitgeber einbehaltene Lohnsteuer, wird der Unterschiedsbetrag vom Finanzamt erstattet.

1) Vgl. unten, S. 196 ff.

Bringt ein Arbeitnehmer Tatsachen, die eine günstigere Besteuerung rechtfertigen, im Jahresausgleichsverfahren nicht vor, so kommt es zwangsläufig zu Lohnsteuerüberzahlungen. Als Lohnsteuerüberzahlungen werden im Rahmen der vorliegenden Untersuchung die Beträge definiert, die der Arbeitnehmer, weil er seine steuerlichen Abzugsmöglichkeiten innerhalb der Abgabefristen (Ausschlussfristen) nicht oder nicht im vollen Umfang geltend macht, endgültig[1] verloren hat.

1.2.2 Die Grundzüge der Gesetze zur Förderung des Sparens und der Vermögensbildung

1.2.2.1 Das Vermögensbildungsgesetz[2]

Nach dem Zweiten Gesetz zur Förderung der Vermögensbildung der Arbeitnehmer, dessen Vorschriften im Bezugsjahr der Untersuchung (1970) anzuwenden waren, gelten vermögenswirksame Leistungen als steuer- und sozialabgabenfrei (§§ 12 Abs. 1, 13 Abs. 1 2. VermBG), soweit sie bei dem einzelnen Arbeitnehmer 624 DM (- auf 624 DM wurde der begünstigte Betrag für das Jahr 1970 durch § 17 Abs. 2 3. VermBG erhöht -) im Kalenderjahr nicht übersteigen und soweit sie nach den Vorschriften des Gesetzes angelegt werden. Nach diesen Vorschriften standen folgende fünf Anlagemöglichkeiten zur Auswahl:

---

1) Nicht nur vorübergehend. Vorübergehende "Lohnsteuerüberzahlungen" entstehen, wenn im Verlauf des Jahres zuviel Lohnsteuer vom Arbeitslohn einbehalten wird, diese Beträge aber im Lohnsteuer-Jahresausgleich erstattet werden.

2) Zweites Gesetz zur Förderung der Vermögensbildung der Arbeitnehmer (2. VermBG in der am 1. Januar 1970 geltenden Fassung) sowie Drittes Gesetz zur Vermögensbildung der Arbeitnehmer (3. VermBG in der Fassung vom 27. Juni 1970).

- Anlage nach dem Spar-Prämiengesetz
- Anlage nach dem Wohnungsbau-Prämiengesetz
- Verwendung zum Wohnungsbau
- Erwerb von Belegschaftsaktien zum Vorzugskurs und
- Begründung von Darlehensforderungen gegen den Arbeitgeber

Unter diesen Anlageformen kann der Arbeitnehmer frei wählen, wobei die beiden letzten Anlageformen der Zustimmung des Arbeitgebers bedürfen. Auch kann der Arbeitnehmer das Unternehmen oder Institut frei bestimmen, bei dem die Beträge angelegt werden sollen.

Vermögenswirksame Leistungen können vom Arbeitgeber im Rahmen von Tarifverträgen, Betriebsvereinbarungen und Einzelverträgen zusätzlich zum Arbeitslohn als einmalige Zuwendung oder laufend gewährt werden (§ 3 2. VermBG). Ausserdem kann jeder Arbeitnehmer vom Arbeitgeber schriftlich verlangen, dass dieser mit ihm einen Vertrag über die vermögenswirksame Anlage von Teilen seines Arbeitslohns abschliesst (§ 4 2. VermBG). Die Summe dieser Beträge darf jedoch 624 DM je Arbeitnehmer und Kalenderjahr nicht übersteigen.

Der finanzielle Vorteil bei einer Anlage von z.B. 624 DM errechnet sich für den Arbeitnehmer[1)], der einem proportionalen Grenzsteuersatz von 19 Prozent unterliegt, der sozialversicherungspflichtig ist und Kirchensteuer zahlt, wie folgt:

a)	19	Prozent Lohnsteuer	118,60 DM
b)	1,9	Prozent Kirchensteuer	11,85 DM
c)	13	Prozent Arbeitnehmerbeitrag zur Sozialversicherung	81,10 DM
			211,55 DM

1) Auch für den Arbeitgeber ergeben sich nach § 14 2. VermBG Steuervorteile.

Diese Regelung hat im wesentlichen folgende Nachteile: Zum einen wächst infolge des progressiven Steuertarifs die absolute Steuerersparnis mit zunehmendem Einkommen und kommt auch solchen Steuerpflichtigen zugute, die wegen ihres hohen Einkommens und Vermögens einer staatlichen Sparförderung nicht bedürfen; zum anderen werden Steuerpflichtige, die wegen ihres geringen Einkommens oder der Zahl ihrer Kinder keine oder nur sehr wenig Lohnsteuer zahlen, von den Vergünstigungen ganz oder teilweise ausgeschlossen; schliesslich werden drittens die Renten aus der Sozialversicherung für den grössten Teil der Arbeitnehmer durch vermögenswirksame Leistungen vermindert.

Vor allem wegen dieser - allgemein als berechtigt anerkannten[1] Kritikpunkte hat der Bundestag mit Wirkung vom 1. Januar 1971 einstimmig[2] eine Neugestaltung des Vermögensbildungsgesetzes beschlossen. Danach tritt an die Stelle der bisherigen Steuer- und Sozialabgabenbefreiung eine Arbeitnehmer-Sparzulage in Höhe von 30 Prozent der vermögenswirksamen Leistungen (bei mehr als zwei Kindern 40 Prozent). Ausserdem wurde der Anlagekatalog erweitert: Beiträge zu Lebensversicherungen, bei denen der Versicherungsbeitrag 624 DM nicht übersteigen darf, sind begünstigt, wenn es sich um Kapitalversicherungen auf den Erlebens- und Todesfall handelt, die vertraglich nach dem 30.9.1970 abgeschlossen worden sind. Ferner wurden Einkommensgrenzen eingeführt, die auf ein zu versteuerndes Jahreseinkommen von 24.000 DM (zusammenveranlagte Ehegatten: 48.000 DM) festgelegt wurden.

1) Vgl. z.B. STEUERREFORMKOMMISSION (1971): a.a.O., Bd. I, Abschnitt III, insbesondere Tz. 25.

2) Vgl. DER BUNDESMINISTER FÜR ARBEIT UND SOZIALORDNUNG (Hrsg.): Das neue 624-DM-Gesetz - Sozial gerechtere Sparförderung, Bonn Juli 1970, S. 3

1.2.2.2 Das Spar-Prämiengesetz[1)]

Die Sparförderung durch Gewährung von Sparprämien wurde 1959 durch das Spar-Prämiengesetz eingeführt, das bis heute mehrfach geändert wurde. Danach werden Sparbeiträge aufgrund von allgemeinen Sparverträgen und Sparverträgen mit festgelegten Sparraten (Ratensparvertrag, Sparvertrag über vermögenswirksame Leistungen) sowie für Aufwendungen zum Erwerb bestimmter Wertpapiere durch Prämien begünstigt. Die begünstigten Sparbeiträge - im Kalenderjahr mindestens 60 DM - müssen 6 Jahre festgelegt werden; bei Verträgen mit Sparraten (auch Wertpapier-Ratensparverträge) müssen die Sparraten 6 Jahre lang erbracht werden; die Festlegungsfrist endet in diesen Fällen nach Ablauf von 7 Jahren seit Vertragsabschluss. In bestimmten Fällen kann der Sparer auch vorzeitig über die Ersparnisse verfügen.

Die Höchstprämie beträgt je nach Alter, Familienstand und Zahl der Kinder zwischen 120 DM und 480 DM (§ 2 Abs. 2 SparPG). Prämien für Sparbeiträge nach dem Vermögensbildungsgesetz werden auf diese Höchstbeträge nicht angerechnet. Der Prämiensatz ist nach der Zahl der Kinder gestaffelt und beträgt zwischen 20 und 30 Prozent. Eine Zusatzprämie in Höhe von 40 Prozent der Grundprämie wird gewährt, wenn der zu versteuernde Einkommensbetrag im Jahr vor dem Vertragsabschluss (frühestens 1968) bestimmte Grenzen (§ 2 Abs. 3 SparPG) nicht überschritten hat. Einzelheiten ergeben sich aus den Tabellen 2 und 3.

Sparprämien müssen nach Ablauf des Kalenderjahres, für das eine Sparprämie beantragt wird, innerhalb bestimmter Fristen vom Sparer schriftlich beantragt und vom Finanzamt gewährt werden, wenn die gesetzlichen Vorschriften eingehalten wurden.

---

1) Spar-Prämiengesetz (SparPG in der Fassung vom 5. August 1970).

Tabelle 2: Jährliche Sparbeträge und Sparprämien nach dem Spar-Prämiengesetz und dem 3. Vermögensbildungsgesetz

Familienstand bzw. Alter	Anzahl der Kinder unter 18 Jahren	Prämiensatz in v.H.	Arbeitnehmer, die 624 DM vermögenswirksam anlegen u.die Höchstsparleistung nach dem SparPG erbringen		Verheir.Arbeitnehmer, die zweimal 624 DM vermögenswirksam anlegen (Doppelverdiener)u.die Höchstsparleistung nach dem SparPG erbringen	
			Höchstmögl. Sparbetrag	Höchstmögl. Sparprämie	Höchstmögl. Sparbetrag	Höchstmögl. Sparprämie
			- auf volle DM auf- bzw.abgerundet -			
		- Unterhalb der Einkommensgrenze für Zusatzprämie -				
Alleinstehende bis 50 Jahre	0	28,0	1 224	343	-	-
Alleinstehende über 50 Jahre und Verheiratete	0	28,0	1 824	511	2 448	686
Alleinstehende und Verheiratete	1 - 2	30,8	1 988	612	2 612	804
Alleinstehende und Verheiratete	3 - 5	35,0	2 224	778	2 848	997
Alleinstehende und Verheiratete	ab 6	42,0	2 224	934	2 848	1 196
		- Oberhalb der Einkommensgrenze für Zusatzprämie -				
Alleinstehende bis 50 Jahre	0	20,0	1 224	245	-	-
Alleinstehende über 50 Jahre und Verheiratete	0	20,0	1 824	365	2 448	490
Alleinstehende und Verheiratete	1 - 2	22,0	1 988	437	2 612	575
Alleinstehende und Verheiratete	3 - 5	25,0	2 224	556	2 848	712
Alleinstehende und Verheiratete	ab 6	30,0	2 224	667	2 848	854

Quelle: Zusammenstellung aufgrund der im Gesetz festgelegten Höchstbeträge

Tabelle 3: Pauschalierte Einkommensgrenzen für die Gewährung von Zusatzprämien für Arbeitnehmer in DM

Familienstand, Alter Arbeitsverhältnisse	Steuerermässigung für Kinderzahl 0	1	2	3	4
Alleinstehende unter 50 Jahre	8 400	16 800	18 480	20 280	22 080
Alleinstehende über 50 Jahre	15 240	16 800	18 480	20 280	22 080
Ehegatten, nur einer bezieht Arbeitslohn	15 600	16 800	18 480	20 280	22 080
Ehegatten, beide beziehen Arbeitslohn	16 800	18 000	19 680	21 480	23 280

Quelle: Der Bundesminister für Arbeit und Sozialordnung (Hrsg.): a.a.O., S. 11

1.2.2.3 Das Wohnungsbau-Prämiengesetz[1)]

Wohnungsbauprämien wurden erstmals 1952 aufgrund des Wohnungsbau-Prämiengesetzes gewährt. Auch dieses Gesetz wurde bis heute mehrfach geändert. Prämien können gezahlt werden für:

a) Beiträge an Bausparkassen zur Erlangung von Baudarlehen

b) Aufwendungen für den Ersterwerb von Anteilen von Bau- und Wohnungsgenossenschaften

c) Beiträge aufgrund von Wohnungsbausparverträgen mit mindestens dreijähriger Laufzeit. Die eingezahlten Sparbeträge und Prämien müssen für den Bau oder Erwerb eines Eigenheims oder einer Eigentumswohnung verwendet werden.

d) Beiträge aufgrund von Kapitalansammlungsverträgen mit Wohnungs- und Siedlungsunternehmen oder Organen der staatlichen Wohnungspolitik, die den gleichen Zwecken wie unter c) dienen.

---

1) Wohnungsbau-Prämiengesetz (WoPG in der Fassung vom 18. September 1969).

Für Bausparbeiträge gilt - von Ausnahmefällen abgesehen - eine Festlegungsfrist von 7 Jahren. Die Bausparsumme darf insbesondere dann vorher ausgezahlt werden, wenn sie unmittelbar und unverzüglich zum Wohnungsbau verwendet wird. Die Wohnungsbauprämie beträgt höchstens 400 DM (§ 3 Abs. 3 WoPG). Prämien für Sparbeiträge nach dem Vermögensbildungsgesetz werden jedoch auf diesen Höchstbetrag nicht angerechnet. Der Prämiensatz beträgt - je nach Zahl der Kinder - zwischen 25 und 35 Prozent der Bausparbeiträge. Sparer mit geringem Einkommen erhalten eine Zusatzprämie in Höhe von 30 Prozent der Grundprämie (§ 3 Abs. 3 WoPG). Es gelten die gleichen Einkommensgrenzen wie für die Gewährung von Zusatzprämien nach dem Spar-Prämiengesetz (Pauschalierte Einkommensgrenzen: Tabelle 3). Weitere Einzelheiten sind in Tabelle 4 enthalten.

Beiträge an Bausparkassen zur Erlangung von Baudarlehen sind, wenn keine Wohnungsbauprämie beantragt wird, ausserdem dadurch begünstigt, dass sie nach § 10 Abs. 1 Ziff. 3 EStG bis zu bestimmten Höchstbeträgen (Tabelle 1) bei der Einkommensermittlung als Sonderausgaben abgezogen werden können. Die Steuervergünstigung wird - von Ausnahmefällen und der Verwendung zum Wohnungsbau abgesehen - rückgängig gemacht, wenn vor Ablauf einer Frist von 10 Jahren seit Vertragsabschluss Beiträge zurückgezahlt oder Ansprüche aus dem Vertrag abgetreten oder beliehen werden.[1)]

Die zur sogenannten <u>Höchstbetragsgemeinschaft</u> gehörenden Personen (Ehegatten und Kinder im Sinne von § 32 Abs. 2 Ziff. 3 EStG, die zu Beginn des Kalenderjahres, für das die Prämie beantragt wird, das 17. Lebensjahr noch nicht vollendet hatten) können im selben Jahr nur entweder den Sonderausgabenabzug für Bausparbeiträge geltend machen <u>oder</u> eine Wohnungsbauprämie nach dem WoPG oder eine Sparprämie nach dem SparPG erhalten (Kumulierungsverbot).

1) Vgl. STEUERREFORMKOMMISSION (1971): a.a.O., Bd. I, Abschnitt III, Tz. 3.

Tabelle 4: Jährliche Sparbeträge und Wohnungsbauprämien nach dem Wohnungsbau-Prämiengesetz und dem 3. Vermögensbildungsgesetz

Alleinstehende und Verheiratete mit ... Kindern unter 18 Jahren	Prämiensatz in v.H.	Arbeitnehmer, die 624 DM vermögenswirksam anlegen und die Höchstsparleistung nach dem WoPG erbringen		Verheiratete Arbeitnehmer, die zweimal 624 DM vermögenswirksam anlegen (Doppelverdiener) und die Höchstsparleistung nach den WoPG erbringen	
		Höchstmöglicher Sparbetrag	Höchstmögliche Sparprämie	Höchstmöglicher Sparbetrag	Höchstmögliche Sparprämie
		- auf volle DM auf- bzw. abgerundet -			
	- Unterhalb der Einkommensgrenze für Zusatzprämie -				
0	32,5	2 224	723	2 848	926
1 - 2	35,1	2 105	739	2 729	958
3 - 5	39,0	1 958	763	2 582	1 007
ab 6	45,5	1 767	804	2 391	1 088
	- Oberhalb der Einkommensgrenze für Zusatzprämie -				
0	25,0	2 224	556	2 848	712
1 - 2	27,0	2 105	568	2 729	737
3 - 5	30,0	1 958	587	2 582	774
ab 6	35,0	1 767	618	2 391	837

Quelle: Zusammenstellung aufgrund der im Gesetz festgelegten Höchstbeträge

1.2.3 Gründe für die Kompliziertheit der geltenden gesetzlichen Bestimmungen

Die vorstehenden Ausführungen, die für das Verständnis der nachfolgenden Erörterungen zur Lohnsteuer und zur Sparförderung, insbesondere der Berechnung der Lohnsteuerüberzahlungen und der Ausschöpfung der Sparprämienhöchstbeträge, notwendig erschienen, haben gezeigt, dass die gesetzlichen Vorschriften sehr kompliziert sind und daher dem durchschnittlichen Steuerzahler auch grossenteils unverständlich bleiben müssen. Besonders sei - um nur einige wenige Beispiele zu nennen - auf die komplizierte Höchstbetragsregelung für Sonderausgaben, auf das Lohnsteuerverfahren sowie die Mehrgleisigkeit der staatlichen Sparförderung mit Sparprämien, Wohnungsbauprämien und Zusatzprämien hingewiesen. In Anlehnung an NEUMARK können für die mangelnde Verständlichkeit und Eindeutigkeit der Steuerrechtsnormen fünf Gründe angeführt werden:[1] Zum einen hat die starke Steigerung der "direkten" Steuern die Notwendigkeit mit sich gebracht, Sonderregelungen in stärkerem Masse als früher zu berücksichtigen (Individualisierung); zum anderen spiegelt sich die fortschreitende Komplizierung des Wirtschaftslebens auch im Steuerrecht wider; drittens nimmt der Einfluss sogenannter "pressure groups", der sich in speziell auf diese Gruppen zugeschnittene Steuerrechtsnormen auswirkt, ständig zu; viertens steht die Ausbildung eines Stammes von Steuerberatern in wechselseitiger Beziehung zur Unverständlichkeit steuerrechtlicher Normen; und schliesslich fünftens werden Steuergesetze von Juristen vorbereitet, im Parlament von diesen beraten, nach Inkraftsetzung grossenteils von Juristen angewendet und in der Rechtsprechung weitergebildet ("von Juristen für Juristen gemachte Gesetze"[2] in amtsdeutschen Texten). Als besonders gravierend ist die Komplizierung rechtlicher Vorschriften dann anzusehen, wenn sich herausstellt, dass der Mangel an Gemeinverständlichkeit für verschiedene Individuen und soziale Gruppen in unterschiedlichem Ausmass spürbar wird.[3]

1) Vgl. NEUMARK, F.: a.a.O, S. 343 f.
2) NEUMARK, F.: a.a.O., S. 344.
3) Vgl. auch NEUMARK, F.: a.a.O., S. 345.

2 Zur Methodik der Untersuchung

2.1 Untersuchungsgegenstand und Hypothesen

Durch die Befragung eines repräsentativen Querschnitts der Lohnsteuerzahler Nordrhein-Westfalens im Jahre 1971 sollten folgende Fragen geklärt werden:

Frage 1: Wie hoch ist der Betrag, den die befragten Lohnsteuerzahler zusätzlich hätten "sparen" können, wenn sie in ihren Anträgen auf Lohnsteuer-Jahresausgleich bzw. Lohnsteuer-Ermässigung für das Jahr 1970 alle Tatsachen geltend gemacht hätten, die zu einer günstigeren Besteuerung geführt hätten (Lohnsteuerüberzahlungen)?

Im Zusammenhang mit dieser Frage ist zu klären

- welche steuerbegünstigten Aufwendungen die befragten Lohnsteuerzahler 1970 hatten
- welche dieser Aufwendungen sie in ihren Anträgen geltend und welche sie nicht geltend gemacht haben sowie
- welche Aufwendungen sie in ihrem Antrag angegeben haben, obwohl bestimmte Mindestbeträge (Werbungskostenpauschale, Sonderausgabenpauschale, zumutbare Eigenbelastung) nicht überschritten wurden.

Es ist ferner zu untersuchen, welche Grössenordnung der in Frage 1 errechnete Geldbetrag annimmt, wenn er für die zur Grundgesamtheit gehörenden Lohnsteuerpflichtigen Nordrhein-Westfalens hochgerechnet wird. Das Ergebnis dieser Hochrechnung ist mit den zahlreichen Schätzungen zu vergleichen, die teils in der Literatur, teils in Referaten und Zeitungsartikeln zu finden sind. Diese Schätzungen werden oft durch so vage Formulierungen zum Ausdruck gebracht wie: "die Lohnsteuerzahler 'schenken' dem Fiskus jährlich 'Milliardenbeträge'". LEHMANN spricht zum Beispiel von der "... Tatsache, dass 2,8 Millionen der insgesamt 19,7 Millionen Lohnsteuerzahler dem Fiskus jedes Jahr etwa eine Milliarde Lohnsteuer 'schenken' ..."[1] Das "Karl-Bräuer-Institut des Bundes der Steuerzahler" schreibt:

1) LEHMANN, H.: Lohnsteuer-Jahresausgleich - Notwendigkeit und Vorteile -, München 1969, S. 3.

"Der in einer Bundestagsdebatte genannte Betrag von 500 Mio. DM im Jahr[1] dürfte ... nicht zu gering geschätzt sein."[2] Diese und ähnliche Behauptungen sollen anhand der Ergebnisse der vorliegenden empirischen Untersuchung - bezogen auf das grösste Bundesland der Bundesrepublik - einer Überprüfung unterzogen werden.

<u>Frage 2</u>: Wie hoch ist bei den befragten Lohnsteuerpflichtigen der Informationsstand über die Lohnsteuer?

Im Zusammenhang mit dieser Frage ist zu klären

- welche steuerbegünstigten Aufwendungen den befragten Arbeitnehmern bekannt sind und
- wie sie sich über Fragen der Lohnsteuer informieren.

Mit Hilfe einer Punktwertung soll ermittelt werden, wie sich die befragten Lohnsteuerzahler auf die drei Gruppen "hoher", "mittlerer" und "niedriger" Informationsstand über die Lohnsteuer[3] aufteilen.

<u>Frage 3</u>: Welche sozialen Fakten und sozialen Orientierungen sind für den Informationsstand über die Lohnsteuer und die Ausnutzung steuerlicher Vergünstigungen ausschlaggebend?

Als abhängige Variablen werden bei dieser Fragestellung erstens der Informationsstand über die Lohnsteuer und zweitens die Ausnutzung steuerlicher Vergünstigungen angesehen. Die erste abhängige Variable (Informationsstand über die Lohnsteuer) wird zusätzlich als unabhängige Variable der zweiten abhängigen Variablen (Ausnutzung steuerlicher Vergünstigungen) betrachtet.

1) Vgl. Stenographischer Bericht der 195. Sitzung des Deutschen Bundestages, 5. Wahlperiode, vom 14.11.1968, S. 10537 ff. Zitiert nach: KARL BRÄUER INSTITUT des Bundes der Steuerzahler (Hrsg.): Der Weg zu einem zeitgemässen Steuersystem, Diskussionsbeiträge zur Reform des materiellen Steuerrechts, Heft 20, Wiesbaden 1971, S. 30.

2) KARL BRÄUER INSTITUT: a.a.O.,S. 30.

3) Vgl. dazu unten, S. 44 f.

Wegen der Vielzahl der zu untersuchenden Variablen soll folgende Systematisierung zum Ausgangspunkt der weiteren Überlegungen gemacht werden. Es ist davon auszugehen, dass die beiden Ergebnisvariablen

(a) von bestimmten sozialstatistischen Daten (Geschlecht, Alter, Familiensituation usw.)

(b) von verschiedenen sozialökonomischen Fakten (Bildung, Art der Arbeit, Einkommen usw.)

(c) von den allgemeinen Informationsgewohnheiten der Befragten

(d) von ihrem Engagement, sich mit der Lohnsteuer zu beschäftigen, und

(e) von den sozialen Orientierungen der Befragten

abhängig sind.

Generell wird hypothetisch unterstellt, dass Personen mit solchen Merkmalen, die eine starke Integration in die bestehende Gesellschaft anzeigen, im Hinblick auf die Untersuchungsthematik besser abschneiden als die übrigen Befragten. Diese Annahme basiert auf der Hypothese, dass die bestehende Gesellschaft institutionell stark differenziert und formalisiert ist und entsprechend - zumindest in Teilbereichen - bürokratische Züge aufweist. In einer solchen Gesellschaft sind Personen und soziale Gruppen begünstigt, die aufgrund ihrer Sozialisation, d.h. ihrer Ausbildung, ihres beruflichen Status, ihrer Familiensituation und entsprechend ihren Interessen, dazu in der Lage sind, sich in dem Dschungel der in Gesetzen und Verordnungen gefassten Normen zurechtzufinden. Die Ausnutzung der vom Gesetzgeber eingeräumten Möglichkeiten der Steuerersparnis hängt insbesondere von bestimmten Kenntnissen, von der Fähigkeit, sich der in diesem Bereich angezeigten formalen Sprache zu bedienen sowie vom Verhandlungsgeschick der Steuerpflichtigen ab.

Entsprechend diesen Vorüberlegungen können die hypothetischen Erwartungen wie folgt begründet und operationalisiert werden:

Zu a) Die hypothetisch angesetzten Unterschiede zwischen Gruppen, die sich hinsichtlich ihrer sozialstatistischen Merkmale unterscheiden, werden auf drei Punkte zurückgeführt: zum einen auf unterschiedliche rollen- und generationsabhängige Erziehung zu diesem Fragenkomplex; zum anderen auf unterschiedliche "Zwänge" sich aufgrund der gegenwärtigen sozialen Situation mehr oder weniger intensiv mit dem Thema zu befassen; drittens, auf unterschiedliche Kommunikationsmöglichkeiten, die sich aus dem Standort des Wohnsitzes in Regionen unterschiedlicher Bevölkerungsdichte und der Nähe des Finanzamtes ergeben.

So ist zu vermuten, dass Frauen aufgrund ihrer rollenspezifischen Erziehung dem Themenbereich gegenüber weniger aufgeschlossen sind als Männer. Diese Erziehung dürfte zu geringerem Interesse an vielen Bereichen des öffentlichen Lebens und zu geringerer Erfahrung im Umgang mit entsprechenden Techniken und Praktiken führen. Auch heute noch gelten die "Verwaltungsarbeiten" des privaten Haushalts, zu denen auch Lohnsteuerangelegenheiten zählen, als typische Aufgaben des Mannes.

Altersgruppenspezifische Differenzen werden auf verschiedenartige Chancen der Generationen zurückgeführt sich mit der schwierigen Materie "Lohnsteuer" auseinandersetzen zu können. So ist anzunehmen, dass die mittleren Jahrgangsgruppen am besten mit diesem Thema vertraut sind, da sich durch die durchschnittliche Familiensituation (verheiratet, mit Kindern) und das Streben nach Verbesserung des Lebensstandards in den mittleren Jahren eine besonders starke Motivation ergibt, möglichst gute Kenntnisse über die Lohnsteuer zu erwerben und möglichst viele steuerliche Vergünstigungen auszunutzen. Für die älteren

Jahrgänge dürfte eine ähnliche Motivation nicht in derart starkem Mass gegeben sein. Die erwarteten geringeren Kenntnisse (und das entsprechende Verhalten) der jüngeren Jahrgänge lassen sich zum einen dadurch erklären, dass diese Gruppe - weil sie im allgemeinen weniger Lohnsteuervorteil in Anspruch nehmen kann - im geringeren Masse als andere Jahrgänge zu einer Beschäftigung mit den Details gezwungen ist und zum anderen generell auf diesem Sektor im Vergleich zu den beiden anderen Altersgruppen die geringsten Erfahrungen haben wird.

Die hypothetischen Annahmen über das Verhalten der Gruppen der Verheirateten und entsprechend der Befragten mit den Steuerklassen III, IV und V sowie der Lohnsteuerpflichtigen mit Kindern gründen - wie oben schon erwähnt - vor allem auf der sozialen und wirtschaftlichen Situation, die eine Auseinandersetzung mit Lohnsteuerfragen besonders notwendig und die Ausnutzung von Steuervorteilen besonders lohnend[1] erscheinen lassen.

Entsprechend diesen Überlegungen werden grössere Kenntnisse über die Lohnsteuer und eine stärkere Inanspruchnahme steuerlicher Abzugsmöglichkeiten für folgende Gruppen erwartet:

(a1) männliche Befragte

(a2) die mittleren Jahrgangsgruppen

(a3) die verheirateten Befragten

(a4) die Befragten mit den Steuerklassen III, IV oder V

(a5) die Befragten mit Kindern

(a6) die Befragten, die in Ballungskernen wohnen und

(a7) die Befragten, die in der Nähe des Finanzamts wohnen.

---

1) Vgl. hierzu auch Tabelle 1 (Höhe der begünstigten Sonderausgaben).

Zu b) Unter den <u>sozialökonomischen Variablen</u> wird dem Bildungsniveau eine besondere Rolle für das Verhalten in Lohnsteuerfragen zugesprochen. Es wird davon ausgegangen, dass das jeweilige Bildungsniveau es dem einzelnen Steuerzahler erschwert bzw. erleichtert, die oft komplizierten "amtsdeutschen" Texte als Informationsquellen auszuschöpfen und den Verkehr mit den Behörden vorteilhaft abzuwickeln.

Aus ähnlichen Gründen wird der Berufszugehörigkeit Einfluss beigemessen. Tätigkeiten, bei denen körperliche Arbeit überwiegt - wie es besonders in der Gruppe der Arbeiter der Fall ist -, werden im geringeren Masse zu einer Versiertheit in schreibtechnischen Fragen, in der Aufnahme komplizierter Texte und im Kontakt mit Behörden führen, als dies durch andere Berufssituationen gefördert wird.

Einen anderen wichtigen Aspekt bildet die Einkommens- und Vermögenssituation. Neben den Gründen, die sich aus der Abhängigkeit des Einkommens von der Ausbildung und der Arbeitstätigkeit ergeben, sind hier Gründe zu nennen, die aus dem Zusammenhang zwischen Einkommens- und Vermögenssituation einerseits und der Höhe bestimmter steuerbegünstigter Kosten der Lebenshaltung andererseits resultieren. So werden Bezieher höherer Einkommen in der Regel mehr Sonderausgaben (z.B. Versicherungsbeiträge), aber auch mehr Werbungskosten (z.B. Kilometerpauschale für Benutzung des eigenen Kraftfahrzeugs zwischen Wohnung und Arbeitsstätte) geltend machen können, so dass für sie die Beschäftigung mit dem Thema "Lohnsteuer" besonders lohnend sein dürfte.

Bei den Befragten, deren höheres Einkommen sich durch die Berufstätigkeit der Frau ergibt, kommt als Möglichkeit hinzu, dass in den meisten dieser Fälle eine hohe Motivation zu wirtschaftlichem und sozialem Aufstieg - mit dem Ziel einer Erhöhung des Lebensstandards - vorliegt, so dass hier das Bestreben, Lohnsteuer zu sparen, besonders gross sein dürfte. Mitverdienst der Ehefrau bedeutet heute überwiegend einen Zuverdienst, der dem Haushalt die Anschaffung "relativer" Luxusgüter erlauben soll.[1)]

Auch kann die Zugehörigkeit zu einer Gewerkschaft Einfluss auf die Versiertheit in Lohnsteuerangelegenheiten ausüben. Zum einen ergeben sich aus dem Kontakt der Gewerkschaftler sowohl untereinander als auch zu ihrer Gewerkschaft für diese bessere Kommunikationsmöglichkeiten als für andere Arbeitnehmer; zum anderen ist die Gewerkschaft für ihre Mitglieder als Quelle für Ratschläge in Arbeitnehmerfragen anzusehen, wozu neben sozial- und arbeitsrechtlichen Fragen auch Lohnsteuerangelegenheiten zu zählen sind. Es ist daher zu erwarten, dass Gewerkschaftsmitglieder im Hinblick auf das Untersuchungsthema besser abschneiden als die übrigen Befragten.

Im einzelnen wird daher davon ausgegangen, dass

(b1) Befragte mit höherem Bildungsniveau

(b2) Angestellte und Beamte

(b3) Befragte, die in ihrem Beruf vorwiegend keine körperliche Arbeit ausüben

(b4) Gewerkschaftsmitglieder

(b5) Bezieher höherer Einkommen

(b6) Befragte, deren Ehegatte mitverdient[2)]

(b7) Befragte mit höherem Geldvermögen

---

1) Vgl. INSTITUT FÜR ANGEWANDTE SOZIALWISSENSCHAFT (infas): Spezielle Probleme der Frauenerwerbstätigkeit in Nordrhein-Westfalen - Berufsrückkehr und Motivation -, Bonn-Bad Godesberg, 1971, S. 57.

2) Vergleichsgrundlage: Verheiratete Befragte, deren Ehegatte nicht mitverdient.

bessere Kenntnisse über die Lohnsteuer besitzen und ihre steuerlichen Abzugsmöglichkeiten stärker in Anspruch nehmen als die jeweils übrigen Befragten.

Zu c) Fasst man die Lohnsteuer und ihre Regelungen als einen Bereich des öffentlichen Interesses auf, dann ergibt sich die Annahme, dass Personen, die sich im allgemeinen über Presse, Rundfunk und Fernsehen auf dem laufenden halten, ihr Interesse auch diesem Gegenstand in höherem Masse zuwenden als andere, die auch sonst kaum Informationsbedürfnis zeigen. Von der Annahme ausgehend, dass die Informationsgewohnheiten über die Informationsinteressen und damit verbunden über den Informationsstand etwas aussagen, wird hypothetisch erwartet, dass

(c) Befragte mit hohem "allgemeinen Informationsstand" 1)

(c1) Befragte, die regelmässig eine Tageszeitung lesen

(c2) Befragte, die regelmässig oder öfter eine Gewerkschaftszeitung lesen 2)

(c3) Befragte, die regelmässig oder öfter die Nachrichten hören

(c4) Befragte, die regelmässig oder öfter politische Informationssendungen hören

in dem untersuchten Themenbereich besser abschneiden als die jeweils übrigen Befragten.

Zu d) In stärkerem Masse als die allgemeine Interessiertheit - angezeigt durch die Informationsgewohnheiten - scheint ein spezielles Engagement in Sachen Lohnsteuer den Schluss auf überdurchschnittliche Kenntnisse und ein adäquates Verhalten in diesem Bereich zuzulassen. Es wird erwartet, dass sowohl die Beschäftigung mit gedruckten Materialien zum Spezial-

1) Vgl. dazu unten, S. 42 ff.

2) Vergleichsgrundlage: übrige Gewerkschaftsmitglieder.

thema "Lohnsteuer" als auch ein besonderes Engagement bei der Ausarbeitung und Vorbereitung des Lohnsteuer-Jahresausgleichs zu einem besonders guten Abschneiden hinsichtlich der Kenntnisse über die Lohnsteuer und der Ausschöpfung der vom Gesetzgeber eingeräumten Möglichkeiten der Steuerersparnis beitragen.

Entsprechend diesen Vorüberlegungen werden grössere Kenntnisse über die Lohnsteuer und eine stärkere Inanspruchnahme steuerlicher Abzugsmöglichkeiten für folgende Gruppen erwartet:

(d1) Befragte, die sich in Zeitungsartikeln über Steuervergünstigungen informieren

(d2) Befragte, die sich in Büchern oder Broschüren über Steuervergünstigungen informieren

(d3) Befragte, die derartige Bücher oder Broschüren besitzen

(d4) Befragte, die sich durch das amtliche Merkblatt zur Lohnsteuer informieren

(d5) Befragte, die für ihren Antrag auf Lohnsteuer-Jahresausgleich viel Zeit aufwenden

(d6) Befragte, die ihren Antrag auf Lohnsteuer-Jahresausgleich ohne fremde Hilfe stellen

(d7) Befragte, die für ihren Antrag auf Lohnsteuer-Jahresausgleich Belege sammeln

(d8) Befragte, die ihren Antrag auf Lohnsteuer-Jahresausgleich persönlich beim Finanzamt einreichen

(d9) Befragte, die vielleicht gegen den Bescheid des Finanzamts Einspruch erheben würden.

Zu e) Bei der Behandlung von Lohnsteuerangelegenheiten durch die Lohnsteuerpflichtigen dürften bestimmte Barrieren darin zu sehen sein, dass der Staat, seine Zwecke und seine Behörden in diesem speziellen Fall eher negativ apostrophiert werden. Wenn solche Barrieren entfallen - bei <u>positiver Einstellung zum Staat</u>, insbesondere in seiner Eigenschaft als Fiskus -, wird man am Sachproblem der Lohnsteuer eher interessiert sein und die entsprechende Abwicklung reibungsloser gestalten.

Daher ist zu erwarten, dass folgende Befragtengruppen in dem untersuchten Themenbereich besser abschneiden als die übrigen Befragten:

(e1) Befragte, die keine negative Einstellung zum Staat haben

(e2) Befragte, die eine positive Einstellung zum Wort "Steuer" haben (d.h. ihren "Beitragscharakter" unterstreichen)

(e3) Befragte, die ihre eigene Lohnsteuerzahlung für im grossen und ganzen gerecht halten

(e4) Befragte, die keine negative Einstellung zum Finanzbeamten haben

(e5) Befragte, die ihren Antrag auf Lohnsteuer-Jahresausgleich gern bearbeiten.

Es ist davon auszugehen, dass die Auswahl dieser Punkte eine Beschränkung darstellt und dass noch eine Reihe weiterer Kriterien zur vollständigen Charakterisierung des Steuerverhaltens herangezogen werden könnten. Insbesondere werden der Aspekt der sozialen Herkunft sowie individualpsychologische Ursachen gänzlich vernachlässigt oder kommen nur indirekt zur Geltung (beruflicher Status und Bildung einerseits, soziale Orientierungen andererseits). Eine Ausweitung auf andere Faktoren hätte aber zumindest eine grössere Unübersichtlichkeit mit sich gebracht, so dass auf die Untersuchung weiterer denkbarer Hypothesen verzichtet wurde.

Frage 4: Welche sozialen Fakten und sozialen Orientierungen sind für die Inanspruchnahme der vermögenspolitischen Vergünstigungen des Staates 1) ausschlaggebend und inwieweit bestehen Zusammenhänge zwischen der Ausnutzung steuerlicher und vermögenspolitischer Vergünstigungen durch die Lohnsteuerpflichtigen?

Bei dieser Frage ist zu prüfen, ob einige der zu Frage 3 eingeführten Variablen auch im Hinblick auf die Inanspruchnahme vermögenspolitischer Vergünstigungen relevant sind und ob sich bei einem Vergleich mit der Ausnutzung steuerlicher Vergünstigungen parallele oder gegenläufige Entwicklungen zeigen.

2.2 Die Auswahl der zu befragenden Lohnsteuerpflichtigen

Um die im vorstehenden Kapitel aufgeworfenen Fragen und Hypothesen untersuchen zu können, sollten von Mai bis Juli 1971 insgesamt 700 Lohnsteuerpflichtige Nordrhein-Westfalens interviewt werden. Als statistisches Verfahren wurde eine mehrstufige Stichprobe angewendet, die mit hinreichender Genauigkeit für alle Lohnsteuerpflichtigen Nordhrein-Westfalens die gleiche Auswahlwahrscheinlichkeit ergibt, und die in ihren Grundzügen dem bei Gemeindestichproben angewendeten Verfahren entspricht.

Da der Stichprobenplan im Anhang ausführlich erörtert wird,[2] kann sich die folgende Analyse auf die Skizzierung dreier wesentlicher Punkte beschränken:

---

1) Unter "vermögenspolitischer Vergünstigungen" des Staates werden hier die Sparprämien nach dem Spar-Prämiengesetz und Wohnungsbau-Prämiengesetz sowie die Vergünstigungen nach dem Vermögensbildungsgesetz verstanden.

2) Vgl. unten, S. 212 ff. (Anhang). Dort wird ausser auf den Stichprobenplan auch auf die Ziehung der Stichprobe, das Problem der Nichtbeantwortung sowie Fehler bei der Stichprobenziehung eingegangen.

1. Da die Stichprobe aus den Lohnsteuerkarteien (Karteien der Lohnsteuerkarten) der Finanzämter gezogen werden sollte, wurde als Auswahleinheit [1] der Stichprobe der einzelne Lohnsteuervorgang im Finanzamt, repräsentiert durch die Lohnsteuerkarte (bei Ehepartnern, die beide in einem lohnsteuerpflichtigen Arbeitsverhältnis stehen: durch beide Lohnsteuerkarten), zugrunde gelegt. Für die Definition der Untersuchungseinheit[1] kommen mehrere Faktoren in Frage: Bei alleinstehenden Steuerpflichtigen ist immer die einzelne Person Untersuchungseinheit; bei verheirateten Lohnsteuerpflichtigen hängt die Definition der Untersuchungseinheit dagegen von der jeweiligen Frage im Fragebogen ab. So wird z.B. bei den Fragen nach den Werbungskosten "der einzelne Arbeitnehmer", bei den Fragen nach den Sonderausgaben "die Familie" (im Sinne der auf der Steuerkarte ausgewiesenen Familiengrösse: Familienstand, Anzahl der Kinderfreibeträge) und bei den Fragen zur Ausnutzung der staatlichen Sparförderung die "Höchstbetragsgemeinschaft"[2] als Untersuchungseinheit betrachtet.

2. Die Grundgesamtheit der Stichprobe wurde wie folgt definiert:

   a) alle Lohnsteuerpflichtigen Nordrhein-Westfalens mit deutscher Staatsangehörigkeit, für die vom Finanzamt ein Lohnsteuer-Jahresausgleich (1970) durchgeführt wurde, und

   b) alle nicht zur Einkommensteuer veranlagten, belasteten Lohnsteuerpflichtigen (Lohnsteuerzahler) Nordrhein-Westfalens mit deutscher Staatsangehörigkeit, für die vom Finanzamt kein Lohnsteuer-Jahresausgleich (1970) durchgeführt wurde.

---

1) Zu den Begriffen "Auswahleinheiten" und "Untersuchungseinheiten" vgl. KELLERER, H.: Theorie und Technik des Stichprobenverfahrens, Einzelschriften der Deutschen Statistischen Gesellschaft, Nr. 5, 3. Auflage, München 1963, S. 7, S. 12.

2) Vgl. oben, S. 22.

Damit sind sowohl Steuerpflichtige, die aufgrund von § 46 EStG[1] zur Einkommensteuer veranlagt wurden als auch solche Steuerpflichtige, die wegen geringfügigen Einkommens oder ihrer steuerfreien Abzugsbeträge überhaupt nicht mit Lohnsteuer belastet waren, sowie ausländische Arbeitnehmer von der Befragung ausgenommen.

3. Die Ziehung der Stichprobe in den Finanzämtern fand im Mai 1971 statt. Sie wurde entsprechend der vorherigen Schichtung[2] in zwei Arbeitsgängen vorgenommen: Lohnsteuerkarten von Steuerpflichtigen mit Lohnsteuer-Jahresausgleich wurden getrennt von den Steuerkarten der Steuerpflichtigen ohne Lohnsteuer-Jahresausgleich gezogen.

2.3 Die technische Durchführung der Befragung

Die technische Durchführung der Befragung lässt sich wie folgt umreissen:

1. Nach Fertigstellung des Fragebogens,[3] der vor seiner endgültigen Formulierung in insgesamt 40 "pretests" bei lohnsteuerpflichtigen Arbeitnehmern getestet worden war, und nach Anwerbung sowie Schulung eines eigenen Interviewerstabes, der sich vorwiegend aus Studentinnen

1) Vgl. oben, S. 11 (Anmerkung).

2) Vgl. dazu unten, S. 214 ff. (Anhang).

3) Der Fragebogen einschliesslich der zugehörigen Listen ist im Anhang abgedruckt.

und Studenten zusammensetzte,[1] und nach schriftlicher Ankündigung des Interviewerbesuchs[2] wurde am 4. Mai 1971 mit den ersten Interviews begonnen.

---

1) "Professionelle" Interviewer wurden also nicht eingesetzt. Vgl. hierzu auch SHEATSLEY, P.B.: Die Kunst des Interviews, in: KÖNIG, R. (Hrsg.): Das Interview- Formen, Technik, Auswertung -, in: Praktische Sozialforschung, Bd. I, 4. Auflage, Köln und Berlin 1965, S. 141. Zur Konzeption der Interviewerschulung vgl. ebd., S. 141 f; vgl. dazu ferner, SCHEUCH, E.K.: Das Interview in der Sozialforschung, in: KÖNIG, R. (Hrsg.): Handbuch der empirischen Sozialforschung, Bd. 1, Stuttgart 1962, S. 158.

Die Interviewerschulung dauerte 2 bis 3 Stunden und wurde dezentral, d.h. im jeweiligen Finanzamtsbezirk durchgeführt. Neben einer Einführung in die Interviewtechnik wurden die einzelnen Fragen des Fragebogens ausführlich besprochen. Mit Nachdruck wurden die Interviewer darauf hingewiesen, dass die ausgefüllten Fragebogen bei ihrer Rückgabe (die Fragebogen wurden bei regelmässigen Treffen persönlich zurückgegeben) auf die Richtigkeit der Angaben hin überprüft würden. (Diese Überprüfung erfolgte - um Interviewfälschungen auszuschliessen (vgl. hierzu auch SCHEUCH, E.K.: a.a.O., S. 155 f.) - vor allem durch einen Vergleich der Angaben im Fragebogen mit Angaben, die in den Finanzämtern erhoben worden waren).
Auch wurden die Interviewer angewiesen,- falls erforderlich - bei den Interviews zusätzliche Fragen zu stellen und die Antworten im Fragebogen zu notieren (teilstandardisierte Interviews). Dies war insbesondere bei den Fragen wichtig, die sich auf die steuerbegünstigten Aufwendungen der Befragten bezogen (vgl. Fragen 55 ff. im Fragebogen). Die Interviewer sollten sich ausserdem - soweit wie möglich - von den Lohnsteuerpflichtigen Unterlagen, z.B. Sparbücher, Versicherungspolicen, Lohnstreifen, Durchschläge des Antrages auf Lohnsteuer-Jahresausgleich,zeigen lassen, um die Faktfragen möglichst eindeutig klären zu können.

2) Es ist umstritten, ob die schriftliche Ankündigung eines Interviewerbesuchs sinnvoll ist. Einerseits ist zu vermuten, dass ein Teil der zu Befragenden nach Empfang des Briefes den festen Entschluss fasst, sich an der Befragung nicht zu beteiligen (und dies auch seinen Familienangehörigen mitteilt, die dann den Interviewer abweisen sollen), so dass eine derartige negative Vorentscheidung auch vom besten Interviewer nicht geändert werden kann; andererseits gewinnt die Untersuchung durch eine schriftliche Ankündigung an Seriosität, vor allem kann sich der zu Befragende über die Untersuchung genauer erkundigen. - Rückwirkend betrachtet hat sich die schriftliche Ankündigung des Interviewerbesuchs bewährt.

2. Die Dauer eines Interviews hing im wesentlichen davon ab, wie viele steuerbegünstigte Tatbestände bei dem jeweiligen Befragten im Jahre 1970 erfüllt waren und inwieweit er die staatlichen Vergünstigungen der Sparförderung und Vermögensbildung beansprucht hatte. Wegen der zahlreichen Filterfragen im Fragebogen betrug die Mindestzahl der je Interview zu stellenden Fragen 103, die Höchstzahl 257. Dementsprechend schwankte die Interviewdauer zwischen 45 und gut 90 Minuten.[1] Am längsten dauerten die Interviews bei Eheleuten, die 1970 beide in einem lohnsteuerpflichtigen Arbeitsverhältnis standen, da hier das Einkommen, die vermögenswirksamen Leistungen und insbesondere die Werbungskosten jedes einzelnen Ehepartners erfasst werden mussten.

3. Da zwischen Beantwortern und Nichtbeantwortern wesentliche Strukturunterschiede vermutet wurden,[2] sollte bei der Befragung eine möglichst hohe Beantwortungsquote erzielt werden. Um dieses Ziel zu erreichen, wurde die Befragung in drei Phasen durchgeführt. Nach einer ersten Phase, in der insgesamt 80 Interviewer die 700 ausgewählten Lohnsteuerpflichtigen besuchten, wurden die Verweigerer und die in der ersten Phase nicht erreichten Personen in einer zweiten und dritten Phase von verschiedenen Interviewern erneut aufgesucht. Die Beantwortungsquote der ersten Phase von 54 Prozent stieg in der zweiten Phase auf 65 Prozent und erreicht mit Abschluss der dritten Phase etwa 87 Prozent, so dass insgesamt 610 Lohnsteuerpflichtige befragt wurden.

---

1) NOELLE gibt eine Interviewdauer von 30 Minuten als ungefähr richtig an. Vgl. dazu NOELLE, E.: Umfragen in der Massengesellschaft - Einführung in die Methoden der Demoskopie -, Reinbek bei Hamburg 1963, S. 84. SCHEUCH dagegen sieht Interviews von 1 bis 1 1/2 Stunden als vom Befragten her wenig problematisch an. Vgl. SCHEUCH, E.K.: Das Interview in der Sozialforschung, a.a.O., S. 151. Bei den im Rahmen der vorliegenden Untersuchung zu erhebenden Fakten und Meinungen wäre eine entscheidende Kürzung des Fragebogens ohne einen beträchtlichen Informationsverlust nicht möglich gewesen.

2) Vgl. unten, S. 226 f. (Anhang).

4. Nach Durchsicht und Vercodung aller Fragebogen wurden die Nacherhebungen in den Finanzämtern durchgeführt. Hier sollten insbesondere widersprüchliche oder unvollständige Angaben von Lohnsteuerpflichtigen, die eine Vollmacht zur Einsichtnahme ihres Antrages auf Lohnsteuer-Jahresausgleich unterzeichnet hatten,[1] geklärt werden. Dazu wurden noch einmal alle Finanzämter aufgesucht. Die Anträge auf Lohnsteuer-Jahresausgleich bzw. Lohnsteuer-Ermässigung und die zugehörigen Unterlagen wurden eingesehen und wichtige Informationen in die dazu vorbereiteten Finanzamtfragebogen[2] eingetragen.

5. Um auch die Arbeit der Interviewer und einige unvollständige oder zweifelhafte Angaben der Befragten, die im Finanzamt nicht geklärt werden konnten, überprüfen zu können, wurden im Anschluss an die Nacherhebung in den Finanzämtern noch einige Kontroll- und Ergänzungsinterviews durchgeführt.

---

1) Die Anträge auf Lohnsteuer-Jahresausgleich konnten nur nach Vorlage einer entsprechenden - vorher mit dem Finanzministerium Nordrhein-Westfalen im Wortlaut abgestimmten - Vollmacht des Lohnsteuerpflichtigen eingesehen werden. Insgesamt haben 332 Lohnsteuerpflichtige eine solche Vollmacht unterzeichnet. Davon wurden in den Finanzämtern 33 Fälle überprüft.

2) Der Finanzamtfragebogen ist im Anhang abgedruckt. Vgl. unten,S.259 ff. Fürden Entwurf dieses Fragebogens ergab sich eine natürliche Gliederung aus dem Aufbau des amtlichen Antragsformulars für den Lohnsteuer-Jahresausgleich.

3) Diese Interviews wurden Ende August 1971 (gleichzeitig mit den Nacherhebungen in den Finanzämtern) vom Verfasser durchgeführt. Die zu befragenden Lohnsteuerpflichtigen wurden - wie schon bei der Erstbefragung - vorher schriftlich über den Besuch des Interviewers informiert. Ihnen wurde mitgeteilt, dass bei der Erstbefragung noch einige wichtige Fragen offengeblieben seien, so dass noch ein zweites - sehr kurzes - Interview erforderlich sei. Insgesamt wurden 27 Zweitinterviews durchgeführt.. Die angeschriebenen Befragten stellten sich ohne Ausnahme für das Interview zur Verfügung.

Ergänzungsinterviews waren insbesondere bei solchen Lohnsteuerpflichtigen notwendig, die - nach ihren Angaben im Erstinterview[1] - im Jahre 1970 oder vorher ein Haus gebaut oder umgebaut, dies aber steuerlich nicht geltend gemacht hatten.[2] Um prüfen zu können, ob es sich für die befragten Lohnsteuerpflichtigen steuerlich gelohnt hätte, den Bau oder Umbau ihres Hauses "abzusetzen", musste nach den Einnahmen und Ausgaben aus dem Gebäude gefragt werden. Insbesondere betraf dies die Baukosten und die übrigen Angaben, die im Zusammenhang mit §§ 7b EStG und 82a EStDV von Interesse sind.

Nach den Zweitinterviews und den Nacherhebungen in den Finanzämtern mussten einige Fragebogen neu vercodet bzw. ergänzt werden. Im grossen und ganzen hatten die Nacherhebungen und Zweitinterviews aber gezeigt, dass die Interviewer sorgfältig gearbeitet und die Befragten wahrheitsgemäss geantwortet hatten. Die Frage, ob deshalb auf die Nacherhebung in den Finanzämtern hätte verzichtet werden können, muss jedoch verneint werden. Erst durch diese Nacherhebungen konnte mit Sicherheit geklärt werden, ob ein Teil der Befragten - besonders diejenigen, die ihr Antragsformular auf Lohnsteuer-Jahresausgleich nicht selbst ausgefüllt hatten (Ausfüllung durch Steuerbeamte, Lohnbüro der Firma, Verwandte, Bekannte) - bestimmte steuerliche Abzugsmöglichkeiten geltend gemacht hatten oder nicht.

---

1) Vgl. Frage 59 im Fragebogen (Anhang).

2) Die steuerliche Geltendmachung von eventuellen "Verlusten" hätte zur Einkommensteuer-Veranlagung geführt. Vgl. oben, S. 11 (Anmerkung).

2.4 Aufbereitung des Materials, Darstellung der Ergebnisse und Prüfung ihrer Signifikanz in bezug auf die Hypothesen

Im folgenden soll zunächst ein Überblick über die Aufbereitung der Befragungsergebnisse gegeben werden. Dabei werden vor allem die Bewertung des "allgemeinen Informationsstands" sowie des "Informationsstands über die Lohnsteuer" und die Berechnung der Steuerüberzahlungen zu behandeln sein. Ausserdem soll auf die tabellarische Darstellung der Ergebnisse in Tabellen mit einheitlichem Tabellenkopf eingegangen werden. Schliesslich soll noch der Chi-Quadrat-Test erläutert werden, der zur Prüfung der Signifikanz der Ergebnisse in bezug auf die Hypothesen herangezogen wurde.

1. Die Resultate aus einfachen Entscheidungsfragen und Fragen mit Antwortvorgaben konnten entsprechend den Markierungen im Fragebogen direkt auf Lochkarten übernommen werden, da jeder Antwortvorgabe schon vor der Befragung eine bestimmte Lochkartenstelle zugeordnet worden war. Bei Fragen nach bestimmten Geldbeträgen wurden Kategorien (Geldbetragsgruppen) festgelegt, nach denen die jeweiligen Antworten vercodet wurden. Andere Resultate konnten erst vercodet werden, nachdem bestimmte Bewertungen oder Berechnungen vorgenommen wurden:

   a) Der "<u>allgemeine Informationsstand</u>" der Befragten wurde dadurch gemessen, dass ihre allgemeinen Lese- und Hörgewohnheiten in Presse, Rundfunk und Fernsehen - soweit sie Themen öffentlichen Interesses betreffen - bewertet und in einem Index zusammengefasst wurden. Diese Bewertungsmethode geht davon aus, dass die Informationsgewohnheiten der Befragten Aussagen über ihre Informationsinteressen und damit verbunden über ihren Informationsstand zulassen.

Insgesamt wurden vier Fragen[1] bei der Bewertung des allgemeinen Informationsstandes berücksichtigt. Dabei wurde das Hören oder Sehen der "Nachrichten" sowie "politischer Informationssendungen" im Rundfunk oder Fernsehen und das Lesen einer "Gewerkschaftszeitung" je nach der Häufigkeit (regelmässig, öfter, ab und zu, nie) mit der sich die Befragten dieser Informationsquellen bedienten, mit drei, zwei, ein oder null Punkten bewertet, während das Lesen einer "Tageszeitung" je nach der Art und der Anzahl der regelmässig gelesenen Tageszeitungen gewichtet wurde. Das regelmässige Lesen einer Boulevardzeitung (z.B. Bild, Express) wurde mit einem Punkt, einer Tageszeitung mit regionaler Ausbreitung (z.B. Westfälische Rundschau, Ruhr-Nachrichten) mit zwei Punkten sowie einer überregionalen Tageszeitung (z.B. Frankfurter Allgemeine Zeitung, Süddeutsche Zeitung) mit drei Punkten bewertet.

Der "allgemeine Informationsstand" jedes einzelnen Befragten, der durch Addition der bei den jeweiligen Informationsquellen ermittelten Punktzahl errechnet wurde, wurde als "niedrig" bezeichnet, wenn ein Lohnsteuerpflichtiger weniger als 6 Punkte erreichte; bei 6 bis 8 Punkten wurde das Informationsniveau als "mittel", bei mehr als 8 Punkten als "hoch" eingestuft. Ein mittlerer Informationsstand wurde z.B. dadurch erreicht, dass ein Befragter regelmässig eine Tageszeitung mit regionaler Ausbreitung las und regelmässig die Nachrichten sowie ab und zu politische Informationssendungen im Rundfunk oder Fernsehen hörte oder sah. Ein hohes Informationsniveau wurde z.B. dann erreicht, wenn ein Befragter regelmässig eine Tageszeitung mit überregionaler Ausbreitung las und regelmässig die Nachrichten sowie politische Informationssendungen hörte oder sah.

---

1) Vgl. Fragen 5, 6b, 7 und 8 im Fragebogen (Anhang).

Obwohl die Gewichtung äusserst grob ist und obwohl die Intensität, mit der die Befragten die genannten Informationsquellen ausgeschöpft haben, nicht erfasst werden konnte, wird davon ausgegangen, dass der gewählte Index eine Aussage über den allgemeinen Informationsstand - entsprechend den drei gewählten Kategorien (hoch, mittel, niedrig) - zulässt.

b) In ähnlicher Weise wurde versucht, die befragten Lohnsteuerpflichtigen danach einzustufen, ob ihr "Informationsstand über die Lohnsteuer" als "hoch", "mittel" oder "niedrig" zu bezeichnen ist. Zu diesem Zweck wurden insgesamt drei Fragen des Fragebogens ausgewertet.[1] Neben den beiden Fragen nach der Bekanntheit des Splitting und den Plänen zur Reform der Lohnsteuer, die bei entsprechender Beantwortung mit je einem Punkt bewertet wurden, kam es für die Bewertung des "Informationsstandes" entscheidend auf die Frage nach einer Reihe konkreter Steuerersparnismöglichkeiten an. Dazu wurde den Befragten eine Liste überreicht, die insgesamt 15 Arten solcher Ersparnismöglichkeiten aufführte.[2] Für jede als bekannt angegebene Steuerersparnismöglichkeit wurde ein Punkt gegeben, so dass die maximal erreichbare Punktzahl je Steuerpflichtiger bei dieser Frage 15, zusammen mit den beiden anderen Fragen 17 Punkte betrug.

---

1) Vgl. Fragen 40, 47 und 50 im Fragebogen (Anhang).

2) Diese Methode, Steuerkenntnisse zu bewerten, wird auch von der Kölner Forschungsstelle für empirische Sozialökonomik angewendet. Auch hier wird den Befragten eine Liste überreicht, auf der einige Arten konkreter Ersparnismöglichkeiten verzeichnet sind. Die Anzahl der genannten Möglichkeiten wird dann als abhängige Variable untersucht. Vgl. BEICHELT, B., BIERVERT, B., DAVITER, J., SCHMÖLDERS, G. und STRÜMPEL, B.: Steuernorm und Steuerwirklichkeit, Bd. 2: Steuermentalität und Steuermoral in Grossbritannien, Frankreich, Italien und Spanien, in: Forschungsberichte des Landes Nordrhein-Westfalen, Nr. 2041, Köln und Opladen 1969, S. 166 f.

Als "niedrig" wurde der Informationsstand über die Lohnsteuer dann bezeichnet, wenn ein Befragter weniger als 6 Punkte erreichte; von einem "mittleren" Informationsstand wurde bei 6 bis 11 , von einem "hohen" Informationsstand über die Lohnsteuer bei mehr als 11 Punkten gesprochen.

Obwohl die Bewertung von Kenntnissen im allgemeinen und von Kenntnissen über die Lohnsteuer im besonderen sicherlich einige Probleme aufwirft und immer nur als ein grober Masstab für die tatsächlichen Kenntnisse anzusehen ist, sollte hier auf dieses Instrument nicht verzichtet werden, da in den Kenntnissen über die Lohnsteuer, besonders über Steuerersparnismöglichkeiten, ein wesentlicher Einflussfaktor der Steuerüberzahlungen zu sehen ist.

c) Die Prüfung der Frage, welche Lohnsteuerüberzahlungen die befragten Steuerpflichtigen im Jahre 1970 geleistet hatten, nahm die meiste Zeit bei den Vercodungen in Anspruch. Oft mussten steuerliche Probleme an Hand der einschlägigen Fachliteratur geprüft werden. In einigen Fällen wurde ein Steuerbevollmächtigter zur Beratung hinzugezogen.

Bei der Berechnung der Lohnsteuerüberzahlungen wurden als zusätzliche Steuerersparnismöglichkeiten nur solche Aufwendungen anerkannt, bei denen mit grösster Wahrscheinlichkeit angenommen werden konnte, dass der Befragte diese Aufwendungen zwar gemacht, sie aber im Lohnsteuer-Jahresausgleich oder Ermässigungsantrag nicht angegeben hatte.[1] Obwohl z.B. mehr als die Hälfte der Befragten angab, im Jahre

---

1) In Zweifelsfällen wurde der Lohnsteuerpflichtige in der Nacherhebung bzw. in den Zweitinterviews berücksichtigt. Vgl. dazu oben, S. 40 f.

1970 für gemeinnützige Zwecke gespendet zu haben (meistens wurden Beträge zwischen 5,- und 10,- DM genannt), wurden diese Aufwendungen im allgemeinen nicht als steuermindernd anerkannt, weil darüber keine Belege vorgelegt werden konnten.

Oft musste geprüft werden, ob es für den Befragten günstiger war, die Kilometerpauschale für Fahrten zwischen Wohnung und Arbeitsstätte mit dem eigenen Kraftfahrzeug als Werbungskosten geltend zu machen - wobei die Kraftfahrzeug-Haftpflichtversicherung nur zur Hälfte angesetzt werden kann - oder ob auf die Geltendmachung der Kilometerpauschale besser verzichtet wurde, damit die Kraftfahrzeug-Haftpflichtversicherung voll unter Sonderausgaben berücksichtigt werden konnte. Die Schwierigkeiten bei diesen Berechnungen bestanden darin, dass Beiträge zur Haftpflichtversicherung als Sonderausgaben nur beschränkt abzugsfähig sind, so dass ihre Abzugsfähigkeit im Zusammenhang mit allen anderen begrenzt abzugsfähigen Sonderausgaben sowie ausserdem (in einigen Fällen) unter Berücksichtigung der Sonderausgaben Höchstbeträge überprüft werden musste, die - wie oben gezeigt wurde -[1] vom Familienstand, Alter und der Anzahl der Kinderfreibeträge abhängig sind.

Bei Lohnsteuerpflichtigen, die beim Finanzamt keinen Lohnsteuer-Jahresausgleich beantragt hatten, war unter anderem auch zu prüfen, ob die 1970 vom Arbeitgeber einbehaltene Lohnsteuer mit dem Betrag in der Lohnsteuer-Jahrestabelle übereinstimmte. Dies war insbesondere dann wichtig, wenn vom Arbeitgeber, z.B. wegen unständiger Beschäftigung des Arbeitnehmers,[2] kein Lohnsteuer-Jahresausgleich durchge-

---

1) Vgl. dazu oben, Tabelle 1.

2) Vgl. dazu oben, S. 10.

führt worden war. Bei den Steuerpflichtigen, die beim Finanzamt keinen Antrag auf Lohnsteuer-Jahresausgleich gestellt hatten, weil sie sich zu Beginn oder während des Jahres 1970 einen Freibetrag auf ihrer Lohnsteuerkarte hatten eintragen lassen,musste ferner geprüft werden, ob die steuerbegünstigten Aufwendungen im Verlauf des ganzen Jahres 1970 höher waren, als sie zum Zeitpunkt der Beantragung der Steuerermässigung vorausgeschätzt werden konnten.

In ähnlicher Weise wurden auch andere Punkte untersucht, die zu einer günstigeren Besteuerung der Lohnsteuerpflichtigen geführt hätten, wenn diese ihre Steuerersparnismöglichkeiten im Lohnsteuer-Jahresausgleich optimal ausgenutzt hätten. Ergab sich nach der Überprüfung der steuerlich relevanten Resultate der Befragung, dass ein Steuerpflichtiger zuviel Lohnsteuer gezahlt hatte, wurde der Betrag der Steuerüberzahlung (in der Regel) wie folgt errechnet: Zunächst wurde der "zu versteuernde Einkommensbetrag"[1] unter Berücksichtigung aller in Frage kommenden steuerfreien Abzugsbeträge ermittelt. Der Betrag der Lohnsteuerüberzahlung errechnete sich dann als Differenz zwischen dem tatsächlich im Jahre 1970 gezahlten Steuerbetrag und dem Steuerbetrag, der sich aufgrund des zu versteuernden Einkommensbetrags aus der Lohnsteuer-Jahrestabelle ergab. In einigen Fällen konnte der Betrag der Lohnsteuerüberzahlung auch durch Multiplikation des zusätzlichen steuerfreien Abzugsbetrags mit dem Proportionalsteuersatz von 19 Prozent ermittelt werden. Nach Berechnung der Lohnsteuerüberzahlung wurden diese Beträge entsprechend den vorher festgelegten Kategorien vercodet.

1) Vgl. dazu oben, S. 3.

Die weitere Aufbereitung der Ergebnisse in Form von Auszählungen erfolgte, wie auch die - noch später zu erörternde - Kontrastgruppenanalyse, durch die elektronische Datenverarbeitungsanlage IBM 360/40 des Instituts für angewandte Sozialwissenschaft, Bonn-Bad Godesberg.

2. Die Ergebnisse der Befragung, die in den folgenden Kapiteln verbalisiert und im Hinblick auf die zugrundeliegenden Hypothesen untersucht werden, sind zum grossen Teil in Tabellen mit einheitlichem Tabellenkopf dargestellt. In der Stirnseite der Tabelle sind die unabhängigen Variablen, im Kopf der Tabelle die beiden abhängigen Variablen und einige zusätzliche Informationen, die zum besseren Verständnis der Untersuchungsergebnisse beitragen sollen, aufgeführt. Prozentuiert wird in Richtung der unabhängigen Variablen, so dass sich die Prozentzahlen nach rechts zu 100 Prozent addieren.

Der Tabellenkopf dieser Tabellen wurde wie folgt aufgebaut:(s. auch Muster auf Seite 48b)

In den beiden Vorspalten werden die unabhängigen Variablen (demographische Daten und Einstellungen) und die absolute Zahl der Befragten aufgeführt. Die Spalten (1) bis (3) enthalten den "Informationsstand über die Lohnsteuer" als erste abhängige Variable. Die Spalten (4) bis (7) zeigen wie hoch der Anteil der Befragten ist, deren Werbungskosten bzw. Sonderausgaben den jeweiligen Pauschbetrag übersteigen. Der Anteil

Muster des Tabellenkopfes

Gruppierungsmerkmal	Anzahl der Befragten	(1)	(2)	(3)	(4)	(5)	(6)	(7)	(8)	(9)	(10)	(11)	(12)	(13)	(14)	(15)
		Informationsstand über die Lohnsteuer			Werbungskostenpauschale überschritten?		Sonderausgabenpauschale überschritten?		Freibetrag auf der Lohnsteuerkarte? a)		Antrag auf Lohnsteuer-Jahresausgleich gestellt?		Wieviel Lohnsteuer hätte zusätzlich gespart werden können? (Lohnsteuerüberzahlungen)			
															keine b)	
		hoch	mittel	niedrig	ja	nein	ja	nein	ja	nein	ja	nein	1 bis 100 DM	mehr als 100 DM	weil alles abgesetzt wurde	weil keine Absetzungsmöglichkeiten
		in Prozent der Zeilensumme														

der Befragten, denen auf ihrer Lohnsteuerkarte ein Freibetrag eingetragen wurde (einschliesslich Altersfreibetrag) sowie der Anteil der Befragten mit und ohne Antrag auf Lohnsteuer-Jahresausgleich sind in den Spalten (8) bis (11) enthalten. Die Spalten (12) bis (15) schliesslich zeigen, wie hoch im Jahre 1970 die Steuerüberzahlungen der befragten Lohnsteuerpflichtigen waren (zweite abhängige Variable). Dabei ist zu beachten, dass Befragte, die keine Lohnsteuerüberzahlungen geleistet haben (Spalte 14 plus Spalte 15) entweder im Jahre 1970 alles abgesetzt haben (Spalte 14) oder nichts absetzen konnten, weil z.B. die geltenden Pauschalen nicht überschritten wurden (Spalte 15).

3. Die Prüfung der Signifikanz der Ergebnisse in bezug auf die einzelnen Hypothesen[1] erfolgte mit Hilfe eines Chi-Quadrat-Tests. Mit Hilfe dieses Tests kann die Unabhängigkeit zweier oder mehrerer Merkmale voneinander in einer Kontingenztabelle überprüft werden.

   Zum Beispiel ist zu untersuchen, ob das Geschlecht der Lohnsteuerpflichtigen irgendeinen Einfluss auf die Steuerüberzahlungen ausübt oder nicht. Geprüft wird dabei die Hypothese der Unabhängigkeit: Das Geschlecht hat keinen Einfluss auf die Steuerüberzahlungen. Gegeben ist also ein Sample in zwei Variablen (männlich und weiblich sowie Steuerüberzahlungen und keine Steuerüberzahlungen), angeordnet in Form einer Kontigenztabelle:

Gruppierungsmerkmale	Lohnsteuerüberzahlungen		Summe
	ja	nein	
Geschlecht:			
männlich	112	273	385
weiblich	76	102	178
Summe	188	375	563

1) Vgl. oben, S. 25 ff.

Die Häufigkeiten, mit denen die einzelnen Kombinationen vorkommen, ergeben innerhalb der Stichprobe eine gewisse zahlenmässige Abhängigkeit zwischen den beiden Variablen. Die Frage, die zu untersuchen ist, lautet: Ist das Ausmass an zahlenmässiger Abhängigkeit noch wahrscheinlich oder schon unwahrscheinlich, wenn man unterstellt, dass in der Gesamtheit, aus der die Stichprobe gezogen wurde, keine Abhängigkeit zwischen den beiden Variablen besteht?[1)]

Ein Weg zur Lösung des aufgeworfenen Problems führt über die Chi-Quadrat-Methode. Im allgemeinen Fall hat man zwei Merkmale mit k bzw. m Ausprägungen.[2)] Bei jedem Element der Stichprobe wird festgestellt, in welcher Ausprägung jedes der beiden Merkmale vorliegt. $n_{ij} = n\ (A_i \cap B_j)$ sei die Anzahl der Stichprobenelemente in der Klasse $A_i \cap B_j$, wobei $i = 1,2, \ldots, k$ der Zeilenindex, $j = 1,2, \ldots, m$ der Spaltenindex sind. Die Randsummen werden mit

$$n_{i.} = \sum_{j=1}^{m} n_{ij} \quad \text{und} \quad n_{.j} = \sum_{i=1}^{k} n_{ij}$$

bezeichnet. Die Randverteilung des ersten Merkmals in der Grundgesamtheit habe die Wahrscheinlichkeiten $p_{1.}, p_{2.}, \ldots, p_{k.}$; die empirische Häufigkeitsverteilung aus der Stichprobe ist $n_{1.}, n_{2.}, \ldots, n_{k.}$. Entsprechend gelten für die Wahrscheinlichkeiten der Randverteilung des zweiten Merkmals die Bezeichnungen $p_{.1}, p_{.2}, \ldots, p_{.m}$ und für die empirischen Häufigkeiten $n_{.1}, n_{.2}, \ldots, n_{.m}$. Die Wahrscheinlichkeit für die Kombination i,j wird mit p_{ij} bezeichnet. In der Stichprobe tritt diese Kombination mit der Häufigkeit n_{ij} auf. Bei Unabhängigkeit der beiden Merkmale voneinander gilt $p_{ij} = p_{i.}p_{.j}$ (Nullhypothese).

1) Vgl. NEURATH, P.: Statistik für Sozialwissenschaftler, Stuttgart 1966, S. 227

2) Vgl. im folgenden PFANZAGL, J.: Allgemeine Methodenlehre der Statistik, Bd. 2: Höhere Methoden unter besonderer Berücksichtigung der Anwendungen in Naturwissenschaften, Medizin und Technik, 2. Auflage, Berlin 1966, S. 177 ff.

Als Schätzwert für $p_{i.} p_{.j}$ unter der Nullhypothese erhält man $\hat{p}_{ij} = n_{i.}/n \cdot n_{.j}/n$, wobei n der Umfang der Stichprobe ist; die aufgrund der Nullhypothese geschätzte Besetzungszahl dieser Klasse beträgt $n\hat{p}_{ij} = n_{i.} n_{.j}/n$. Als Testgrösse für die Diskrepanz zwischen den beobachteten und den theoretischen Häufigkeiten erhält man dann die von Karl Pearson entwickelte Masszahl

$$\chi^2 = \sum_{i=1}^{k} \sum_{j=1}^{m} \frac{\left(n_{ij} - \frac{n_{i.}\, n_{.j}}{n}\right)^2}{\frac{n_{i.}\, n_{.j}}{n}} .$$

Nach Festlegung des Fehlerrisikos und nach Bestimmung der Anzahl der Freiheitsgrade[1] df = (k - 1) (m - 1) lässt sich mit Hilfe der Chi-Quadrat-Tabelle ermitteln, ob der errechnete Zahlenwert von χ^2 innerhalb oder ausserhalb der Sicherheitsgrenze liegt. Liegt er ausserhalb der Sicherheitsgrenze, so wird bei der vorgegebenen Irrtumswahrscheinlichkeit die Nullhypothese zugunsten der Alternativhypothese zurückgewiesen.

Bei Überprüfung der im Rahmen dieser Untersuchung aufgestellten Hypothesen wird eine Signifikanz auf dem 5-Prozent-Niveau gefordert. Indem dieses relativ hohe Risiko eingegangen wird, eine Hypothese zu akzeptieren, ohne dass der angenommene Zusammenhang besteht, wird gleichzeitig das Risiko relativ klein gehalten, eine Hypothese zu verwerfen, obwohl die Annahme zutreffend ist.[2]

---

1) "Die Anzahl der Freiheitsgrade ist die Anzahl der voneinander unabhängigen Komponenten, die in einem Massenexperiment mit zufällig ausgewählten Samples an der Variation der zur Diskussion stehenden Masszahl (hier χ^2) von Sample zu Sample beteiligt sind." (NEURATH, P.: a.a.O., S. 293).

2) Vgl. NEURATH, P.: Grundbegriffe und Rechenmethoden der Statistik für Sozialwissenschaftler, in: KÖNIG, R. (Hrsg.): Handbuch der empirischen Sozialforschung, a.a.O., S. 274.

Da in dem vorstehenden Beispiel $\chi^2 = 10{,}1$ ist, der kritische Wert bei der χ^2-Verteilung mit df = 1 für 5 Prozent Irrtumswahrscheinlichkeit aber 3,84 beträgt, ist die Hypothese der Unabhängigkeit eindeutig widerlegt. Es besteht also ein hoch signifikanter Zusammenhang zwischen dem Geschlecht der Lohnsteuerpflichtigen und ihren Lohnsteuerüberzahlungen.

Nach Pfanzagl sollte man mit der χ^2-Verteilung nur arbeiten, wenn keine der Gruppen eine erwartete Besetzungszahl kleiner als 5 hat und ausserdem n mindestens 30 ist.[1)] Beide Voraussetzungen sind sowohl im vorstehenden Beispiel als auch bei den folgenden Hypothesenüberprüfungen erfüllt. Da bei der vorliegenden Untersuchung der Stichprobenumfang grösser als 600 ist, kann zudem darauf verzichtet werden, die Approximation durch die χ^2-Verteilung mittels einer Kontinuitätskorrektur (Yates-Korrektur) zu verbessern [2)], die sonst bei einem Freiheitsgrad von eins notwendig wäre.

Es sei noch darauf hingewiesen, dass empirische Hypothesen als solche grundsätzlich falsifizierbar sind, sie können lediglich <u>vorläufig</u> bestätigt werden. Es ist also nicht ausgeschlossen, dass sie in späteren Untersuchungen widerlegt werden. Nur die Rückweisung einer Hypothese kann als endgültig gelten.[3)]

---

1) Vgl. PFANZAGL, J.: a.a.O., S. 164

2) Vgl. PFANZAGL, J.: a.a.O., S. 184

3) Vgl. auch ENGELHARDT, G.: Der Beitrag der Finanzpsychologie zu einer rationalen Steuerpolitik, in: Wirtschaftstheorie als Verhaltenstheorie - Ein Symposion der Forschungsstelle für empirische Sozialökonomik, in: Beiträge zur Verhaltensforschung (Hrsg. SCHMÖLDERS, G.), Berlin 1969, S. 92 f.

3 Darlegung und Analyse der Untersuchungsergebnisse

Bei der Darlegung und Analyse der Untersuchungsergebnisse soll im wesentlichen in der Reihenfolge der in Kapitel 2.1 aufgeworfenen Fragestellungen und Hypothesen vorgegangen werden.[1] Vor einer Analyse der Inanspruchnahme vermögenspolitischer Massnahmen des Staates ist daher zunächst auf die Ausnutzung steuerlicher Vergünstigungen durch die befragten Lohnsteuerpflichtigen einzugehen.

3.1 Die Inanspruchnahme steuerlicher Vergünstigungen durch die Lohnsteuerpflichtigen

3.1.1 Lohnsteuerüberzahlungen und ihre Komponenten

3.1.1.1 Die Höhe der Lohnsteuerüberzahlungen

Zunächst ist die Frage zu klären, wie hoch der Geldbetrag ist, den die befragten Lohnsteuerzahler im Jahre 1970 zusätzlich hätten sparen können, wenn sie ihre steuerlichen Abzugsmöglichkeiten bestmöglich ausgenutzt hätten.

Zu diesem Zweck wurden - wie im Methodenteil schon dargelegt worden ist - die steuerlich relevanten Angaben jedes einzelnen der 610 befragten Lohnsteuerzahler[2], die zum Teil durch Kontrollinterviews sowie anhand der den Finanzämtern vorliegenden Lohnsteuerunterlagen überprüft worden waren, ausgewertet. Die Steuerüberzahlungen wurden dann unter Berücksichtigung der vom Finanzamt zu erstattenden Beträge durch Abzug der nach der Lohnsteuer-Jahrestabelle tatsächlich zu zahlenden Lohnsteuer von der durch den Arbeitgeber einbehaltenen Lohnsteuer errechnet.

---

1) Vgl. oben, S. 25 ff.

2) Plus 102 mitverdienender Ehegatten.

Tabelle 5: Die Aufteilung der Befragten nach der Höhe ihrer Steuerüberzahlungen

Höhe der Steuerüberzahlungen	Befragte	
	Anzahl	Prozent
Steuerüberzahlungen:		
1 bis 50 DM	107	17,5
51 bis 100 DM	31	5,1
101 bis 200 DM	34	5,6
mehr als 200 DM	16	2,6
keine Steuerüberzahlungen:		
weil alles abgesetzt wurde	375	61,5
weil keine Absetzungsmöglichkeiten	47	7,7
Befragte insgesamt	610	100,0

Quelle: Eigene Erhebungen, Mai bis Juli 1971, Fragen 55 ff. im Fragebogen (Anhang)

Bei diesen Berechnungen ergab sich, dass die meisten der befragten Lohnsteuerpflichtigen im Jahre 1970 keine Lohnsteuerüberzahlungen geleistet hatten. Von den 610 befragten Lohnsteuerzahlern hatten 422, also 69 Prozent der Befragten dem Fiskus nichts "geschenkt", während die übrigen 188 Lohnsteuerzahler, also immerhin rund 31 Prozent der Befragten, im Jahre 1970 mehr Lohnsteuer gezahlt hatten, als sie bei Geltendmachung aller steuerbegünstigten Aufwendungen hätten zahlen müssen (Lohnsteuerüberzahlungen).

Wie Tabelle 5 zeigt, haben rund 18 Prozent der befragten Lohnsteuerpflichtigen im Jahre 1970 nur sehr geringe Steuerüberzahlungen (1 bis 50 DM) geleistet. Für 5,1 Prozent der Befragten ergaben sich Steuerüberzahlungen zwischen 51 und 100 DM, für 5,6 Prozent der Befragten zwischen 101 und 200 DM und für 2,6 Prozent der Befragten von mehr als 200 DM.

Die Steuerpflichtigen ohne solche Steuerüberzahlungen teilen sich wie folgt auf: 7,7 Prozent der Befragten hatten 1970 überhaupt keine Möglichkeit, steuerbegünstigte Tatbestände geltend zu machen. Die restlichen 61,5 Prozent der Befragten dagegen haben ihre Steuerersparnismöglichkeiten im Wege des Antrags auf Lohnsteuer-Jahresausgleich oder Lohnsteuerermässigung optimal ausgenutzt. Unter diesen Befragten sind 6 Steuerpflichtige (1 Prozent der Befragten), die nur deshalb einen Lohnsteuer-Jahresausgleich beantragt hatten, weil der vom Arbeitgeber einbehaltene Steuerbetrag grösser war als der nach der Lohnsteuer-Jahrestabelle zu zahlende Steuerbetrag.

Errechnet man aus der Gesamtsumme der geleisteten Steuerüberzahlungen einen Durchschnittsbetrag, so ergibt sich, dass die befragten Lohnsteuerpflichtigen im Jahre 1970 durchschnittlich 22,26 DM Lohnsteuer zuviel gezahlt haben.

Eine Analyse der Steuerüberzahlungen für die drei als Stichprobenschichtung[1)] zugrunde gelegten Regionen unterschiedlicher Bevölkerungsdichte zeigt, dass sich ein leichtes Stadt-Land-Gefälle ergibt. Während in den Ballungskernen die Steuerüberzahlung je Befragten rund 9 Prozent unter dem Durchschnitt liegt, ergibt sich in den Ballungs-

---

1) Vgl. dazu den Stichprobenplan im Anhang, S. 212 ff..

Tabelle 6: Die Steuerüberzahlungen der befragten Lohnsteuerpflichtigen nach Regionen unterschiedlicher Bevölkerungsdichte

Region	Lohnsteuerüberzahlungen - gerundet -		
	insgesamt	je Befragten	Gesamt-durchschnitt = 100
Ballungskerne	5957,- DM	20,- DM	91
Ballungsrandzonen	2877,- DM	23,- DM	105
Ländliche Zonen	4747,- DM	26,- DM	118
Befragte insgesamt	13580,- DM	22,- DM	100

Quelle: Eigene Erhebung, Mai bis Juli 1971, Fragen 55 ff. in Fragebogen (Anhang)

randzonen eine um 5, in den ländlichen Zonen eine um zirka 18 Prozent über dem Durchschnitt liegende Steuerüberzahlung (Tabelle 6).

Ermittelt man das Konfidenzintervall für den Mittelwert der Gesamtheit, wobei die Standardabweichung der Gesamtheit durch den aus den drei Schichten der Stichprobe berechneten Schätzwert ersetzt wird, so ergibt sich für die durchschnittliche Steuerüberzahlung der Lohnsteuerpflichtigen Nordrhein-Westfalens[1)] bei einem Konfidenzniveau von 95 Prozent ein Bereich von 17,94 DM bis 26,58 DM.[2)] Die Breite dieses Konfidenzniveaus ist im wesentlichen durch die relativ hohe Standardabweichung bedingt, die 54,50 DM beträgt.

---

1) Nicht zur Einkommensteuer veranlagte, belastete Lohnsteuerpflichtige Nordrhein-Westfalens. Vgl. oben, S. 36.

2) Bei einem Konfidenzniveau von 99 Prozent ergibt sich ein Bereich von 16,57 DM bis 27,95 DM.

Aufgrund dieser Berechnungen lässt sich der Betrag ermitteln, den die rund 4 Millionen[1] nicht zur Einkommensteuer veranlagten Lohnsteuerzahler Nordrhein-Westfalens im Jahre 1970 zuviel an den Fiskus abgeführt haben. Es ergibt sich, dass dieser Betrag durchschnittlich 88,745 Mill. DM beträgt. Mit 95 Prozent Wahrscheinlichkeit liegt die gesamte Lohnsteuerüberzahlung in Nordrhein-Westfalen zwischen 71,522 Mill. DM und 105,968 Mill. DM.

In diesem Zusammenhang ist noch einmal zu erwähnen, dass sich die vorliegende Untersuchung auf das Land Nordrhein-Westfalen beschränkt und daher repräsentative Aussagen nur für die Lohnsteuerpflichtigen Nordrhein-Westfalens vorgelegt werden können. Vergleicht man daher das vorliegende Ergebnis mit Schätzungen, die für die Bundesrepublik gelten, so ist dieser Vergleich unter der vorstehenden Einschränkung zu sehen. Auch ist nicht auszuschliessen, dass die Gesamtheiten der Lohnsteuerpflichtigen, die miteinander verglichen werden, unterschiedlich definiert sind. Während bei der vorliegenden Untersuchung Lohnsteuerpflichtige, die beim Finanzamt einen Lohnsteuer-Jahresausgleich beantragt haben, in die Schätzung einbezogen wurden, bleiben diese Steuerpflichtigen bei anderen Schätzungen unberücksichtigt.[2]

Wagt man trotz dieser Vorbehalte einen Vergleich des vorliegenden Ergebnisses mit anderen - für die Bundesrepublik geltenden - Schätzungen, so zeigt sich, dass die meisten dieser Schätzungen zu hoch gegriffen sind. Ausgehend von der Tatsache, dass rund 28 Prozent der Lohnsteuerpflichtigen der Bundesrepublik ihren Wohnsitz in Nordrhein-Westfalen

1) Quelle: Berechnungen auf der Grundlage von Angaben des Statistischen Landesamts. Zur Berechnungsmethode vgl. unten, Tabelle 39 (Anhang).

2) LEHMANN, H. (a.a.O., S. 3) zum Beispiel spricht bei seiner Schätzung von den 2,8 Millionen Lohnsteuerzahlern, die es "... verabsäumen, einen Lohnsteuer-Jahresausgleich zu beantragen...". Steuerpflichtige, die trotz ihres Lohnsteuer-Jahresausgleichs Steuerüberzahlungen leisten, bleiben damit in seiner Schätzung unberücksichtigt.

haben,[1] lässt sich die Grössenordnung der Lohnsteuerüberzahlungen in der Bundesrepublik durch Multiplikation der für Nordrhein-Westfalen ermittelten Überzahlungen mit dem Wert 3,57 (= 1/28 x 100) schätzen. Nach dieser Schätzmethode belaufen sich die Lohnsteuerüberzahlungen in der Bundesrepublik auf maximal 378,5 Mill. DM. In dieser Schätzung sind die Steuerüberzahlungen der zur Einkommensteuer veranlagten Lohnsteuerpflichtigen nicht enthalten.

Damit erweisen sich Schätzungen als unhaltbar, die ohne empirische Überprüfung davon ausgehen, dass die Lohnsteuerzahler dem Fiskus jährlich "Milliardenbeträge" schenken. Vermutlich sind derartige Schätzungen darauf zurückzuführen, dass die Verfasser ihr Urteil auf Erfahrungen stützen, die sie persönlich mit einigen Lohnsteuerpflichtigen gemacht haben. Die Wahrscheinlichkeit aber, dass es sich dabei um Lohnsteuerpflichtige handelte, die sich gerade wegen bestimmter steuerbegünstigter Aufwendungen an den Steuerfachmann gewendet hatten, ist zu gross, als dass von einer Repräsentativität dieser Schätzungen gesprochen werden könnte.

Die aufgrund der empirischen Erhebung errechneten Lohnsteuerüberzahlungen in Nordrhein-Westfalen, die sich im Jahre 1970 auf maximal 105,968 Mill. DM beliefen, also rund 1 Prozent des gesamten Lohnsteueraufkommens[2] betrugen, werden trotzdem als eine unangemessen grosse Belastung der Lohnsteuerpflichtigen angesehen. Es sind davon insbesondere

1) Vgl. STATISTISCHES BUNDESAMT: Bruttolohn und Lohnsteuer, Ergebnisse der Lohnsteuerstatistik 1968, in: Wirtschaft und Statistik, H. 3, 1971, S. 153 ff. Vgl. ferner: STATSTISCHES LANDESAMT NORDRHEIN-WESTFALEN : a.a.O.,S.6 f. Der Anteil Nordrhein-Westfalens an den Lohnsteuereinnahmen der Bundesrepublik beträgt rund 29,4 Prozent.Vgl. die beiden obigen Quellen und ferner: IFO-SCHNELLDIENST: 58 Mrd. Lohnsteueraufkommen im Jahre 1974, Nr. 45 vom 9.11.1970, S. 4

2) Das Lohnsteueraufkommen betrug 1970 in Nordrhein-Westfalen rund 10,415 Mrd. DM. Vgl. IFO-SCHNELLDIENST: a.a.O., S. 5

Bevölkerungsteile betroffen, die am unteren Ende der Einkommenspyramide stehen (Lohnsteuerpflichtige, die nicht zur Einkommensteuer veranlagt werden).

3.1.1.2 Komponenten der Lohnsteuerüberzahlungen

Die Tabellen 7 und 8 geben nun darüber Auskunft, auf welche steuerlichen Tatbestände die Lohnsteuerüberzahlungen zurückzuführen sind. Hierzu sind in der jeweiligen Vorspalte die wichtigsten Arten steuerbegünstiger Aufwendungen aufgeführt.

In den Spalten (1) und (2) von Tabelle 7 sind zunächst diejenigen Lohnsteuerpflichtigen enthalten, bei denen im Jahre 1970 bestimmte Werbungskosten und Sonderausgaben vorlagen. So hatten beispielsweise 268 Befragte, das sind 43,9 Prozent der insgesamt Befragten, Werbungskosten durch Fahrten zwischen Wohnung und Arbeitsstätte. Die Anzahl der Befragten, bei denen diese Werbungskosten im Jahre 1970 nicht vorlagen, ist in Tabelle 7 nicht enthalten. Sie ergibt sich - wie auch bei den übrigen steuerbegünstigten Aufwendungen - als Differenz zwischen der in Spalte (1) aufgeführten Zahl und der Gesamtzahl der befragten Lohnsteuerpflichtigen (N = 610).

Die Spalten (1) und (2) geben damit Aufschluss über die Häufigkeit, mit der bei den befragten Lohnsteuerpflichtigen bestimmte steuerbegünstigte Aufwendungen auftraten, und zwar unabhängig davon, ob diese (im Wege des Antrags auf Lohnsteuer-Jahresausgleich oder Lohnsteuerermässigung) abgesetzt werden konnten oder nicht. Dabei zeigt sich, dass vor allem einzelne Sonderausgaben bei sehr vielen Lohnsteuerpflichtigen vorlagen: Beiträge zur gesetzlichen Sozialversicherung wurden von 94,2 Prozent, Kirchensteuer von 96,5 Prozent, Beiträge zur privaten Lebensversicherung,

Tabelle 7: Die Absetzung von Werbungskosten und Sonderausgaben durch die befragten Lohnsteuerpflichtigen im Jahre 1970[1)]

Art der steuerbegünstigten Aufwendung[2)]	(1) = (7) + (9) + (11)	(2)	(3)	(4)	(5)	(6)	(7) = (3) + (5)	(8)	(9)	(10)	(11)	(12)
	Lohnsteuerpflichtige, bei denen im Jahre 1970 (folgende steuerbegünstigte Aufwendungen)											
	...[3)] vorlagen		...[3)] im Antrag auf Lohnsteuer-Jahresausgleich oder Lohnsteuer-Ermässigung									
			abgesetzt werden konnten (Pauschale überschritten)						nicht abgesetzt werden konnten (Pauschale nicht überschritten)			
			und auch steuermindernd abgesetzt wurden		aber nicht abgesetzt wurden		insgesamt (Summe von Spalte 3 und 5)		und auch nicht angegeben wurden		aber trotzdem angegeben wurden	
	Anzahl[1)]	in v.H. der Befragten insges. (N=610)	Anzahl	in v.H. der Befragten insges. (N=610)	Anzahl	in v.H. der Befragten insges. (N=610)	Anzahl	in v.H. der Befragten, die die Pauschale überschritt. haben (N=610)	Anzahl	in v.H. der Befragten insges. (N=610)	Anzahl	in v.H. der Befragten insges. (N=610)
								(N=183)				
1. Werbungskosten durch												
a) Fahrten zwischen Wohnung u.Arbeitsstätte	268	43,9	137	22,5	16	2,6	153	83,6	76	12,5	39	6,4
b) Regelmässig mehr als 12-stündige Abwesenheit von der Wohnung	74	12,1	49	8,0	14	2,3	63	34,4	4	0,7	7	1,1
c) Umzugskosten	6	1,0	2	0,3	2	0,3	4	2,2	0	0,0	2	0,3
d) Doppelte Haushaltsführung	9	1,5	7	1,1	1	0,2	8	4,4	0	0,0	1	0,2
e) Arbeitskleidung	241	39,5	77	12,6	14	2,3	91	49,7	105	17,2	45	7,4
f) Fachliteratur	109	17,9	32	5,2	13	2,1	45	24,6	45	7,4	19	3,1
g) Beiträge zu Berufsverbänden	246	40,3	84	13,8	4	0,7	88	48,1	78	12,8	80	13,1
h) Fortbildungskosten	47	7,7	20	3,3	6	1,0	26	14,2	21	3,4	0	0,0
i) Unfallschaden auf dem Weg zur Arbeit	7	1,1	3	0,5	4	0,7	7	3,8	0	0,0	0	0,0
j) Arbeitsmittel	31	5,1	13	2,1	8	1,3	21	11,5	7	1,1	3	0,5
k) Sonstige Werbungskosten	14	2,3	9	1,5	0	0,0	9	4,9	3	0,5	2	0,3
2. Sonderausgaben								(N=528)				
a) Beiträge zur												
- Sozialversicherung	575	94,2	454	74,4	52	8,5	506	95,8	58	9,5	11	1,8
- Krankenversicherung	175	28,7	153	25,1	12	2,0	165	31,3	8	1,3	2	0,3
- Lebensversicherung	309	50,7	264	43,3	25	4,1	289	54,7	17	2,8	3	0,5
- Sterbekasse	191	31,3	160	26,2	20	3,3	180	34,1	11	1,8	0	0,0
- KFZ-Haftpflichtvers.	249	40,8	224	36,7	14	2,3	238	45,1	9	1,5	2	0,3
- Haftpflicht- u.Unfallversicherung	255	41,8	225	36,9	17	2,8	242	45,8	10	1,6	3	0,5
- Bausparkasse	7	1,1	7	1,1	0	0,0	7	1,3	0	0,0	0	0,0
b) Renten, dauernde Lasten	6	1,0	4	0,7	2	0,3	6	1,1	0	0,0	0	0,0
c) Schuldzinsen	139	22,8	96	15,7	31	5,1	127	24,1	10	1,6	2	0,3
d) Kirchensteuer	589	96,5	456	74,8	45	7,3	501	94,9	75	12,3	13	2,1
e) Vermögensteuer	6	1,0	5	0,8	1	0,2	6	1,1	0	0,0	0	0,0
f) Spenden, Parteibeitr.	81	13,3	63	10,3	16	2,6	79	15,0	2	0,3	0	0,0
g) Kosten für Steuerberater	52	8,5	48	7,9	3	0,5	51	9,7	0	0,0	1	0,2
h) Ausbildungskosten	24	3,9	11	1,8	9	1,4	20	3,8	4	0,7	0	0,0

1) Die Tabelle enthält nur Lohnsteuerpflichtige, bei denen die in der Vorspalte aufgeführten steuerbegünstigten Aufwendungen vorlagen. Die Anzahl der Lohnsteuerpflichtigen, bei denen diese Aufwendungen nicht vorlagen, ergeben sich durch Subtraktion der in Spalte (1) enthaltenen Zahlen von der Gesamtzahl der Befragten (N=610).

2) Die genauen Bezeichnungen der steuerbegünstigten Aufwendungen sind im Fragebogen (Anhang) enthalten (Fragen 55 ff.).

3) ... = jeweilige steuerbegünstigte Aufwendung aus der Vorspalte, z.B. "Fahrten zwischen Wohnung und Arbeitsstätte".

Quelle: Eigene Erhebung, Mai bis Juli 1971, Fragen 55 ff. im Fragebogen (Anhang)

Aussteuer- oder Ausbildungsversicherung, zur Witwen-, Waisen- und Sterbekasse und zu Haftpflichtversicherungen von jeweils mehr als 30 Prozent der Befragten gezahlt. Werbungskosten dagegen lagen weniger häufig vor: hier sind neben den bereits erwähnten Fahrten zwischen Wohnung und Arbeitsstätte (43,9 Prozent) lediglich Kosten für Arbeitskleidung (39,5 Prozent) und Beiträge zu Berufsverbänden (40,3 Prozent der Befragten) zu nennen. Unter den aussergewöhnlichen Belastungen fallen - wie noch zu zeigen sein wird - nur die Krankheitskosten[1] ins Auge, die bei 20,2 Prozent der Befragten anfielen.

Die in Spalte 1 von Tabelle 7 aufgeführten Lohnsteuerpflichtigen wurden nun wie folgt unterteilt:

1. Lohnsteuerpflichtige, bei denen im Jahre 1970 bestimmte steuerbegünstigte Aufwendungen vorlagen (Spalte 1)

2. Lohnsteuerpflichtige, die diese Aufwendungen im Antrag auf Lohnsteuer-Jahresausgleich oder Lohnsteuerermässigung steuermindernd absetzen konnten (Spalten 3 + 5)

3. und auch abgesetzt haben (Spalte 3)

4. aber nicht abgesetzt haben (Spalte 5)

5. Lohnsteuerpflichtige, die diese Aufwendungen im Antrag auf Lohnsteuer-Jahresausgleich oder Lohnsteuerermässigung nicht steuermindernd absetzen konnten (Spalten 9 + 11)

6. und auch nicht abgesetzt haben (Spalte 9)

7. aber trotzdem angegeben haben (Spalte 11)

Vor allem interessieren die Lohnsteuerpflichtigen, die im Jahre 1970 die Möglichkeit hatten, bestimmte steuerbegünstigte Aufwendungen in ihren Anträgen auf Lohnsteuer-Jahresausgleich oder Lohnsteuer-Ermässigung geltend zu machen, diese

1) Es handelt sich um Aufwendungen, die mit einer Entbindung, Krankheit, Kur, Zahnbehandlung u.ä. in Verbindung stehen. Sehr oft bestanden die Krankheitskosten in einer vom Arzt verordneten Diät.

aber nicht steuermindernd abgesetzt haben (Spalten 5 und 6). Es zeigt sich, dass auch hier wieder einzelne Sonderausgaben im Vordergrund standen. Dies ist vor allem dadurch begründet, dass die Sonderausgaben bei 87 Prozent, die Werbungskosten aber bei nur 30 Prozent der Befragten den jeweiligen Pauschbetrag überstiegen. Ein grosser Teil der vorliegenden Werbungskosten wirkt sich daher nicht steuermindernd aus.

Selbst bei rund 50 Prozent derjenigen Befragten, die für das Jahr 1970 weder einen Lohnsteuer-Jahresausgleich noch Lohnsteuerermässigung beantragt hatten, überstiegen die Sonderausgaben den Pauschbetrag von 936 DM bzw. 1872 DM,[1] so dass allein hierdurch die hohen Zahlenwerte, insbesondere bei der Kirchensteuer und den Beiträgen zur gesetzlichen Sozialversicherung, zu erklären sind. Aber auch andere Versicherungsbeiträge sind vor allem von solchen Lohnsteuerpflichtigen nicht geltend gemacht worden, die keinen Antrag auf Lohnsteuer-Jahresausgleich oder Lohnsteuer-Ermässigung gestellt haben. So haben 4,1 Prozent der Befragten ihre Beiträge zur Lebensversicherung und 3,3 Prozent der Befragten ihre Beiträge zur Witwen-, Waisen- und Sterbekasse steuerlich nicht geltend gemacht. Zwar handelte es sich dabei meistens nur um sehr geringe Beitragsleistungen - der jährliche Beitrag zu einer Sterbekasse z.B. betrug oft nur 10 bis 15 DM je Person und Lebensversicherungsverträge waren nur über eine Versicherungssumme von z.B. 3000 DM oder 5000 DM abgeschlossen worden, so dass auch hier nur geringe Beiträge anfielen -, aber gerade diese Beitragsleistungen waren dafür ausschlaggebend, dass die gesamten Sonderausgaben die Pauschale von 936 bzw. 1872 DM überstiegen.

1) Es handelte sich hier um eine gesonderte Auswertung, die tabellarisch nicht festgehalten wurde.

Während die steuerlich nicht geltend gemachten Beiträge zur gesetzlichen Sozialversicherung einerseits und nicht in Abzug gebrachte Kirchensteuerzahlungen[1] andererseits allein auf solche Steuerpflichtige zurückgeführt werden können, die keinen Antrag auf Lohnsteuer-Jahresausgleich oder Lohnsteuer-Ermässigung gestellt haben, sind die hohen Besetzungszahlen bei den übrigen Sonderausgaben zum Teil auch darauf zurückzuführen, dass den befragten Lohnsteuerpflichtigen die Absetzbarkeit dieser Sonderausgaben nicht bekannt war oder ihre Absetzung vergessen wurde. Dies gilt besonders für den Abzug von Schuldzinsen. Obwohl im Antrag auf Lohnsteuer-Jahresausgleich ausdrücklich auf die Absetzbarkeit von Schuldzinsen hingewiesen wird, können sich viele Befragte nicht vorstellen, dass Schuldzinsen - ungeachtet der Verwendung des Kredits - absetzbar sind.[2] Diese Unsicherheit der befragten Lohnsteuerpflichtigen wurde besonders deutlich, als sie gefragt wurden, welche konkreten Steuerersparnismöglichkeiten ihnen bekannt sind. Während im allgemeinen mehr als 50 Prozent der Befragten angaben, die genannten Vergünstigungen zu kennen, sind "Schuldzinsen wegen Kauf eines Autos" nur 37,5 Prozent der Befragten als Absetzungsmöglichkeit bekannt (Tabelle 10 , Seite 72). Die zusätzliche Frage, ob ihnen auch "Schuldzinsen wegen Kauf einer Campingausrüstung" als steuerliche Ersparnismöglichkeit bekannt sind, wurde von nur 13,8 Prozent der Befragten bejaht. Offenbar glauben viele Lohnsteuerpflichtigen, dass Schuldzinsen nur dann absetzbar sind, wenn der Kredit mit einer "sinnvollen" - mit dem Beruf in Verbindung stehenden - Ausgabe im Zusammenhang steht. Es ist zu vermuten, dass die Campingausrüstung von einem grossen Teil der Lohnsteuerpflichtigen eher mit einer Freizeitbeschäftigung, das Auto

---

1) Diese steuerbegünstigten Aufwendungen, die von den Arbeitgebern auf der Lohnsteuerkarte eingetragen werden müssen, wurden im allgemeinen von dem Sachbearbeiter im Finanzamt selbst dann steuermindernd berücksichtigt, wenn der Lohnsteuerpflichtige diese in seinem Antrag nicht oder nicht richtig angegeben hatte.

2) Schuldzinsen, die mit einem Kredit für den Bau, Umbau oder Kauf eines Hauses in Verbindung stehen, sind nur im Zusammenhang mit einer Einkommensteuer-Erklärung absetzbar.

- als Beförderungsmittel zwischen Wohnung und Arbeitsstätte - eher mit dem Beruf in Verbindung gebracht wird.

Noch zwei weitere Gründe spielen für die häufige Nichtabsetzung von Schuldzinsen eine Rolle:

1. Bei vielen Kreditgeschäften, insbesondere Abzahlungsverträgen, werden die Kreditzinsen vom Gläubiger nicht gesondert berechnet, sondern es wird eine monatliche Abzahlungsrate festgelegt, so dass die Kreditzinsen häufig "unmerklich" bleiben.

2. Oft werden Schuldzinsen dadurch fällig, dass Bankkonten (Gehaltskonten) überzogen werden. Auch hier werden Kreditzinsen häufig nicht gesondert ausgewiesen, sondern dem Schuldner zusammen mit den Gebühren in Rechnung gestellt.

Unter den Sonderausgaben, die häufig steuerlich nicht abgesetzt werden, befinden sich auch Spenden für gemeinnützige Zwecke, Beiträge an politische Parteien und Aufwendungen für eine Berufsausbildung oder eine hauswirtschaftliche Aus- und Weiterbildung. Fast die Hälfte der Befragten, die derartige Aus- und Weiterbildungskosten hatten, haben diese steuerlich nicht geltend gemacht. Es dürfte nur wenigen Lohnsteuerpflichtigen bekannt sein, dass z.B. die Aufwendungen für Koch- und Nähkurse (Kursusgebühren usw.) steuerlich absetzbar sind.

Werbungskosten, die häufig nicht abgesetzt werden, sind: "Fahrten zwischen Wohnung und Arbeitsstätte", berufsbedingte "regelmässig mehr als zwölfstündige Abwesenheit von der Wohnung" und "Aufwendungen für Fachbücher sowie Fachzeitschriften". Auch hier ist wieder zu unterscheiden zwischen Lohnsteuerpflichtigen, die überhaupt keinen Antrag auf Lohnsteuer-Jahresausgleich oder Lohnsteuer-Ermässigung gestellt haben und solchen, die diese Aufwendungen trotz ihres

Antrages steuerlich nicht geltend gemacht haben. So hatten die Befragten, bei denen Fahrten zwischen Wohnung und Arbeitsstätte als zusätzliche Abzugsmöglichkeiten in Frage kamen, entweder keinen Antrag gestellt oder - sofern es sich um Fahrten mit dem eigenen Kraftfahrzeug handelte - diese Aufwendungen nicht als Werbungskosten abgesetzt, weil sie davon ausgingen, dass eine volle Absetzung der Kraftfahrzeug-Haftpflichtversicherung (unter Sonderausgaben) für sie günstiger sei. In einigen Fällen kam es auch vor, dass erst die zusätzliche Geltendmachung anderer Werbungskosten, deren Absetzbarkeit dem Befragten nicht bekannt war - so z.B. die Aufwendungen zur Beseitigung eines Unfallschadens infolge eines Unfalls zwischen Wohnung und Arbeitsstätte -[1] dazu führte, dass die Werbungskostenpauschale überschritten wurde. Mehraufwendungen für Verpflegung, wenn die beruflich bedingte Abwesenheit von der Wohnung regelmässig mehr als zwölf Stunden betragen hat, sowie notwendige Mehraufwendungen für "doppelte Haushaltsführung" wurden vermutlich oft deshalb nicht abgesetzt, weil gerade diese Befragten wenig Zeit fanden, einen Antrag auf Lohnsteuer-Jahresausgleich zu stellen.

In Spalte 7 der Tabelle sind diejenigen Lohnsteuerpflichtigen zusammengefasst, bei denen sich bestimmte Werbungskosten und Sonderausgaben steuermindernd auswirken, weil diese zusammen mit den übrigen Aufwendungen die jeweilige Pauschale übersteigen. In Spalte 8 werden diese Lohnsteuerpflichtigen in Prozent derjenigen Befragten ausgedrückt, die insgesamt die Werbungskosten- bzw. Sonderausgabenpauschale überschritten haben. Damit wird zum Ausdruck gebracht, welche Bedeutung die einzelne steuerbegünstigte Aufwendung für das Überschreiten der jeweiligen Pauschale hat.

---

1) Der Unfall durfte von den Befragten weder vorsätzlich noch grob fahrlässig herbeigeführt worden sein.

Es zeigt sich, dass unter den Werbungskosten die Aufwendungen für Fahrten zwischen Wohnung und Arbeitsstätte so stark dominieren, dass nur wenige Befragte die Chance haben, die Werbungskostenpauschale zu überschreiten, wenn diese Aufwendungen nicht vorliegen. Nur bei rund 12 Prozent der Befragten, die diese Aufwendungen 1970 nicht hatten, überstiegen die Werbungskosten den Pauschbetrag. Eine gesonderte Auswertung zeigt zusätzlich, dass von den 153 Befragten, bei denen die Fahrten zwischen Wohnung und Arbeitsstätte steuermindernd abgesetzt werden konnten, 111 Befragte diese Fahrten mit dem eigenen Kraftfahrzeug zurückgelegt haben. Damit haben rund 61 Prozent der Befragten, bei denen die Werbungskosten die Pauschale von 564 DM überstiegen, Aufwendungen für derartige Kraftfahrzeugfahrten gehabt. Dieser Prozentsatz übersteigt den Wert bei den anderen Werbungskosten erheblich. Die Aufwendungen für die berufliche Fortbildung sowie für Fachbücher und Fachzeitschriften können daher in der Regel nur von solchen Steuerpflichtigen steuermindernd geltend gemacht werden, die zusätzlich Aufwendungen für Fahrten zwischen Wohnung und Arbeitsstätte gehabt haben, wobei Fahrten mit dem eigenen Kraftfahrzeug die dominierende Rolle spielen.

Unter den Sonderausgaben dominieren die Arbeitnehmerbeiträge zur gesetzlichen Sozialversicherung. Rund 96 Prozent der Befragten, deren Sonderausgaben die Pauschale von 936 DM bzw. 1872 DM überstiegen, haben Sozialversicherungsbeiträge gezahlt.

Dieser Sachverhalt ist jedoch anders als bei den Werbungskosten zu beurteilen. Während Aufwendungen für Fahrten zwischen Wohnung und Arbeitsstätte nur bei 43,9 Prozent der Befragten anfielen, haben 94,2 Prozent, also fast alle befragten Lohnsteuerpflichtigen, Arbeitnehmerbeiträge zur Sozialversicherung gezahlt. Die meisten Lohnsteuerpflichtigen hatten daher die Möglichkeit, neben den Sozialversicherungsbeiträgen auch noch andere Sonderausgaben steuermindernd abzusetzen.

Über die Werbungskosten und Sonderausgaben, die von den befragten Lohnsteuerpflichtigen deshalb nicht abgesetzt werden konnten, weil die jeweiligen Pauschalen nicht überschritten wurden, geben die Spalten 9 bis 12 von Tabelle 7 Auskunft. Hier interessieren auch die steuerbegünstigten Aufwendungen, die von Lohnsteuerpflichtigen im Antrag auf Lohnsteuer-Jahresausgleich oder Lohnsteuer-Ermässigung zwar angegeben wurden, die aber nicht steuermindernd berücksichtigt werden konnten, da sie zusammen mit den übrigen Aufwendungen den jeweiligen Pauschbetrag nicht überstiegen. Es zeigt sich, dass vor allem zahlreiche Werbungskosten überflüssigerweise im Antrag angegeben wurden. Aufwendungen für Fahrten zwischen Wohnung und Arbeitsstätte, Beiträge zu Berufsverbänden und Aufwendungen für Arbeitskleidung sind die wichtigsten Beispiele hierfür. Sie sind ein erster Hinweis darauf, dass viele Lohnsteuerpflichtige nur geringe Kenntnisse über die Lohnsteuer haben und mit dem Ausfüllen eines Antrages auf Lohnsteuer-Jahresausgleich nur wenig vertraut sind. Oft erwarten diese Steuerzahler auch, dass die Angabe der Aufwendungen im Antragsformular vielleicht doch noch zu einer höheren Steuerrückzahlung beiträgt.

In Tabelle 8 ist in Ergänzung zu Tabelle 7 die Absetzung einzelner aussergewöhnlicher Belastungen durch die befragten Lohnsteuerpflichtigen dargestellt. Im Unterschied zu Tabelle 7 werden hier jedoch - mit Ausnahme der Krankheitskosten - nur Aufwendungen berücksichtigt, die tatsächlich steuermindernd abgesetzt werden konnten. Die "Unterstützung bedürftiger Personen" wurde also z.B. nur berücksichtigt, sofern die Einkünfte und laufenden Bezüge der unterstützten Person unter der Höchstgrenze lagen.[1]

1) Vgl. § 33a EStG.

Unter den aussergewöhnlichen Belastungen fallen vor allem Krankheitskosten[1] auf, die bei rund 20 Prozent der befragten Lohnsteuerpflichtigen vorlagen. Diese Aufwendungen erreichten jedoch bei rund der Hälfte der Befragten die "zumutbare Eigenbelastung"[2] nicht, so dass hier eine steuerliche Geltendmachung nicht in Frage kam. 2,1 Prozent der Befragten haben ihre Krankheitskosten nicht abgesetzt, obwohl eine Absetzung möglich war. Hier wirkt sich aus, dass die Abzugsfähigkeit von Krankheitskosten nur relativ wenigen Befragten bekannt ist,[3] vor allem, weil die gesetzlichen Regelungen zu den aussergewöhnlichen Belastungen allgemeiner Art besonders kompliziert sind.- Pakete an Verwandte in der DDR sind von 2,3 Prozent der Befragten steuerlich nicht geltend gemacht worden. Ihre Absetzung wurde möglicherweise von einigen Lohnsteuerpflichtigen unterlassen, da diese Aufwendungen im Steuerrecht der Bundesrepublik und damit auch im Antragsformular auf Lohnsteuer-Jahresausgleich als "aussergewöhnliche Belastungen durch Unterstützung bedürftiger Personen" gelten und daher im Antragsformular nicht gesondert hervorgehoben werden.[4]

Kosten für den Umbau eines Hauses lagen bei fünf befragten Lohnsteuerpflichtigen vor. Die übrigen - in der Nacherhebung aufgesuchten Lohnsteuerpflichtigen, die ein Haus umgebaut hatten - erfüllten die in § 82 a EStDV geforderten Bedingungen nicht, weil z.B. der Umbau ihres

---

1) Vgl. oben S. 60 (Anmerkung).

2) Vgl. § 25 LStDV.

3) Vgl. dazu auch Tabelle 10, S. 72

4) Das Antragsformular enthält nur einen Hinweis, dass - wenn die unterstützte Person in der DDR oder in Berlin (Ost) wohnt - Angaben zum Einkommen und Vermögen nicht erforderlich sind.

Tabelle 8: Die Absetzung aussergewöhnlicher Belastungen und sonstiger steuerbegünstigter Aufwendungen durch die befragten Lohnsteuerpflichtigen im Jahre 1970

Art der steuerbegünstigten Aufwendung 1)	(1)	(2)	(3)	(4)	(5)	(6)
	Lohnsteuerpflichtige, bei denen im Jahre 1970 (folgende steuerbegünstigte Aufwendungen)					
	...[2] vorlagen		...[2] im Antrag auf Lohnsteuer-Jahresausgleich oder Lohnsteuer-Ermässigung steuermindernd abgesetzt wurden		...[2] im Antrag auf Lohnsteuer-Jahresausgleich oder Lohnsteuer-Ermässigung nicht abgesetzt wurden, obwohl eine Absetzung möglich war	
	Anzahl	in v.H. der Befragten insges. (N=610)	Anzahl	in v.H. der Befragten insges. (N=61o)	Anzahl	in v.H. der Befragten insges. (N=610)
1. Aussergewöhnliche Belastungen durch						
a) DDR-Paket	80	13,1	66	10,8	14	2,3
b) Sonstige Unterstützungen	41	6,7	36	5,9	5	0,8
c) Auswärtige Unterbringung	10	1,6	10	1,6	0	0,0
d) Haushaltshilfe, Hausgehilfen	22	3,6	16	2,6	6	1,0
e) Krankheitskosten 3)	123	20,2	46	7,5	13	2,1
f) Körperbehinderung	45	7,4	43	7,0	2	0,3
2. Kosten für einen Hausumbau 4)	5	0,8	0[4]	0,0	3	0,5

1) Die genauen Bezeichnungen der steuerbegünstigten Anwendungen sind im Fragebogen enthalten. Vgl. unten, Fragen 57, Buchstabe o ff.

2) ... = jeweilige steuerbegünstigte Aufwendung aus der Vorspalte, z.B. "aussergewöhnliche Belastungen durch DDR-Paket".

3) Insgesamt 64 Befragte, die 1970 Krankheitskosten hatten, erreichten die zumutbare Eigenbelastung gemäss § 25 LStDV nicht.

4) Die Absetzung der Kosten eines Hausumbaus führt zur Einkommensteuerveranlagung, so dass eine Absetzung im Antrag auf Lohnsteuer-Jahresausgleich nicht möglich ist.

Quelle: Eigene Erhebung, Mai bis Juli 1971, Fragen 57, Buchstabe o ff. im Fragebogen (Anhang).

Hauses nicht mit dem Einbau einer "sanitären Anlage" (Anlage 7 zur EStDV) in Verbindung stand. Von den fünf Befragten hätten drei den Umbau steuerlich geltend machen können, wenn sie sich zur Einkommensteuer hätten veranlagen lassen. Diesen Befragten war jedoch völlig unbekannt, dass der Umbau eines Hauses ähnlich steuerbegünstigt ist, wie der Neubau eines Hauses. Zwei Befragte konnten den Umbau ihres Hauses steuerlich nicht absetzen, da die damit verbundenen Ausgaben die Einnahmen nicht überstiegen. Hier konnten nur Ausgaben für Materialien nachgewiesen werden, während die Umbauarbeiten weitgehend von dem Befragten selbst oder seinen Angehörigen ausgeführt wurden.

Bei den Befragten, die ein neues Haus gebaut hatten, ergab sich kein Überschuss der Ausgaben über die Einnahmen. Auch hier waren die Bauarbeiten oft von dem Befragten und seinen Angehörigen ausgeführt worden, so dass die nachgewiesenen Baukosten relativ gering waren.

Um zu prüfen, wie sich die für das Land Nordrhein-Westfalen ermittelten Lohnsteuerüberzahlungen prozentual auf die untersuchten Komponenten der Steuerüberzahlungen verteilen, wurden die jeweiligen - als Steuerüberzahlungen anerkannten - Beträge den einzelnen steuerbegünstigten Tatbeständen zugerechnet. Dabei ergab sich folgendes (vgl. Tabelle 9):

Gut die Hälfte der errechneten Steuerüberzahlungen sind auf die Nicht-Geltendmachung erhöhter Sonderausgaben zurückzuführen, wobei die Arbeitnehmerbeiträge zur Sozialversicherung (22,0 Prozent) eine entscheidende Rolle spielen. Werbungskosten sind zu 21 Prozent und aussergewöhnliche Belastungen zu 12 Prozent an den Steuerüberzahlungen beteiligt. Die restlichen Steuerüberzahlungen ergaben sich unter anderem aus:

Tabelle 9: Die Lohnsteuerüberzahlungen in Abhängigkeit von einzelnen steuerbegünstigten Tatbeständen

Tatbestand, der zu einer günstigeren Besteuerung geführt hätte	Anteil an den Lohnsteuerüberzahlungen in v.H.	
1. Erhöhte Werbungskosten, die steuerlich nicht geltend gemacht wurden:	21,0	
darunter: a) Fahrten zwischen Wohnung und Arbeitsstätte		3,0
b) Sonstige Werbungskosten		18,0
2. Erhöhte Sonderausgaben, die steuerlich nicht geltend gemacht wurden:	52,0	
darunter: a) Arbeitnehmerbeiträge zur Sozialversicherung (nur Steuerpflichtige ohne Antrag auf Lohnsteuer-Jahresausgleich) 1)		22,0
b) Schuldzinsen		2,5
c) Kirchensteuer (nur Steuerpflichtige ohne Antrag auf Lohnsteuer-Jahresausgleich) 1)		2,5
d) Sonstige Sonderausgaben		25,0
3. Aussergewöhnliche Belastungen, die steuerlich nicht geltend gemacht wurden	12,0	
4. Der Steuerbetrag aus der Lohnsteuer-Jahrestabelle war niedriger als die tatsächlich gezahlte Lohnsteuer (nur Steuerpflichtige ohne Antrag auf Lohnsteuer-Jahresausgleich)	6,0	
5. "Verluste", die bei Inanspruchnahme der erhöhten Absetzung nach § 82 a EStDV hätten geltend gemacht werden können	3,0	
6. Sonstiges (z.B. günstigere Steuerklasse oder Anspruch auf zusätzliche Kinderfreibeträge (nur Steuerpflichtige ohne Lohnsteuer-Jahresausgleich)	6,0	

1) Bei den Berechnungen für diese Steuerpflichtigen wurden die die Sonderausgabenpauschale übersteigenden Beträge im Verhältnis der jeweiligen Gesamtaufwendungen (für Sonderausgaben) aufgeteilt. Beispiel: Sozialversicherungsbeitrag 1036 DM, Kirchensteuer 100 DM: der die Sonderausgabenpauschale übersteigende Betrag ist gleich 200 DM. Er wird im Verhältnis 1036 DM : 100 DM = 182,40 DM : 17,60 DM aufgeteilt. Bei einem Steuersatz von 19 Prozent beträgt damit die Lohnsteuerüberzahlung infolge nicht abgesetzter Sozialversicherungsbeiträge 34,70 DM und infolge nicht abgesetzter Kirchensteuer 3,30 DM.

Quelle: Eigene Erhebung, Mai bis Juli 1971, Fragen 55 ff. im Fragebogen (Anhang).

- Rückerstattungsansprüchen, die sich wegen der Differenz zwischen dem tatsächlich vom Arbeitgeber einbehaltenen Jahreslohnsteuerbetrag und dem sich aus der Lohnsteuer-Jahrestabelle ergebenden Steuerbetrag (z.B. infolge unständiger Beschäftigung eines Arbeitnehmers) ergeben, sowie aus
- Verlusten, die aufgrund erhöhter Absetzungen nach § 82 a EStDV (bei Veranlagung zur Einkommensteuer) hätten geltend gemacht werden können.

3.1.2 Informationsstand und Informationsgewohnheiten der Lohnsteuerpflichtigen über die Lohnsteuer

3.1.2.1 Informationsstand über die Lohnsteuer

Es wurde schon oben darauf hingewiesen, dass bei der Messung des Informationsstandes über die Lohnsteuer vor allem die Kenntnisse der Lohnsteuerpflichtigen über einzelne Steuerersparnismöglichkeiten berücksichtigt wurden. Um diese Kenntnisse zu testen, wurde den Befragten eine Liste mit einigen vom Gesetzgeber eingeräumten Möglichkeiten der Steuerersparnis überreicht. Die Befragten sollten solche Ersparnismöglichkeiten nennen, von denen sie genau wissen, dass es sie gibt.

Die Ergebnisse in Tabelle 10 zeigen, dass durchschnittlich nur rund die Hälfte der befragten Steuerpflichtigen über die vorgelegten steuerlichen Abzugsmöglichkeiten informiert sind. Unterschiede ergeben sich hinsichtlich der Kenntnisse über Werbungskosten, Sonderausgaben und aussergewöhnliche Belastungen. Während durchschnittlich 62,9 Prozent der Befragten angeben, die vorgegebenen Werbungskosten zu kennen, sind die Sonderausgaben nur 49,0 Prozent, die aussergewöhnlichen Belastungen nur 43,0 Prozent der Befragten bekannt.

Tabelle 10: Der Bekanntheitsgrad einzelner steuerbegünstiger Aufwendungen bei den befragten Lohnsteuerpflichtigen [1]

Art der steuerbegünstigten Aufwendungen	Lohnsteuerpflichtige, denen die Steuervergünstigungen bekannt sind	
	Anzahl	in v.H. der Befragten insgesamt
a) Aufwendungen für Fahrten zwischen Wohnung und Arbeisstätte 2)	524	85,9
b) Lebensversicherungsbeiträge [3]	475	77,9
c) Krankenhauskosten, die man nicht erstattet bekommt [4]	203	33,3
d) Mehraufwendungen bei doppelter Haushaltführung 2)	330	54,1
e) Gewerkschaftsbeiträge 2)	341	55,9
f) Parteibeiträge [3]	180	29,5
g) Kirchensteuer [3]	422	69,2
h) Aufwendungen für Fachbücher 2)	340	55,7
i) Paket in die DDR [4]	319	52,3
k) Schuldzinsen wegen Kauf eines Autos [3]	229	37,5
l) Schuldzinsen wegen Kauf einer Campingausrüstung 3)	84	13,8
m) Kosten für Steuerberater 3)	264	43,3
n) Arbeitnehmerbeitrag zur Sozialversicherung 3)	372	61,0
o) Kraftfahrzeughaftpflichtversicherung [3]	367	60,2
p) Beschäftigung einer Haushaltshilfe 4)	264	43,3
Durchschnittl. Anzahl von Nennungen bei:		
Werbungskosten	384	62,9
Sonderausgaben	299	49,0
Aussergewöhnliche Belastungen	262	43,0
Gesamtdurchschnitt	314	51,5

1) Die Frage lautete: "In der Bundesrepublik gibt es für Lohnsteuerpflichtige einige Möglichkeiten der Steuerersparnis. Wir haben hier einige Möglichkeiten der Steuerersparnis aufgeschrieben. Welche dieser Möglichkeiten sind Ihnen bekannt? Nennen Sie bitte nur die Steuerersparnismöglichkeiten, von denen Sie genau wissen, dass es sie gibt! Sie brauchen nur den Buchstaben zu nennen!" (Dem Befragten wurde eine Liste übergeben).

2) Werbungskosten)
3) Sonderausgaben)
4) Aussergewöhnliche Belastungen)

Die einzelnen steuerbegünstigten Aufwendungen sind entspr. der Reihenfolge im Fragebogen aufgeführt.

Quelle: Eigene Erhebung, Mai bis Juli 1971, Frage 40 im Fragebogen (Anhang)

Diese Reihenfolge steht zum Teil im Widerspruch zu den Angaben in Tabelle 7, in der bestimmte steuerbegünstigte Aufwendungen in Abhängigkeit von der Häufigkeit ihres Vorliegens dargestellt sind (Spalten 1 und 2): obwohl Sonderausgaben bei den befragten Lohnsteuerpflichtigen häufiger vorliegen als Werbungskosten, ist die Absetzbarkeit von Werbungskosten im allgemeinen bekannter als die von Sonderausgaben. Es ist daher zu vermuten, dass einige Lohnsteuerpflichtige bestimmte Sonderausgaben zwar in ihrem Antrag auf Lohnsteuer-Jahresausgleich eintragen (Arbeitnehmerbeiträge zur Sozialversicherung, Kirchensteuer) - weil im Antragsformular danach gefragt wird -, sich aber dabei nicht bewusst sind, dass sich dies steuermindernd auswirkt.

Bei aussergewöhnlichen Belastungen zeigt sich allerdings ein eindeutiger Zusammenhang zu den Angaben in Tabelle 8: sie liegen nur bei wenigen Lohnsteuerpflichtigen vor und sind dementsprechend auch nur wenigen Steuerpflichtigen bekannt.

Für jeden Steuerpflichtigen wurde nun die Anzahl der von ihm als bekannt angegebenen Steuerersparnismöglichkeiten ermittelt (für jede Nennung 1 Punkt, maximal also 15 Punkte) und neben der Auswertung zweier anderer Fragen (maximal 2 Punkte)[1] zur Beurteilung des Informationsstands über die Lohnsteuer herangezogen.[2] Dabei ergab sich die in Tabelle 11 dargestellte Häufigkeitsverteilung:

1) Fragen 47 und 50 im Fragebogen (Anhang). 42,8 Prozent der Befragten gaben an, davon gehört zu haben, dass geplant sei, im Zuge der Steuerreform ab 1974 auch die Lohnsteuer wesentlich zu ändern (1 Punkt). 11,3 Prozent der Befragten bejahten die Frage, ob sie wissen, was "Splitting" ist (1 Punkt).

2) Vgl. dazu auch oben, S. 44 f.

Tabelle 11: Der Informationsstand der Lohnsteuerpflichtigen über die Lohnsteuer

Der Informationsstand[a] über die Lohnsteuer ist zu bezeichnen als						Befragte insgesamt	
hoch		mittel		niedrig			
Anzahl der Befragten	in v.H. der Befragten insgesamt	Anzahl der Befragten	in v.H. der Befragten insgesamt	Anzahl der Befragten	in v.H. der Befragten insgesamt	Anzahl	v.H.
117	19,2	280	45,9	213	34,9	610	100,0

a) Der Informationsstand wurde mit Hilfe einer Punktwertung gemessen. Vgl. dazu oben, S. 44 f.

Quelle: Eigene Erhebung, Mai bis Juli 1971, Fragen 40, 47 und 50 im Fragebogen (Anhang)

Obwohl keine hohen Anforderungen an die Lohnsteuerkenntnisse der befragten Bevölkerungsschicht gestellt wurden - auf der den Befragten vorgelegten Liste waren im wesentlichen nur solche Steuerersparnismöglichkeiten verzeichnet, die z.B. während der Antragsfrist für den Lohnsteuer-Jahresausgleich häufig in Tageszeitungen erörtert werden -, kann bei lediglich 19,2 Prozent der Befragten von einem "hohen" Informationsstand über die Lohnsteuer gesprochen werden. Knapp die Hälfte der Befragten erreichte einen mittleren, etwa jeder dritte Lohnsteuerpflichtige einen niedrigen Informationsstand über die Lohnsteuer; einem Drittel der Befragten waren also nur weniger als 6 der vorgelegten Steuerersparnismöglichkeiten bekannt.

Zwar bejahten 96,4 Prozent[1] der Lohnsteuerpflichtigen die Frage

> "Sind Sie der Auffassung, dass man über die Lohnsteuer gut Bescheid wissen sollte?",

1) 2,0 Prozent antworteten mit "Nein" und 1,6 Prozent der Befragten machten keine Angabe. Quelle: Eigene Erhebung, Mai bis Juli 1971, Frage 41 im Fragebogen (Anhang).

es besteht aber offenbar ein Widerspruch zwischen diesem Wunsch, gute Steuerkenntnisse zu besitzen, und der Möglichkeit oder dem Interesse, sich in diese Materie einzuarbeiten.

3.1.2.2 Informationsgewohnheiten über die Lohnsteuer

Wie sich die befragten Steuerpflichtigen über die Lohnsteuer und insbesondere über Steuerersparnismöglichkeiten informieren, zeigt Tabelle 12. Die Fragen, die den Steuerpflichtigen hierzu vorgelegt wurden, beziehen sich vor allem auf den Zeitraum zwischen Januar und April 1971, in dem der Lohnsteuer-Jahresausgleich für das Jahr 1970 beantragt wird und in dem die Lohnsteuerpflichtigen in Presse, Rundfunk und Fernsehen sowie durch zahlreiche neu-aufgelegte Broschüren und Taschenbücher über Steuerersparnismöglichkeiten informiert werden. 50,7 Prozent der Befragten gaben an, dass sie in diesem Zeitraum Zeitungsartikel gelesen haben, die Informationen darüber enthielten, wie man Lohnsteuer sparen kann. Rund 30 Prozent haben solche Informationen durch ein Buch oder eine Broschüre erhalten.[1)] 21 Prozent der Befragten besitzen ein Buch oder eine Broschüre mit Ratschlägen zur Lohnsteuer.

Berücksichtigt man, dass die meisten Tageszeitungen in der genannten Zeit zum Teil mehrmals über Lohnsteuerersparnismöglichkeiten berichteten und dass auch Boulevardzeitungen und Illustrierte ihre Leser in Lohnsteuerfragen beraten haben, dann ist der oben genannte Anteil von 50,7 Prozent als gering anzusehen. Da zudem 63,3 Prozent der Befragten angaben, das sehr unübersichtliche und wenig verständliche amtliche Merkblatt zur Lohnsteuer gelesen zu haben, das ihnen von der Gemeinde zusammen mit

1) Eine gesonderte Auswertung zeigt, dass mehr als die Hälfte der Buch- oder Broschürenleser zusätzlich Zeitungsartikel gelesen haben.

Tabelle 12: Die Informationsgewohnheiten der Lohnsteuerpflichtigen über die Lohnsteuer

Frage	Befragte, die mit ... geantwortet haben					
	Ja		Nein		weiss nicht keine Angabe	
	Anzahl	in v.H. der Befragten insgesamt	Anzahl	in v.H. der Befragten insgesamt	Anzahl	in v.H. der Befragten insgesamt
a) Haben Sie in den letzten Monaten Zeitungsartikel gelesen, die Informationen darüber enthielten, wie man Lohnsteuer sparen kann ?	309	50,7	290	47,5	11	1,8
b) Haben Sie in der genannten Zeit in einem Buch oder einer Broschüre nachgelesen, wie man Lohnsteuer sparen kann ?	182	29,8	424	69,5	4	0,7
c) Besitzen Sie ein Buch oder eine Broschüre mit solchen Ratschlägen zur Lohnsteuer ?	128	21,0	480	78,7	2	0,3
d) Haben Sie das amtliche Merkblatt gelesen, das Ihnen zusammen mit Ihrer Lohnsteuerkarte für 1971 zugeschickt wurde ?	386	63,3	204	33,4	20	3,3

Quelle: Eigene Erhebung, Mai bis Juli 1971, Fragen 43 ff. im Fragebogen (Anhang).

der Lohnsteuerkarte für 1971 zugeschickt wurde, ist zu vermuten, dass viele Lohnsteuerpflichtige die beiden Fragen bejaht haben, auch wenn sie die Artikel nur kurz überflogen haben. Hinzu kommt, dass die meisten Zeitungsartikel, Broschüren und Taschenbücher[1] und vor allem das amtliche Merkblatt[2] in einer dem durchschnittlichen Lohnsteuerpflichtigen nicht immer verständlichen Sprache verfasst sind. Vergleicht man z.B. das amtliche Merkblatt mit anderen Veröffentlichungen des Staates, z.B. der Mietfiebel[3] oder der Broschüre über das Dritte Vermögensbildungsgesetz[4], so wird deutlich, dass sich komplizierte gesetzliche Regelungen auch in übersichtlicherer und verständlicherer Form erläutern lassen, als dies im amtlichen Merkblatt zur Lohnsteuer geschieht.

Vom Aufbau her ist das Buch von Schneidewind "1971 noch mehr Lohnsteuer sparen"[5], das neben Gewerkschaftsbroschüren und Lassig's Taschenbuch "Wie spart man Lohnsteuer"[6] von den meisten der 128 Lohnsteuerpflichtigen

---

1) Vgl. z.B.: RÄUSCHEL, J.: Lohnsteuer sparen 1970, Ratgeber zum neuen Formular, Düsseldorf 1970; Informationsdienst der SPARKASSEN UND GIROZENTRALEN (Hrsg.): Steuervergünstigungen für Lohnsteuerzahler 1969, Stuttgart 1969; LEHMANN, H.: a.a.O.

2) Beratungsblatt für Lohnsteuerzahler 1971, verteilt von den Gemeinden an die Lohnsteuerpflichtigen Nordrhein-Westfalens (zusammen mit der Lohnsteuerkarte für 1971), ohne Verfasser, ohne Hrsg., ohne Ort, ohne Datum.

3) PRESSE- UND INFORMATIONSAMT DER BUNDESREGIERUNG (Hrsg.): Unser neues Mietrecht, Bonn 1972.

4) DER BUNDESMINISTER FÜR ARBEIT UND SOZIALORDNUNG (Hrsg.): Sozial gerechtere Sparförderung - Das neue 624-DM-Gesetz, Bonn 1970.

5) SCHNEIDEWIND, G.: 1971 noch mehr Lohnsteuer sparen durch ein verblüffend einfaches System (Lohnsteuer-Jahresausgleich 1970, Lohnsteuerermässigung 1971) Gütersloh, Berlin und Wien 1971.

6) LASSIG, R.:So spart man Lohnsteuer (wird jährlich neu aufgelegt), z.B. Ausgabe 1969, München 1969.

genannt wurde, die ein Buch oder eine Broschüre mit Ratschlägen zur Lohnsteuer besitzen (Tabelle 12), am besten geeignet, auch Lohnsteuerpflichtige zu informieren, die nur wenige Vorkenntnisse über die Lohnsteuer besitzen. Anstelle eines Inhaltsverzeichnisses werden dem Leser dieses Buches zunächst 177 Fragen vorgelegt. Die Fragen sind durchnumeriert. Der Leser kreuzt sich zunächst alle Fragen an, die auf ihn zutreffen oder vielleicht auf ihn zutreffen könnten. Anschliessend liest er die Erläuterungen, die sich auf die von ihm angekreuzten Fragen beziehen: Hierdurch spart er Zeit, da er die übrigen Erläuterungen nicht zu lesen braucht und auch nicht durch lange Grundsatzbemerkeungen am Anfang des Buches aufgehalten wird. Die Methode nach der das Buch vorgeht, könnte man als Fallmethode bezeichnen, weil der Verfasser versucht, sukzessive alle für Lohnsteuerpflichtige wesentlichen Steuerersparnismöglichkeiten an Beispielfällen zu erfassen. Wenn sich der Lohnsteuerpflichtige daher in jedem Jahr kurz die 177 Fragen durchliest, kann er davon ausgehen, dass er mit allergrösster Wahrscheinlichkeit seine steuerlichen Abzugsmöglichkeiten bestmöglich ausnutzt.[1] Dies wird ihm bei den meisten der übrigen Informationsquellen nur gelingen, wenn er schon Vorkenntnisse über die Lohnsteuer besitzt oder bereit ist, auch solche Erläuterungen durchzulesen, die für ihn steuerlich nicht relevant sind.[2]

1) Auch die amtlichen Antragsformulare auf Lohnsteuer-Jahresausgleich enthalten zahlreiche Beispielsfälle. Diese sind jedoch nicht annähernd vollständig und zudem in einer wenig übersichtlichen Form dargestellt. Erläuterungen fehlen nahezu vollständig.

2) Dass Steuererläuterungen auch in verständlicher Sprache geschrieben werden können zeigt: KONZ, F.: "Erfolgreiche Steuertips für Angestellte, Arbeiter, Beamte, Karlsruhe 1970.

3.1.3 Einflussfaktoren der Lohnsteuerüberzahlungen und des Informationsstandes über die Lohnsteuer

Im folgenden sollen die Ergebnisse der Befragung, die in den vorstehenden Kapiteln quantifiziert wurden, im Hinblick auf gewisse Erwartungen untersucht werden. Ausgehend von der in Kapitel 2.1 vorgelegten Systematisierung ist zu erwarten, dass die Ergebnisvariablen

(a) von bestimmten sozialstatistischen Daten

(b) von verschiedenen sozialökonomischen Fakten

(c) von den allgemeinen Informationsgewohnheiten der Befragten

(d) von ihrem Engagement, sich mit der Lohnsteuer zu beschäftigen, und

(e) von bestimmten sozialen Orientierungen der Befragten

beeinflusst werden. Als Einflussfaktoren werden dabei diejenigen Faktoren bezeichnet, mit denen das Untersuchungsmerkmal variiert.

3.1.3.1 Sozialstatistische Daten als Einflussfaktoren

3.1.3.1.1 Übersicht über die Ergebnisse

Es ist zu untersuchen, inwieweit bestimmte sozialstatistische Daten auf die Ergebnisvariablen einwirken.

Zunächst wird die Frage untersucht, ob

(a1) die männlichen besser als die weiblichen Befragten über die Lohnsteuer informiert sind und ihre steuerlichen Abzugsmöglichkeiten dementsprechend stärker in Anspruch nehmen.

Tabelle 13: Lohnsteuerüberzahlungen und Informationsstand über die Lohnsteuer in Abhängigkeit vom Geschlecht der befragten Lohnsteuerpflichtigen

Gruppierungsmerkmal	Anzahl der Befragten	(1) Informationsstand über die Lohnsteuer	(2)	(3)	(4) Werbungskostenpauschale überschritten?	(5)	(6) Sonderausgabenpauschale überschritten?	(7)	(8) Freibetrag auf der Lohnsteuerkarte? a)	(9)	(10) Antrag auf Lohnsteuer-Jahresausgleich gestellt?	(11)	(12) Wieviel Lohnsteuer hätte zusätzlich gespart werden können? (Lohnsteuerüberzahlungen)	(13)	(14)	(15)
		hoch	mittel	niedrig	ja	nein	ja	nein	ja	nein	ja	nein	1 bis 100 DM	mehr als 100 DM	keine b) weil alles abgesetzt wurde	keine b) weil keine Absetzungsmöglichkeiten
		in Prozent der Zeilensumme														
Befragte insgesamt	610	19	46	35	30	70	87	13	25	72	68	32	23	8	61	8
Geschlecht:																
männlich	399	26	47	27	37	63	93	7	28	70	75	25	20	8	68	4
weiblich	211	7	43	50	17	83	75	25	19	76	53	47	28	8	47	17

a) 3 Prozent der Befragten konnten hierzu keine Angabe machen.

b) Diejenigen Befragten, die keine Lohnsteuer zusätzlich hätten sparen können (keine Steuerüberzahlungen: Spalte 14 + Spalte 15) setzen sich aus zwei Gruppen zusammen:

1. Befragte, die ihre steuerlichen Abzugsmöglichkeiten voll in Anspruch genommen haben (Spalte 14) und

2. Befragte, deren Werbungskosten und Sonderausgaben den jeweiligen Pauschalbetrag nicht übersteigen und die auch sonst keine steuerbegünstigten Aufwendungen geltend machen konnten (Spalte 15).

Quelle: Eigene Erhebung, Mai bis Juli 1971,
Fragen 55 ff. im Fragebogen (Anhang)

Wie die Spalten 1 bis 3 von Tabelle 13 zeigen, wissen im allgemeinen männliche besser als weibliche Steuerzahler über die Lohnsteuer Bescheid. Die steuerbegünstigten Aufwendungen der Männer übersteigen zudem häufiger die Werbungskosten- und Sonderausgabenpauschale, als die der Frauen, sie lassen sich öfter einen Freibetrag auf ihrer Steuerkarte eintragen und beantragen häufiger einen Lohnsteuer-Jahresausgleich beim Finanzamt (Spalten 4 bis 11).

Entsprechend sind Steuerüberzahlungen bei den weiblichen Befragten häufiger anzutreffen als bei den männlichen Befragten. Nur 28 Prozent der befragten Männer, aber 36 Prozent der befragten Frauen hätten zusätzlich Lohnsteuer sparen können (Spalten 12 und 13).

Ihre steuerlichen Möglichkeiten bestmöglich ausgenutzt haben 68 Prozent der männlichen und nur 47 Prozent der weiblichen Lohnsteuerpflichtigen (Spalte 14). Diese Differenz ist allerdings zum Teil darauf zurückzuführen, dass viele weibliche Befragte überhaupt keine Möglichkeit zur Geltendmachung steuerbegünstigter Aufwendungen hatten, da diese Aufwendungen die jeweiligen Pauschalen nicht überstiegen (Spalte 15).

Im Hinblick auf die sozialstatistischen Daten war ferner zu untersuchen ob,

(a2) die Steuerpflichtigen der mittleren Jahrgangsgruppen einen höheren Informationsstand über die Lohnsteuer besitzen und ihre steuerlichen Abzugsmöglichkeiten dementsprechend stärker in Anspruch nehmen als die jüngeren und älteren Jahrgangsgruppen.

Wie die Ergebnisse in Tabelle 14 zeigen, erweisen sich die mittleren Jahrgangsgruppen am besten über die Lohnsteuer informiert. Die älteren Befragten erreichen nur einen durchschnittlichen Informationsstand, während die jüngeren Jahrgangsgruppen die geringsten Kenntnisse über die Lohnsteuer besitzen.

Teilweise im Gegensatz hierzu stehen die Ergebnisse hinsichtlich der Lohnsteuerüberzahlungen. Die Befragten der mittleren Altersgruppe schneiden dabei am ungünstigsten ab, wobei aber die Unterschiede zu den übrigen Altersgruppen nur gering sind.

Tabelle 14: Lohnsteuerüberzahlungen und Informationsstand über die Lohnsteuer in Abhängigkeit des Alters der befragten Lohnsteuerpflichtigen

Gruppierungsmerkmal	Anzahl der Befragten	(1)	(2)	(3)	(4)	(5)	(6)	(7)	(8)	(9)	(10)	(11)	(12)	(13)	(14)	(15)
		Informationsstand über die Lohnsteuer			Werbungskostenpauschale überschritten?		Sonderausgabenpauschale überschritten?		Freibetrag auf der Lohnsteuerkarte? a)		Antrag auf Lohnsteuer-Jahresausgleich gestellt?		Wieviel Lohnsteuer hätte zusätzlich gespart werden können? (Lohnsteuerüberzahlungen)			
															keine b)	
		hoch	mittel	niedrig	ja	nein	ja	nein	ja	nein	ja	nein	1 bis 100 DM	mehr als 100 DM	weil alles abgesetzt wurde	weil keine Absetzungsmöglichkeiten
		in Prozent der Zeilensumme														
Befragte insgesamt	610	19	46	35	30	70	87	13	25	72	68	32	23	8	61	8
Alter: c)																
unter 30 J.	215	12	43	45	34	66	77	23	15	80	60	40	22	8	53	17
30 bis 50 J.	248	27	47	26	33	67	94	6	25	72	75	25	24	8	65	3
über 50 J.	147	18	48	34	18	82	88	12	39	61	66	34	21	8	64	7

a) b) Vgl. Anmerkungen a und b in Tabelle 13, S. 80.

c) Bei der Berechnung des Alters wurde der 31.12.1970 als Stichtag zugrunde gelegt.

Quelle: Eigene Erhebung, Mai bis Juli 1971,
Fragen 55 ff. im Fragebogen (Anhang)

Das etwas uneinheitliche Bild in Tabelle 14 mag zum Teil darauf zurückzuführen sein, dass sich die relativ guten Lohnsteuerkenntnisse der Befragten in der mittleren Altersgruppe vor allem darin auswirken, dass sie von der Möglichkeit des Lohnsteuer-Jahresausgleichs sehr oft Gebrauch machen (Spalte 10); da diese Befragten aber verhältnismässig viele steuerlich abzugsfähige Aufwendungen geltend machen können und diese Aufwendungen dementsprechend häufig den Werbungskosten- bzw. Sonderausgabenpauschbetrag übersteigen (Spalten 4 und 6), vergessen sie oftmals, einzelne steuerbegünstigte Aufwendungen in ihrem Antrag anzugeben (Spalte 12).

In bezug auf die sozialstatistischen Ausgangsdaten war ferner zu untersuchen, ob

(a3) die verheirateten Befragten, entsprechend
(a4) die Befragten mit Steuerklasse III, IV oder V und
(a5) die Befragten mit Kindern

besser als die übrigen Befragten über die Lohnsteuer informiert sind und ein adäquates Verhalten hinsichtlich der Geltendmachung ihrer steuerbegünstigten Aufwendungen zeigen.

Wie die Ergebnisse in Tabelle 15 zeigen, schneiden die verheirateten Befragten und entsprechend die Befragten der Steuerklassen III, IV oder V im Hinblick auf ihre Kenntnisse über die Lohnsteuer und die Ausnutzung steuerlicher Vergünstigungen wesentlich besser ab als die übrigen Befragten. Die wirtschaftliche und soziale Situation dieser Befragtengruppen führt dazu, dass diese überdurchschnittlich hohe steuerlich begünstigte Kosten der Lebenshaltung haben (z.B. Versicherungsbeiträge), die sie dazu veranlassen, sich mit Lohnsteuerfragen intensiv auseinanderzusetzen und ihre steuerlichen Möglichkeiten soweit wie möglich wahrzunehmen. Bei rund 96 Prozent der verheirateten Befragten, aber nur rund 75 Prozent der übrigen Befragten, überstiegen die Sonderausgaben den Pauschbetrag von 936 bzw. 1872 DM (Spalte 6). Lohnsteuerüberzahlungen ergaben sich bei 37 Prozent der ledigen, aber nur bei 25 Prozent der verheirateten Befragten.

Ähnlich ist das Verhalten der Gruppe der Lohnsteuerpflichtigen mit Kindern zu erklären. Für sie dürfte - resultierend aus der schwierigen wirtschaftlichen Situation vieler dieser Familien - die Ausnutzung von Steuervorteilen besonders wichtig oder - sofern die finanziellen Möglichkeiten dazu bestehen - besonders lohnend sein, z.B. weil bei den begrenzt abzugsfähigen Sonderausgaben[1], aber

1) Der Jahresbetrag der begrenzt abzugsfähigen Sonderausgaben erhöht sich für jedes Kind für das der Arbeitnehmer einen Kinderfreibetrag erhält, um 500 DM. Vgl. auch oben, S.12.

Tabelle 15: Lohnsteuerüberzahlungen und Informationsstand über die Lohnsteuer in Abhängigkeit von der Familiensituation der befragten Lohnsteuerpflichtigen

Gruppierungsmerkmal	Anzahl der Befragten	(1) Informationsstand über die Lohnsteuer	(2)	(3)	(4) Werbungskostenpauschale überschritten?	(5)	(6) Sonderausgabenpauschale überschritten?	(7)	(8) Freibetrag auf der Lohnsteuerkarte? a)	(9)	(10) Antrag auf Lohnsteuer-Jahresausgleich gestellt?	(11)	(12) Wieviel Lohnsteuer hätte zusätzlich gespart werden können? (Lohnsteuerüberzahlungen)	(13)	(14) keine b)	(15)
		hoch	mittel	niedrig	ja	nein	ja	nein	ja	nein	ja	nein	1 bis 100 DM	mehr als 100 DM	weil alles abgesetzt wurde	weil keine Absetzungsmöglichkeiten
		in Prozent der Zeilensumme														
Befragte insgesamt	610	19	46	35	30	70	87	13	25	72	68	32	23	8	61	8
1. Familienstand:																
ledig	222	7	38	55	21	79	75	25	17	77	55	45	27	10	46	17
verheiratet	337	28	50	22	38	62	96	4	31	68	76	24	19	6	72	3
verw., gesch.	51	10	55	35	16	84	76	24	22	75	69	31	29	16	43	12
2. Steuerklasse:																
Stkl. I	206	7	38	55	21	79	74	26	16	78	55	45	26	8	47	19
Stkl. II	57	9	49	42	18	82	82	18	25	72	67	33	34	17	42	7
Stkl. III (u. V)	317	29	49	22	37	63	95	5	32	66	74	26	18	7	72	3
Stkl. IV c)	30	(13)	(60)	(27)	(37)	(63)	(87)	(13)	(10)	(90)	(80)	(20)	(30)	(0)	(63)	(7)
3. Anzahl der Kinder:																
kein Kind	277	10	40	50	25	75	79	21	18	77	57	43	28	8	50	14
1 Kind	138	23	52	25	37	63	91	9	27	72	72	28	17	9	69	5
2 Kinder	117	30	50	20	33	67	94	6	32	67	76	24	21	6	68	5
3 u. mehr Kdr.	78	28	51	21	32	68	94	6	33	64	85	15	17	10	72	1

a) b) Vgl. Anmerkungen a) und b) in Tabelle 13 , S. 80.

c) Prozentangaben für Gruppen, die kleiner als 50 sind, werden in Klammern gesetzt, da auf dieser Basis vom statistischen Standpunkt eine Prozentuierung nicht gerechtfertigt ist. Die Zahlenangaben werden jedoch zur Veranschaulichung für notwendig gehalten.

Quelle: Eigene Erhebung, Mai bis Juli 1971 ,
Fragen 55 ff. im Fragebogen (Anhang)

auch bei einigen aussergewöhnlichen Belastungen[1], kinderreiche Familien stärker begünstigt werden als die übrigen Steuerpflichtigen. Typisch für die Situation dieser Befragtengruppe dürfte auch sein, dass mit zunehmender Kinderzahl zwar die Sonderausgabenpauschale häufiger überschritten wird, das Überschreiten der Werbungskostenpauschale aber mit ansteigender Familiengrösse abnimmt (Tabelle 15, Spalten 4 und 6). Offenbar können es sich viele dieser grösseren Familien finanziell nicht erlauben, über ihre Aufwendungen für Fahrten zwischen Wohnung und Arbeitsstätte hinaus zusätzliche Geldbeträge für die Erwerbung, Sicherung und Erhaltung ihres Arbeitslohns (§ 20 LStDV) aufzuwenden, während sie andererseits - gerade wegen ihrer Familiengrösse - gezwungen sind, sich über die Sozialversicherung hinaus noch anderweitig versichern zu lassen (z.B. Familien-Haftpflichtversicherung), so dass ihre Sonderausgaben dadurch ansteigen. Der Anteil der Befragten, die zusätzlich hätten Lohnsteuer sparen können (Spalten 12 und 13), verändert sich hingegen nicht mit zunehmender Kinderzahl. Zwar liegt dieser Anteil bei den Befragten ohne Kinder mit 36 Prozent erheblich über dem Durchschnitt, bleibt jedoch bei den Lohnsteuerpflichtigen mit 1, 2, 3 und mehr Kindern mit 26 und 27 Prozent fast konstant. Dabei darf allerdings nicht ausser acht gelassen werden, dass dieses überdurchschnittlich gute Abschneiden der Befragten mit Kindern zum Teil auch darauf zurückzuführen ist, dass sich die Nichtabsetzung einzelner steuerbegünstigter Aufwendungen hier oft deshalb nicht steuermindernd auswirken konnte, da die im Lohnsteuer-Jahresausgleich angegebenen Aufwendungen bereits eine volle Rückerstattung der 1970 einbehaltenen Lohnsteuer zur Folge hatte. Zusätzliche, im Lohnsteuer-Jahresausgleich

---

1) So beträgt z.B. bei den aussergewöhnlichen Belastungen allgemeiner Art die zumutbare Eigenbelastung bei einer Familie mit einem Kind je nach Einkommenshöhe 3 oder 4 Prozent, bei Ledigen dagegen 6 oder 7 Prozent des (unter anderem um die Kinderfreibeträge gekürzten) Jahreseinkommens (§ 25 LStDV).

nicht angegebene steuerbegünstigte Aufwendungen konnten bei diesen Steuerpflichtigen infolgedessen auch nicht zu Steuerüberzahlungen führen.

Im Hinblick auf die sozialstatistischen Ausgangsdaten war schliesslich zu untersuchen, inwieweit sich

(a6) aus dem Standort des Wohnsitzes der Befragten in Regionen unterschiedlicher Bevölkerungsdichte sowie

(a7) der Nähe des Finanzamtes

Unterschiede hinsichtlich der Kenntnisse über die Lohnsteuer und der Ausschöpfung steuerlicher Vergünstigungen ergeben.

Die Ergebnisse sind in Tabelle 16 dargestellt. Dabei erweist sich, dass die Befragten in Ballungskernen besser über die Lohnsteuer informiert sind als die Befragten, die in Ballungsrandzonen oder ländlichen Zonen wohnen. Hinsichtlich der Lohnsteuerüberzahlungen ergeben sich jedoch nur geringe Unterschiede: sowohl in Ballungskernen als auch in den Ballungsrandzonen hätten 30 Prozent der Befragten zusätzlich Lohnsteuer sparen können; der sich in den ländlichen Zonen ergebende Anteil von 33 Prozent geht nicht weit darüber hinaus (Spalten 12 und 13). Vergleicht man dieses Ergebnis mit den Zahlenangaben in Tabelle 6[1], so zeigt sich, dass die Unterschiede zwischen den Steuerpflichtigen der drei Regionen unterschiedlicher Bevölkerungsdichte vor allem in der voneinander abweichenden durchschnittlichen Lohnsteuerüberzahlung je Befragten zu sehen sind: während der Anteil der Befragten, die solche Steuerüberzahlungen leisteten, relativ konstant bleibt, steigt der Durchschnittsbetrag dieser Überzahlungen von den Ballungskernen über die Ballungsrandzonen bis zu den ländlichen Zonen an.

1) Vgl. oben, S.55.

Tabelle 16: Lohnsteuerüberzahlungen und Informationsstand über die Lohnsteuer in Abhängigkeit vom Standort des Wohnsitzes der befragten Lohnsteuerpflichtigen

Gruppierungsmerkmal	Anzahl der Befragten	(1) Informationsstand über die Lohnsteuer: hoch	(2) mittel	(3) niedrig	(4) Werbungskostenpauschale überschritten? ja	(5) nein	(6) Sonderausgabenpauschale überschritten? ja	(7) nein	(8) Freibetrag auf der Lohnsteuerkarte? a) ja	(9) nein	(10) Antrag auf Lohnsteuer-Jahresausgleich gestellt? ja	(11) nein	(12) Wieviel Lohnsteuer hätte zusätzlich gespart werden können? (Lohnsteuerüberzahlungen): 1 bis 100 DM	(13) mehr als 100 DM	(14) keine b): weil alles abgesetzt wurde	(15) keine b): weil keine Absetzungsmöglichkeiten
		in Prozent der Zeilensumme														
Befragte insgesamt	610	19	46	35	30	70	87	13	25	72	68	32	23	8	61	8
1. Wohngebiet:																
Ballungskerne	305	22	47	31	37	63	89	11	25	72	70	30	22	8	62	8
Ballungsrandzonen	123	14	48	38	28	72	80	20	17	76	63	37	23	7	56	14
ländl. Zonen	182	18	43	39	20	80	87	13	31	68	66	34	23	10	61	6
2. Entfernung des Finanzamts c):																
weniger als 3 km	148	20	51	29	21	79	85	15	25	73	74	26	19	7	66	8
3 bis 5 km	177	24	42	34	33	67	88	12	25	71	66	34	23	9	60	8
6 bis 9 km	101	20	51	29	42	58	90	10	31	66	75	25	22	8	64	6
mehr als 1o km	151	16	48	36	32	68	88	12	25	72	67	33	22	9	62	7
weiß nicht, wo Finanzamt ist d)	33	(0)	(18)	(82)	(12)	(88)	(70)	(30)	(6)	(91)	(27)	(73)	(43)	(12)	(21)	(24)

a) b) Vgl. Anmerkung a) und b) in Tabelle 13, S. 80.

c) Eigene Angaben der Befragten (Frage 63 im Fragebogen, Anhang)

d) Prozentangaben für Gruppen, die kleiner als 50 sind, werden in Klammern gesetzt, da auf dieser Basis vom statistischen Standpunkt eine Prozentuierung nicht gerechtfertigt ist. Die Zahlenangaben werden jedoch zur Veranschaulichung für notwendig gehalten.

Quelle: Eigene Erhebung, Mai bis Juli 1971,
Fragen 55 ff. im Fragebogen (Anhang)

Nur geringe Unterschiede zwischen den Steuerpflichtigen ergeben sich auch im Hinblick auf die Entfernung ihrer Wohnung vom Finanzamt. Zwar besitzen die Befragten, die mehr als 10 km vom Finanzamt entfernt wohnen, weniger Kenntnisse über die Lohnsteuer als die restlichen Befragten (entsprechend: ländliche Zonen), für die übrigen Gruppen ergibt sich jedoch keine eindeutige Tendenz: so sind die Befragten, die in einer Entfernung von weniger als 3 km vom Finanzamt wohnen, ebenso gut mit der Lohnsteuer vertraut wie die 6 bis 9 km von ihrem jeweiligen Finanzamt entfernt wohnenden Lohnsteuerpflichtigen.

Bei den Lohnsteuerüberzahlungen schneiden die in der Nähe des Finanzamts wohnenden Lohnsteuerpflichtigen etwas besser ab als die übrigen Befragten. Während durchschnittlich 31 Prozent der Befragten zusätzlich hätten Lohnsteuer sparen können, haben nur 26 Prozent der in der Nähe des Finanzamts wohnenden Steuerpflichtigen zuviel Lohnsteuer an den Fiskus abgeführt.

3.1.3.1.2 Zusammenfassung und Signifikanzprüfung hinsichtlich der betrachteten Merkmale

Die erwarteten Unterschiede zwischen Gruppen, die sich im Hinblick auf ihre sozialstatistischen Merkmale unterscheiden, wurden auf drei Ursachen zurückgeführt, erstens auf die rollen- und generationsabhängige Erziehung zu diesem Fragenkomplex; zweitens auf die infolge unter schiedlicher sozialer Situationen entstehende Dringlichkeit sich mehr oder weniger zwingend mit der schwierigen Materie "Lohnsteuer" auseinanderzusetzen; drittens auf die unterschiedlichen Kommunikationsmöglichkeiten, die sich aus dem Standort des Wohnsitzes der Lohnsteuerpflichtigen ergeben.

Inwieweit die Erwartungen im Hinblick auf die sozialstatistischen Merkmale aufrechterhalten werden können, d.h. statistisch gesichert sind, wurde mit Hilfe eines Chi-Quadrat-Tests geprüft. Dabei wird eine Signifikanz auf dem 5-Prozent-Niveau gefordert.[1)]

Es zeigt sich, dass die meisten der zusammengebrachten Merkmale mit einer mehr als 95-prozentigen Sicherheit in einem Zuammenhang stehen (Tabelle 17). Fast sicher, d.h. mit 99 Prozent Wahrscheinlichkeit, sind die beiden Untersuchungsvariablen von der Familiensituation der Lohnsteuerpflichtigen abhängig. Hier kann die Annahme aufrechterhalten werden, dass sich die Gruppen der Verheirateten und entsprechend der Steuerpflichtigen mit der Steuerklasse III, IV und V sowie der Lohnsteuerpflichtigen mit Kindern intensiver mit dem Thema "Lohnsteuer" befassen, weil für sie eine Auseinandersetzung mit Lohnsteuerfragen - vor allem aufgrund ihrer wirtschaftlichen und sozialen Situation - besonders notwendig erscheint.

Die Erwartungen hinsichtlich altersgruppenspezifischer Unterschiede können hingegen nur zum Teil aufrechterhalten werden. Zwar kann die Hypothese akzeptiert werden, dass die mittleren Jahrgangsgruppen besser mit der Lohnsteuer vertraut sind als ältere und jüngere Jahrgänge, aber die Annahme, dass sich für diese Gruppe eine besonders starke Motivation ergibt, möglichst viele steuerliche Vergünstigungen auszunutzen, bestätigt sich nicht. Es ist zu vermuten, dass die mittleren und älteren Jahrgangsgruppen zwar grössere Erfahrungen auf dem Gebiet der Lohnsteuer und insbesondere in der Bearbeitung des Antrags auf Lohnsteuer-Jahresausgleich

---

1) Zum Chi-Quadrat-Test vgl. oben, S. 49 ff.

Tabelle 17: Schematische Übersicht zu den Ergebnissen in Abschnitt 3.1.3.1 und Signifikanzprüfung hinsichtlich der betrachteten Merkmale

Hypothese: Es ist zu erwarten, dass hinsichtlich der Kenntnisse über die Lohnsteuer und hinsichtlich der Lohnsteuerüberzahlungen folgende Steuerpflichtige besser abschneiden als die übrigen:	Die Hypothese (+) kann aufrechterhalten werden (-) wird verworfen, und zwar hinsichtlich des Untersuchungsmerkmals:					
	Informationsstand über die Lohnsteuer			Lohnsteuerüberzahlungen		
	(+) (-)	χ^2 1)	Fehlerrisiko maximal	(+) (-)	χ^2 2)	Fehlerrisiko maximal
(a1) männliche Steuerpflichtige	+	45,4	1 %	+	10,1	1 %
(a2) Steuerpflichtige der mittleren Jahrgangsgruppen	+	21,3	1 %	-	0,1	-
(a3) verheiratete Steuerpflichtige	+	74,5	1 %	+	22,6	1 %
(a4) Steuerpflichtige der Steuerklasse III, IV oder V	+	67,3	1 %	+	19,4	1 %
(a5) Steuerpflichtige mit Kindern	+	59,9	1 %	+	11,6	1 %
(a6) Steuerpflichtige, die in Ballungskernen wohnen	+	6,1	5 %	- 4)	0,2	- 4)
(a7) Steuerpflichtige, die in der Nähe des Finanzamts wohnen 3)	-	4,6	-	-	1,7	-

1) Berechnung von Chi-Quadrat in einer 2 x 3 Tabelle: In den Kopf der Tabelle wurde das Untersuchungsmerkmal "Informationsstand über die Lohnsteuer" in den drei Ausprägungen "hoch", "mittel" und "niedrig" eingetragen; in der Stirnseite der Tabelle wurden die Lohnsteuerpflichtigen, von denen hypothetisch erwartet wurde, dass sie hinsichtlich des Untersuchungsmerkmals besser abschneiden, den jeweils restlichen Steuerpflichtigen gegenübergestellt. Die Anzahl der Freiheitsgrade beträgt df = (3 - 1) (2 - 1) = 2. Die Hypothese wird aufrechterhalten, wenn Chi-Quadrat ≥ 5,99.

2) Berechnung von Chi-Quadrat in einer 2 x 2 Tabelle: In den Kopf der Tabelle wurde das Untersuchungsmerkmal "Lohnsteuerüberzahlungen" in den zwei Ausprägungen "vorhanden" und "nicht vorhanden" eingetragen, wobei nur solche Lohnsteuerpflichtige berücksichtigt wurden, bei denen Steuerersparnismöglichkeiten gegeben waren (Spalten 12, 13 und 14 der vorstehenden Tabellen); in der Stirnseite der Tabelle wurden - wie oben (Anmerkung 1) - die Lohnsteuerpflichtigen, von denen hypothetisch erwartet wurde, dass sie hinsichtlich des Untersuchungsmerkmals besser abschneiden, den jeweils restlichen Steuerpflichtigen gegenübergestellt. Die Anzahl der Freiheitsgrade beträgt df = (2 - 1) (2 - 1) = 1. Die Hypothese wird aufrechterhalten, wenn Chi-Quadrat ≥ 3,84.

3) Die Entfernung zum Finanzamt beträgt weniger als 3 km.

4) Signifikante Unterschiede ergeben sich nur hinsichtlich der Höhe der Steuerüberzahlungen, nicht jedoch bezüglich des Anteils der Steuerpflichtigen mit Steuerüberzahlungen.

Quelle: Berechnungen auf der Grundlage der Tabellen 13 bis 16.

besitzen, sich diese Erfahrungen jedoch auch negativ auswirken können. Wenn nämlich die Erfahrungen zu einer eher routinemässigen Bearbeitung des Lohnsteuer-Jahresausgleichs führen, ist nicht mehr die Gewähr dafür gegeben, dass alle steuerlichen Möglichkeiten ausgeschöpft werden: unregelmässig oder erstmals aufgetretene steuerbegünstigte Aufwendungen werden nicht abgesetzt, während die regelmässig wiederkehrenden Aufwendungen (Fahrten zwischen Wohnung und Arbeitsstätte, Gewerkschaftsbeiträge, Versicherungen usw.) aus dem Antrag des Vorjahres "fortgeschrieben" werden.

Auch können die Erwartungen hinsichtlich unterschiedlicher Kommunikationsmöglichkeiten, die auf den Standort des Wohnsitzes zurückgeführt wurden, nur teilweise aufrechterhalten werden. So ergeben sich für beide Untersuchungsmerkmale keine signifikanten Unterschiede zwischen den in der Nähe des Finanzamts wohnenden und den übrigen Lohnsteuerpflichtigen. Die Hypothese, dass die Nähe des Finanzamts bessere Kommunikationsmöglichkeiten und damit eine grössere Versiertheit in steuerlichen Fragen bewirkt, muss daher verworfen werden. Dagegen bestätigt sich die Annahme, dass Lohnsteuerpflichtige, die in Ballungskernen wohnen, besser als die übrigen Steuerpflichtigen mit der Lohnsteuer vertraut sind.

Bei den Steuerüberzahlungen ergeben sich signifikante Unterschiede jedoch nur hinsichtlich der Höhe der zuviel gezahlten Lohnsteuer, nicht aber bezüglich des Anteils der Steuerpflichtigen, die solche Steuerüberzahlungen geleistet haben. Grössere Geldbeträge hätten - wenn alle Möglichkeiten im Jahresausgleichsverfahren in Anspruch genommen worden wären - vor allem die in ländlichen Zonen wohnenden Lohnsteuerpflichtigen vom Fiskus zurückverlangen können.

Zu den Gruppen, die hinsichtlich der Kenntnisse über die Lohnsteuer und der Ausnutzung ihrer steuerlichen Möglichkeiten besonders schlecht abschneiden, gehören auch die Frauen. Hier kann die Hypothese, dass Frauen dem Themenbereich gegenüber weniger aufgeschlossen sind als Männer, aufrechterhalten werden. Dies dürfte vor allem auf die rollenspezifische Erziehung der Frauen zurückzuführen sein, die mit dazu beiträgt, dass viele Frauen im Umgang mit Lohnsteuerangelegenheiten weniger Erfahrungen haben als Männer, denen diese Verwaltungsaufgaben des privaten Haushalts oft auch heute noch zugesprochen werden.

3.1.3.2 Sozialökonomische Fakten als Einflussfaktoren

3.1.3.2.1 Übersicht über die Ergebnisse

Es soll untersucht werden, inwieweit bestimmte sozialökonomische Fakten, wie z.B. das Bildungsniveau und die Einkommenssituation der befragten Lohnsteuerpflichtigen, die beiden Ergebnisvariablen beeinflussen.

Zunächst wird der Frage nachgegangen, ob

(b1) die Befragten mit höherem Bildungsniveau grössere Kenntnisse über die Lohnsteuer besitzen und ihre steuerlichen Möglichkeiten dementsprechend stärker in Anspruch nehmen als die übrigen Befragten.

Wie die Ergebnisse in Tabelle 18 zeigen, ergeben sich hinsichtlich der Untersuchungsmerkmale ausbildungsspezifische Unterschiede. Die Befragten, die keine Berufsausbildung abgeschlossen haben, weisen zu mehr als der Hälfte (54 Prozent) einen niedrigen Informationsstand über die

Tabelle 18: Lohnsteuerüberzahlungen und Informationsstand über die Lohnsteuer in Abhängigkeit vom Bildungsniveau der befragten Lohnsteuerpflichtigen

Gruppierungsmerkmal	Anzahl der Befragten	(1)	(2)	(3)	(4)	(5)	(6)	(7)	(8)	(9)	(10)	(11)	(12)	(13)	(14)	(15)
		Informationsstand über die Lohnsteuer			Werbungskostenpauschale überschritten?		Sonderausgabenpauschale überschritten?		Freibetrag auf der Lohnsteuerkarte? a)		Antrag auf Lohnsteuer-Jahresausgleich gestellt?		Wieviel Lohnsteuer hätte zusätzlich gespart werden können? (Lohnsteuerüberzahlungen)			
															keine b)	
		hoch	mittel	niedrig	ja	nein	ja	nein	ja	nein	ja	nein	1 bis 100 DM	mehr als 100 DM	weil alles abgesetzt wurde	weil keine Absetzungsmöglichkeiten
		in Prozent der Zeilensumme														
Befragte insgesamt	610	19	46	35	30	70	87	13	25	72	68	32	23	8	61	8
Bildungsniveau:																
- ohne abgeschlossene Berufsausbildung	189	10	36	54	21	79	78	22	21	76	62	38	27	7	54	12
- Volksschulabschluß mit abgeschl. Berufsausbildung	311	21	46	33	33	67	92	8	24	73	72	28	21	10	64	5
- Weiterführende Ausbildung	110	29	62	9	36	64	85	15	35	62	63	37	20	5	67	8

a) b) Vgl. Anmerkungen a) und b) in Tabelle 13, S. 80.

Quelle: Eigene Erhebung, Mai bis Juli 1971,
Fragen 55 ff. im Fragebogen (Anhang)

Lohnsteuer auf. Derart geringe Kenntnisse sind unter den Befragten, die nach ihrem Volksschulabschluss eine Berufsausbildung abgeschlossen haben, nur bei 33 Prozent und unter den Befragten mit einer weiterführenden Ausbildung (Mittlere Reife, Abitur, Hochschulabschluss) nur bei 9 Prozent anzutreffen. Dabei fällt auf, dass sich die Befragten, die ein relativ hohes Bildungsniveau aufweisen, weniger durch einen hohen als durch einen mittleren Informationsstand über die Lohnsteuer auszeichnen (Spalten 1 und 2).

Darüber hinaus zeigt sich, dass die Werbungskosten und Sonderausgaben derjenigen Befragten, die ein niedriges Bildungsniveau aufweisen, seltener zur Überschreitung der jeweiligen Pauschbeträge ausreichen als die der übrigen Befragten. Allerdings übersteigen die Sonderausgaben der Befragten mit weiterführender Ausbildung die Pauschale von 936 bzw. 1872 DM weniger häufig als im Durchschnitt, da der Anteil der (nicht sozialversicherungspflichtigen) Beamten in dieser Befragtengruppe relativ gross ist.[1)]

Auch nehmen die Befragten mit abgeschlossener Berufsausbildung oder weiterführender Ausbildung häufiger die Möglichkeit des Antrages auf Lohnsteuer-Jahresausgleich oder Lohnsteuer-Ermässigung in Anspruch als die Befragten ohne eine Berufsausbildung. Dabei zeichnen sich die Befragten mit weiterführender Ausbildung vor allem dadurch aus, dass sie sich besonders häufig (35 Prozent) einen Freibetrag auf ihrer Steuerkarte eintragen lassen, um entweder im Verlauf des Jahres Lohnsteuer zu sparen oder - wenn dieser Freibetrag erst gegen Ende des Jahres eingetragen wird - beim vom Arbeitgeber durchzuführenden Lohnsteuer-Jahresausgleich einen Teil ihrer Lohnsteuer erstattet zu bekommen.

Auch im Hinblick auf die Lohnsteuerüberzahlungen schneiden die Befragten mit höherem Bildungsniveau besser ab als die übrigen Befragten. Von den Lohnsteuerpflichtigen ohne abgeschlossene Berufsausbildung haben 34 Prozent, von den Steuerpflichtigen mit abgeschlossener Berufsausbildung 31 Prozent und von den Befragten mit einer weiterführenden Ausbildung nur 25 Prozent zuviel Lohnsteuer an den Fiskus abgeführt. Hinsichtlich des Bildungsniveaus ergeben sich

1) Eine gesonderte Auswertung zeigt, dass die Sonderausgaben von nur 82 Prozent der Beamten die Pauschale übersteigen. Insgesamt wurden aber nur 44 Beamte befragt, von denen etwa 70 Prozent eine "weiterführende Ausbildung" abgeschlossen haben.

damit in bezug auf beide Untersuchungsvariablen gruppenspezifische Unterschiede, die eine eindeutige Tendenz zugunsten der Lohnsteuerpflichtigen mit höherem Bildungsniveau erkennen lassen.

Im Hinblick auf die sozialökonomischen Fakten war ferner zu untersuchen, inwieweit

(b2) die Angestellten und Beamten

(b3) die Befragten, die in ihrem Beruf vorwiegend keine körperlichen Arbeiten ausüben und

(b4) die Mitglieder von Gewerkschaften

bessere Kenntnisse über die Lohnsteuer besitzen als die jeweils restlichen Befragten und ein adäquates Verhalten hinsichtlich der Inanspruchnahme ihrer Steuerersparnismöglichkeiten aufweisen.

Die Ergebnisse zeigen, dass die erwarteten Unterschiede hinsichtlich der Berufsgruppen nur zum Teil bestätigt werden. Zwar weisen die Angestellten und Beamten[1] besonders gute Kenntnisse über die Lohnsteuer auf, jedoch schlägt sich dies nicht in einer entsprechenden Ausnutzung steuerlicher Vergünstigungen nieder: rund 30 Prozent der Befragten aus diesen Berufsgruppen hätten zusätzlich Lohnsteuer sparen können; der Anteil bei den Arbeitern liegt mit 32 Prozent nur knapp darüber (Tabelle 19). Wesentlich grössere Differenzen ergeben sich dagegen zwischen Gruppen, die sich hinsichtlich der Art ihrer Arbeit unterscheiden. Lohnsteuerpflichtige, die in ihrem Beruf überwiegend körperliche Arbeiten ausüben, zeigen sich dem Themenbereich gegenüber weniger aufgeschlossen als die übrigen Befragten, von denen die meisten Büroarbeiten

1) Wie schon oben erwähnt wurde (Anmerkung, S. 94), sind nur insgesamt 44 Beamte in die Stichprobe gezogen worden, so dass eine detailliertere Betrachtung zu verzerrten Ergebnissen geführt hätte.

Tabelle 19: Lohnsteuerüberzahlungen und Informationsstand über die Lohnsteuer in Abhängigkeit von der Berufsgruppe, der Art der Arbeit und der Gewerkschaftszugehörigkeit der befragten Lohnsteuerpflichtigen

Gruppierungsmerkmal	Anzahl der Befragten	(1) Informationsstand über die Lohnsteuer: hoch	(2) mittel	(3) niedrig	(4) Werbungskostenpauschale überschritten? ja	(5) nein	(6) Sonderausgabenpauschale überschritten? ja	(7) nein	(8) Freibetrag auf der Lohnsteuerkarte? a) ja	(9) nein	(10) Antrag auf Lohnsteuer-Jahresausgleich gestellt? ja	(11) nein	(12) Wieviel Lohnsteuer hätte zusätzlich gespart werden können? (Lohnsteuerüberzahlungen): 1 bis 100 DM	(13) mehr als 100 DM	(14) keine b) weil alles abgesetzt wurde	(15) keine b) weil keine Absetzungsmöglichkeiten
		in Prozent der Zeilensumme														
Befragte insgesamt	610	19	46	35	30	70	87	13	25	72	68	32	23	8	61	8
1.-Berufsgruppe:																
Arbeiter	311	13	46	41	29	71	90	10	18	79	76	24	23	9	62	6
Angestellte und Beamte	299	26	46	28	31	69	83	17	32	65	59	41	23	7	59	11
2. Art der Arbeit:																
körperl. Arbeit	278	11	43	46	29	71	87	13	14	82	74	26	24	11	58	7
Büro und sonstige Arbeit	322	27	47	26	31	69	86	14	33	64	63	37	21	6	63	10
3. Gewerkschaft:																
Mitglieder	243	29	46	25	33	67	93	7	31	67	74	26	21	5	69	5
Nichtmitglied.	367	13	45	42	28	72	82	18	21	75	63	37	24	10	55	11

a) b) Vgl. Anmerkungen a) und b) in Tabelle 13, S. 80.

Quelle: Eigene Erhebung, Mai bis Juli 1971, Fragen 55 ff. im Fragebogen (Anhang)

verrichten. Während rund 35 Prozent der körperlich arbeitenden Steuerzahler zusätzlich Lohnsteuer hätten sparen können, liegen solche Steuerüberzahlungen bei nur 27 Prozent der Befragten mit Büro- oder sonstigen nicht körperlichen Arbeiten vor. Ihre steuerlichen Möglichkeiten voll in Anspruch genommen haben nur 58 Prozent der Befragten, die körperliche Arbeiten ausüben, aber 63 Prozent der übrigen Befragten. Darüber hinaus zeigt sich, dass die Lohnsteuerpflichtigen, die in ihrem Beruf keine überwiegend körperlichen Arbeiten ausüben, in wesentlich stärkerem Ausmass als die übrigen Befragten die Möglichkeit ausnutzen, sich zu Beginn oder während des Jahres einen Freibetrag auf ihrer Steuerkarte eintragen zu lassen.

Damit erweist sich, dass die traditionelle - insbesondere an arbeits- und sozialrechtlichen Kriterien ausgerichtete[1]- Gruppierung der Arbeitnehmer in Arbeiter, Angestellte und Beamte im Hinblick auf die Untersuchungsthematik weniger geeignet ist, als eine Gruppierung nach der Art der im Beruf ausgeübten Arbeit.[2]

Die bei den Befragten vorliegenden Unterschiede zwischen den beiden Gruppierungsmerkmalen "Berufsgruppe" und "Art der Arbeit" sind darauf zurückzuführen, dass einerseits Arbeiter, die nicht körperlich arbeiten, im Hinblick auf den unter-

---

1) Gegen diese Art der Unterscheidung ist BRAUN (S.: Zur Soziologie der Angestellten, Sammlung "res novae", Band 25, Frankfurt 1964, S. 72). Er bezeichnet die "rechtlich-politischen" Definitionen des Angestelltenbegriffs als Rationalisierungen dessen, was er als "populären Angestelltenbegriff" bezeichnet und schliesst sich selbst einer eher funktionalen Definition des Angestelltenbegriffs an: Die Arbeitsplätze der Angestellten sind "... objektiv von den Arbeitsplätzen der Produktionsarbeiter unterschieden dadurch, dass an ihnen nicht die praktische Arbeit der tatsächlichen Produktion von Gegenständen, sondern die Arbeit der Organisation der Produktion innerhalb des Industriebetriebes geleistet wird" (ebd., S. 118). Dieser Definition kommt die oben vorgenommene Gruppierung der Arbeitnehmer in "körperlich" und "nicht körperlich" Arbeitende eher entgegen als die Unterteilung in Arbeiter, Angestellte und Beamte, die auf einer Selbsteinstufung der befragten Lohnsteuerpflichtigen beruht. Zur Kritik an Braun vgl.: NEULOH, O.: Die weisse Automation - Die Zukunft der Angestelltenschaft -, in: Sozialforschung und Sozialordnung, Band 1, Köln 1966, S. 71

2) Eine weitergehendere Unterteilung der Arbeitsarten, wie sie z.B. H. KERN und M. SCHUMANN sowie O. NEULOH vorlegen, musste wegen des geringen Stichprobenumfangs entfallen, obwohl zu erwarten ist, dass daraus weitere Aufschlüsse über die Untersuchungsthematik erhalten werden können. Vgl. dazu: KERN, H. und SCHUMANN, M.: Wirtschaftliche und soziale Aspekte des technischen Wandels in der Bundesrepublik Deutschland, Band 1: "Sieben Berichte", Teil A, Soziologischer Untersuchungsteil, Forschungsprojekt des RATIONALISIERUNGSKURATORIUMS FÜR DIE DEUTSCHE WIRTSCHAFT (RKW) e.V. (Hrsg.), S. 308 ff.; vgl. NEULOH, O.: a.a.O., S. 73 ff.

suchten Fragenkomplex besser abschneiden als die übrigen Arbeiter, andererseits Angestellte und Beamte, die vorwiegend körperliche Arbeiten ausüben, mit Lohnsteuerfragen weniger vertraut sind als die nicht körperlich arbeitenden Angestellten und Beamten.

Unterschiede zeigen sich auch zwischen den befragten Lohnsteuerpflichtigen, die Mitglieder in Gewerkschaften sind, und den nichtorganisierten Steuerpflichtigen. Hier wirkt sich möglicherweise die fachliche Beratung, die die meisten Gewerkschaften ihren Mitgliedern auch in Lohnsteuerfragen zukommen lassen, darin aus, dass sich Gewerkschaftsmitglieder grössere Kenntnisse über die Lohnsteuer aneignen und die Möglichkeiten des Antrags auf Lohnsteuer-Jahresausgleich oder Lohnsteuer-Ermässigung stärker in Anspruch nehmen. Nur rund 26 Prozent der befragten Gewerkschaftsmitglieder, aber 34 Prozent der Nichtmitglieder haben im Jahre 1970 Lohnsteuerüberzahlungen geleistet. Grössere Steuerüberzahlungen traten dabei vor allem bei den nichtorganisierten Lohnsteuerpflichtigen auf (Spalte 13). Einschränkend ist jedoch darauf hinzuweisen, dass das gute Abschneiden der Gewerkschaftsmitglieder zum Teil auf den relativ grossen Anteil der Männer in dieser Gruppe zurückzuführen ist. Männer aber sind mit dem Thema "Lohnsteuer" - wie bereits oben gezeigt wurde - besser vertraut als Frauen.

Ferner war die Frage zu untersuchen, ob Lohnsteuerpflichtige, die

(b5) ein höheres Einkommen beziehen
(b6) deren Ehegatte mitverdient und
(b7) die ein hohes Geldvermögen besitzen

sich in Lohnsteuerfragen besser zurechtfinden als die jeweils übrigen Befragten.[1)]

1) Bei der Hypothese (b6) werden nur verheiratete Lohnsteuerpflichtige miteinander verglichen.

Um die Zusammenhänge zwischen Steuerverhalten und Einkommen darzustellen, wurden die befragten Lohnsteuerpflichtigen nach der Höhe ihres monatlichen Nettoeinkommens gruppiert (Tabelle 20). Dabei zeigt sich, dass die Vertrautheit in Lohnsteuerfragen mit zunehmendem Einkommen ansteigt. Steuerpflichtige, deren Nettoeinkommen mehr als 1000 DM beträgt, erreichen häufiger als die Befragten der übrigen Einkommensgruppen einen hohen Informationsstand über die Lohnsteuer.

Auch hinsichtlich des Überschreitens der Werbungskosten- und Sonderausgabenpauschale zeigt sich eine Tendenz zugunsten der Steuerpflichtigen mit höheren Einkommen. Die Sonderausgaben der Befragten, die monatlich weniger als 600 DM verdienen, übersteigen bei nur rund der Hälfte dieser Gruppe den Pauschbetrag, während diese Pauschale von den übrigen Befragten in gut 95 Prozent der Fälle überschritten wird - was insbesondere auf die mit dem Einkommen ansteigenden Sozialversicherungsbeiträge zurückzuführen ist.

Bei den Werbungskosten zeigt sich, dass der Anteil der Befragten, deren Aufwendungen die Werbungskostenpauschale übersteigen, mit zunehmendem Einkommen überproportional ansteigt. Bei nur 13 Prozent der Befragten mit Einkommen unter 600 DM, aber bei 50 Prozent der Befragten mit Einkommen über 1200 DM übersteigen diese Aufwendungen den Werbungskostenpauschbetrag von 564 DM. Zwar besteht auch bei einigen Werbungskosten ein unmittelbarer Zusammenhang zwischen Einkommen und Höhe der Aufwendung - so z.B. bei den Gewerkschaftsbeiträgen - , hauptsächlich jedoch dürfte dies auf andere Ursachen zurückzuführen sein. Vor allem die Benutzung eines Kraftfahrzeugs für Fahrten zwischen Wohnung und Arbeitsstätte, die schon oben als

Tabelle 20: Lohnsteuerüberzahlungen und Informationsstand über die Lohnsteuer in Abhängigkeit von den Einkommens- und Vermögensverhältnissen der befragten Lohnsteuerpflichtigen

Gruppierungsmerkmal	Anzahl der Befragten	(1) Informationsstand über die Lohnsteuer	(2)	(3)	(4) Werbungskostenpauschale überschritten?	(5)	(6) Sonderausgabenpauschale überschritten?	(7)	(8) Freibetrag auf der Lohnsteuerkarte? a)	(9)	(10) Antrag auf Lohnsteuer-Jahresausgleich gestellt?	(11)	(12) Wieviel Lohnsteuer hätte zusätzlich gespart werden können? (Lohnsteuerüberzahlungen)	(13)	(14) keine b)	(15)
		hoch	mittel	niedrig	ja	nein	ja	nein	ja	nein	ja	nein	1 bis 100 DM	mehr als 100 DM	weil alles abgesetzt wurde	weil keine Absetzungsmöglichkeiten
		in Prozent der Zeilensumme														
Befragte insgesamt	610	19	46	35	30	70	87	13	25	72	68	32	23	8	61	8
1. Monatl. Nettoeinkommen des Befragten:																
bis 600 DM	141	6	29	65	13	87	56	44	8	88	38	62	28	9	33	30
601 bis 800 DM	119	5	49	46	19	81	97	3	18	75	78	22	22	13	62	3
801 bis 1000 DM	138	17	56	27	30	70	96	4	27	72	84	16	25	4	69	2
1001 bis 1200 DM	97	27	58	15	43	57	97	3	26	73	79	21	13	9	77	1
mehr als 1200 DM	115	47	42	11	50	50	94	6	50	47	63	37	22	7	68	3
2. Mitverdienender Ehegatte?																
Ja	102	25	53	22	37	63	93	7	18	80	78	22	17	5	75	3
Nein	235	30	48	22	38	62	97	3	37	63	75	25	20	6	72	2
3. Höhe des Geldvermögens																
unter 1000 DM	183	7	41	52	30	70	79	21	15	82	66	34	27	11	50	12
1000 bis 2999 DM	138	22	47	31	28	72	91	9	21	75	72	28	24	5	64	7
3000 bis 4999 DM	90	27	47	26	31	69	90	10	27	72	73	27	23	7	62	8
5000 bis 9999 DM	75	20	57	23	24	76	93	7	36	59	65	35	21	10	65	4
10000 DM u. mehr	62	39	47	14	44	56	92	8	37	61	65	35	18	8	69	5
keine Angabe	62	18	42	40	27	73	82	18	34	63	60	40	13	6	68	13

a) b) Vgl. Anmerkungen a) und b) in Tabelle 13, S. 80.

Quelle: Eigene Erhebung, Mai bis Juli 1971,
Fragen 55 ff. im Fragebogen (Anhang)

wichtigster Posten der Werbungskosten herausgestellt worden war,[1] ist im Zusammenhang mit der Einkommenssituation der Lohnsteuerpflichtigen zu sehen. Von den 183 Befragten, deren Aufwendungen die Werbungskostenpauschale überstiegen, hatten allein 111 Befragte, also rund 60 Prozent, Aufwendungen für Fahrten zwischen Wohnung und Arbeitsstätte mit dem eigenen Kraftfahrzeug.[2] Selbst wenn es sich nur um kurze Entfernungen zwischen Wohnung und Arbeitsstätte handelt, wird durch die Benutzung des Kraftfahrzeugs der Grundstock für die Abzugsfähigkeit weiterer Werbungskosten gelegt, denn erst dann wirken sich auch solche Aufwendungen steuermindernd aus, die sich - wie Gewerkschaftsbeiträge und Aufwendungen für Arbeitskleidung - nur selten auf mehr als 200 DM belaufen. Auch zeigt Tabelle 20 deutlich, dass Steuerpflichtige der höheren Einkommensgruppen häufiger als die Bezieher niedriger Einkommen einen Antrag auf Lohnsteuer-Jahresausgleich oder Lohnsteuer-Ermässigung stellen. Dabei fällt auf, dass die Steuerzahler mit Einkommen über 1200 DM bevorzugen, sich einen Freibetrag auf der Lohnsteuerkarte eintragen zu lassen, während die Befragten in den mittleren Einkommensgruppen eher dazu neigen, beim Finanzamt einen Lohnsteuer-Jahresausgleich zu beantragen. Auch dies ergibt sich aus dem Zusammenhang zwischen Einkommenshöhe einerseits und der Inanspruchnahme steuerlicher Vergünstigungen andererseits: das komplizierte Antragsverfahren lohnt sich im allgemeinen nur, wenn der Freibetrag eine bestimmte Höhe überschreitet; ein Freibetrag von z.B. 600 DM wirkt sich in den unteren Einkommensgruppen maximal in einer Lohnsteuerersparnis von monatlich 9,50 DM aus.

---

1) Vgl. oben, S. 65.

2) Vgl. oben, S. 59 (Tabelle 7).

Da in den unteren Einkommensgruppen nur verhältnismässig wenig Befragte einen Antrag auf Lohnsteuer-Jahresausgleich oder Lohnsteuer-Ermässigung stellen, obwohl - insbesondere wegen der Arbeitnehmerbeiträge zur Gesetzlichen Sozialversicherung und der im Jahre 1970 gezahlten Kirchensteuer - bei rund der Hälfte dieser Befragtengruppe die Sonderausgabenpauschale überschritten wird, ergeben sich hier relativ häufig Lohnsteuerüberzahlungen. Offenbar sind Bezieher niedriger Einkommen am wenigsten dazu in der Lage, sich in Lohnsteuerfragen zurechtzufinden und Steuervorteile auszunutzen: rund 37 Prozent der Befragten mit Einkommen von weniger als 600 DM hätten zusätzlich Lohnsteuer sparen können. Oft handelt es sich dabei auch um Berufsanfänger, die noch keine Erfahrungen in der technischen Abwicklung des Jahresausgleichsverfahrens und im Umgang mit Behörden gesammelt haben.

Besser als die Bezieher niedriger Einkommen schneiden in dieser Frage die mittleren und höheren Einkommensgruppen ab. Da in diesen Einkommensgruppen fast immer ein Antrag auf Lohnsteuer-Jahresausgleich oder Lohnsteuer-Ermässigung gestellt wird - so dass zumindest die regelmässig anfallenden steuerbegünstigten Aufwendungen abgesetzt werden -, ergeben sich hier grössere Steuerüberzahlungen (ab 100 DM) verhältnismässig selten. Lediglich in der höchsten Einkommensgruppe steigt der Anteil der Befragten, die zuviel Lohnsteuer an den Fiskus abgeführt haben, wieder leicht an. Hier wirkt sich aus, dass in dieser Befragtengruppe anstelle eines Lohnsteuer-Jahresausgleichs besonders häufig die Eintragung eines Freibetrages auf der Steuerkarte beantragt wird (Spalten 8 und 10 in Tabelle 20); im Freibetrag sind aber steuerbegünstigte Aufwendungen - weil sie zu Beginn oder während des Jahres 1970 nicht genau vorausgeschätzt oder vom Finanzamt nur pauschal anerkannt werden konnten - oft nicht in voller Höhe berücksichtigt. Die sich dabei ergebenden Steuerüberzahlungen werden von einigen Lohnsteuerpflichtigen dieser Einkommensgruppe in Kauf genommen, da sie den zusätzlichen Arbeitsaufwand scheuen, der mit einem Antrag auf Lohnsteuer-Jahresausgleich verbunden ist. Oft wird auch die Höhe der im Falle einer erneuten Antragstellung zu erwartenden Steuerrückzahlung unterschätzt. In anderen Fällen wollen Lohnsteuerpflichtige der für sie unbekannten Veranlagung zur Einkommensteuer - von der sie (irrtümlich) eine grössere Steuerbelastung erwarten - entgehen, indem sie keinen Antrag auf Lohnsteuer-Jahresausgleich stellen.

Wie die in Tabelle 20 aufgeführten Zahlenangaben zeigen, unterscheiden sich die befragten Lohnsteuerpflichtigen, deren Ehegatte mitverdient, hinsichtlich der Untersuchungsmerkmale nicht wesentlich von den übrigen Befragten, die verheiratet sind: bei den Kenntnissen über die Lohnsteuer ergeben sich Unterschiede von maximal 5 Prozent, bei den Steuerüberzahlungen von maximal 3 Prozent.

Dagegen zeigt Tabelle 20 bei beiden Untersuchungsvariablen deutliche Unterschiede, die sich aus der Höhe des Geldvermögens der Befragten ergeben. Der Anteil der Befragten, die nur geringe Kenntnisse über die Lohnsteuer besitzen, nimmt mit zunehmendem Vermögensstand ab: von den Befragten, die ein Geldvermögen von weniger als 1000 DM besitzen, haben 52 Prozent einen geringen Informationsstand über die Lohnsteuer, von den Befragten, die ein Geldvermögen von mehr als 10.000 DM besitzen, nur 14 Prozent. Angesichts dieses Befundes und der Zusammenhänge, die zwischen der Grösse des Geldvermögens und der Einkommenshöhe bestehen, überrascht es nicht, dass die Befragten mit grösseren Geldvermögen auch hinsichtlich der Inanspruchnahme ihrer steuerlichen Absetzungsmöglichkeiten besser abschneiden als die Befragten, die kein oder nur ein geringes Geldvermögen besitzen. Dies ist zum Teil darauf zurückzuführen, dass sich Lohnsteuerpflichtige, die ein bestimmtes Geldvermögen als Rücklage angespart haben, häufiger mit Geldangelegenheiten beschäftigen, als die übrigen Befragten: Sie sind geübter im Umgang mit Behörden und in der Bearbeitung von Antragsformularen, da sie auch bei ihrer Geldanlage häufig zu Gesprächen mit Bankangestellten, Bausparkassen- oder Versicherungsvertretern und dem entsprechenden Schriftverkehr gezwungen sind.

3.1.3.2.2 Zusammenfassung und Signifikanzprüfung hinsichtlich der betrachteten Merkmale

Unterschiede zwischen Gruppen, die sich im Hinblick auf sozialökonomische Merkmale unterscheiden, wurden auf drei Punkte zurückgeführt: zum einen auf Erschwernisse, sich mit dem komplizierten Thema Lohnsteuer vertraut zu machen, die sich aus dem Bildungsniveau und der Berufszugehörigkeit der Lohnsteuerpflichtigen ergeben; zum anderen auf unterschiedliche Kommunikationsmöglichkeiten, die aus der Mitgliedschaft in einer Gewerkschaft resultieren; drittens auf die unterschiedliche Versiertheit in Geldangelegenheiten, die aus der Einkommens- und Vermögenssituation der Steuerpflichtigen erklärt werden kann.

Die Erwartung, dass der Informationsstand über die Lohnsteuer mit dem Bildungsniveau der Lohnsteuerpflichtigen im Zusammenhang steht, wird durch die Untersuchungsergebnisse gestützt. Steuerpflichtige, die eine Berufsausbildung oder eine weiterführende Ausbildung abgeschlossen haben, besitzen signifikant häufiger gute Kenntnisse über die Lohnsteuer als die Steuerpflichtigen, die keine Berufsausbildung abgeschlossen haben (Tabelle 21). Auch kann die Hypothese, dass diese Gruppe hinsichtlich der Lohnsteuerüberzahlungen besser abschneidet als die übrigen Steuerpflichtigen tendenziell aufrechterhalten werden.

Die Hypothese, dass Angestellte und Beamte ihre steuerlichen Abzugsmöglichkeiten stärker als Arbeiter in Anspruch nehmen, kann dagegen nicht aufrechterhalten werden. Zwar besitzen Angestellte und Beamte signifikant häufiger gute Kenntnisse über die Lohnsteuer als Arbeiter, die augenscheinlichen Differenzen bei den Lohnsteuerüberzahlungen sind jedoch statistisch nicht gesichert.

Besser als diese herkömmliche Gruppierung der Arbeitnehmer nach Berufsgruppen erweist sich im Hinblick auf die Untersuchungsthematik die Unterscheidung nach der Art ihrer Arbeit. Dabei wurden die Steuerpflichtigen zwei Gruppen zugeordnet: Es wurde unterschieden,ob sie in ihrem Beruf vorwiegend körperliche oder vorwiegend keine körperliche Arbeit ausüben. Eine weitergehendere Klassifizierung musste wegen des geringen Stichprobenumfangs unterbleiben, obwohl zu vermuten ist, dass durch eine detailliertere Aufgliederung die erwarteten Zusammenhänge zwischen der beruflichen Tätigkeit und der Versiertheit in Steuerfragen stärker zum Ausdruck gebracht würden. Bei der hier vorgenommenen Gruppierung zeigte sich, dass Lohnsteuerpflichtige, die in ihrem Beruf vorwiegend körperlich arbeiten, hinsichtlich der Kenntnise über die Lohnsteuer und der Ausnutzung ihrer steuerlichen Möglichkeiten schlechter abschneiden als die übrigen Steuerpflichtigen. Dieses Ergebnis ist ein Hinweis darauf, dass sich aus der Berufssituation, insbesondere aus der Vertrautheit mit schreibtechnischen Fragen, Erleichterungen in der Auseinandersetzung mit steuer-

Tabelle 21: Schematische Übersicht zu den Ergebnissen in Abschnitt 3.1.3.2 und Signifikanzprüfung hinsichtlich der betrachteten Merkmale

Hypothese: Es ist zu erwarten, dass hinsichtlich der Kenntnisse über die Lohnsteuer und hinsichtlich der Lohnsteuerüberzahlungen folgende Steuerpflichtige besser abschneiden als die übrigen:	Die Hypothese (+) kann aufrechterhalten werden (-) wird verworfen (T) kann tendenziell aufrechterhalten werden, und zwar hinsichtlich des Untersuchungsmerkmals:					
	Informationsstand über die Lohnsteuer			Lohnsteuerüberzahlungen		
	(+) (-) (T)	χ^2 1)	Fehlerrisiko maximal	(+) (-) (T)	χ^2 2)	Fehlerrisiko maximal
(b1) Steuerpflichtige mit höherem Bildungsniveau 3)	+	30,9	1 %	T	2,8	10 %
(b2) Angestellte und Beamte	+	21,0	1 %	-	0,0	-
(b3) Steuerpflichtige, die vorwiegend keine körperliche Arbeit ausüben	+	36,6	1 %	T	2,9	10 %
(b4) Gewerkschaftsmitglieder	+	31,6	1 %	+	6,6	2 %
(b5) Bezieher höherer Einkommen (mehr als netto 1000 DM monatl.)	+	102,9	1 %	+	6,9	1 %
(b6) Steuerpflichtige, deren Ehegatte mitverdient 4)	-	0,7	-	-	0,8	-
(b7) Steuerpflichtige mit höherem Geldvermögen (mehr als 5000 DM)	+	22,5	1 %	+	4,5	5 %

1) 2) Vgl. Anmerkungen 1) und 2) in Tabelle 17 , S. 90.

3) Steuerpflichtige mit abgeschlossener Berufsausbildung und weiterführender Ausbildung.

4) Vergleichsgrundlage: Verheiratete Steuerpflichtige, deren Ehegatte nicht mitverdient.

Quelle: Berechnungen auf der Grundlage der Tabellen 18 bis 20 lichen Angelegenheiten ergeben. Sowohl die Fähigkeit zur Bearbeitung des Antrags auf Lohnsteuer-Jahresausgleich einschliesslich der damit zusammenhängenden Vorarbeiten - wie z.B. das Sammeln von Belegen und die Einarbeitung in gedruckte Materialien zur Lohnsteuer - als auch die Fähigkeit, den Verkehr mit Behörden vorteilhaft abzuwickeln, dürfte in starkem Masse von den beruflichen Tätigkeiten der Lohnsteuerpflichtigen abhängig sein.

Unterschiede ergeben sich auch zwischen Lohnsteuerpflichtigen, die Mitglied in einer Gewerkschaft sind und den nichtorganisierten Steuerpflichtigen. Gewerkschaftsmitglieder sind im allgemeinen mit Lohnsteuerfragen besser vertraut als die übrigen Steuerzahler. Dieses - statistisch gesicherte - Ergebnis kann darauf zurückgeführt werden, dass Mitglieder von Gewerkschaften sowohl untereinander als auch im Verhältnis zu ihrer Gewerkschaft in bezug auf den untersuchten Fragenkomplex bessere Kommunikationsmöglichkeiten haben als Nichtgewerkschaftsmitglieder. Hier dürfte sich insbesondere auswirken, dass viele Gewerkschaften ihre Mitglieder durch Broschüren oder Aufsätze in Gewerkschaftszeitungen über Lohnsteuerfragen informieren.

Auch können die Erwartungen hinsichtlich der Einkommens- und Vermögenssituation der Lohnsteuerpflichtigen aufrechterhalten werden. Bezieher höherer Einkommen (ab netto DM 1000 monatlich) sowie Steuerpflichtige, die ein grösseres Geldvermögen besitzen (ab DM 5000) haben häufiger gute Kenntnisse über die Lohnsteuer und nutzen Möglichkeiten der Steuerersparnis stärker aus als Steuerpflichtige mit geringerem Einkommen[1)]

---

1) Vgl. auch die entsprechenden Ergebnisse von ENGELHARDT, G.: Verhaltenslenkende Wirkungen der Einkommensteuer - Ein Beitrag zum Problem der wirtschaftspolitischen Beratung, in: Finanzwissenschaftliche Forschungsarbeiten (Hrsg. : G. SCHMÖLDERS), Köln 1968, S. 85.

und Vermögen. Einerseits ist dieses Ergebnis darauf zurückzuführen, dass Steuerpflichtige mit höherem Einkommen und Vermögen im allgemeinen mehr steuerbegünstigte Aufwendungen geltend machen können als andere Steuerzahler, so dass es für sie lohnender ist, sich mit Steuerfragen zu beschäftigen; dies gilt vor allem für die mit dem Einkommen ansteigenden Sozialversicherungsbeiträge, die als Sonderausgaben geltend gemacht werden können, aber auch bei Aufwendungen für Fahrten zwischen Wohnung und Arbeitsstätte mit dem privaten Kraftfahrzeug, die in den meisten Fällen erst die Absetzung weiterer Werbungskosten ermöglichen. Andererseits kann die Versiertheit in steuerlichen Fragen bei dieser Gruppe auch durch die aus der Einkommens- und Vermögenssituation resultierende grössere Erfahrung in Geldangelegenheiten begründet werden.

Lohnsteuerpflichtige dagegen, die ein verhältnismässig geringes Einkommen beziehen oder nur wenig Geldersparnisse besitzen, finden sich in lohnsteuerlichen Fragen oft nicht zurecht. Sie sind nicht geübt, ein Antragsformular auszufüllen und lassen sich dadurch oft Steuervorteile entgegen.

Die Erwartung, dass verheiratete Lohnsteuerpflichtige, von denen nur ein Ehegatte Einkünfte bezieht, dem Themenbereich gegenüber weniger aufgeschlossen sind, als Verheiratete, die beide in einem lohnsteuerpflichtigen Arbeitsverhältnis stehen, wird durch das Untersuchungsergebnis nicht gestützt. Sowohl hinsichtlich der Kenntnisse über die Lohnsteuer als auch hinsichtlich der Steuerüberzahlungen ergeben sich keine signifikanten Unterschiede zwischen diesen beiden Gruppen.

Dies kann auf zwei Punkte zurückgeführt werden: zum einen darauf, dass die verheirateten Lohnsteuerpflichtigen ohnehin dem Themenbereich gegenüber aufgeschlossener sind als Steuerpflichtige mit anderem Familienstand,[1] so dass signifikante Unterschiede innerhalb der Gruppe der Verheirateten nur noch schwer nachzuweisen sind; zum anderen darauf, dass die Motivation zu wirtschaftlichem und sozialem Aufstieg, aus der das Bestreben dieser Gruppe, Lohnsteuer zu sparen, abgeleitet wurde,[2] zwar hoch ist, dass aber diesem Bestreben die Knappheit der für die Bearbeitung von Lohnsteuerangelegenheiten zur Verfügung stehenden Zeit sowie der Wert, den diese Steuerzahler - die in der Regel neben ihrer Berufstätigkeit zumeist noch ihren Haushalt führen müssen - ihrer Freizeit zumessen, entgegensteht.

3.1.3.3 Allgemeine Informationsgewohnheiten als Einflussfaktor

3.1.3.3.1 Übersicht über die Ergebnisse

Es ist die Frage zu prüfen, ob sich Steuerpflichtige, von denen zu vermuten ist, dass sie aufgrund ihrer Informationsgewohnheiten in Presse, Rundfunk und Fernsehen über Themen öffentlichen Interesses gut informiert sind, auch in Lohnsteuerangelegenheiten besser zurechtfinden und Möglichkeiten der Steuerersparnis entsprechend stärker beanspruchen als andere Steuerpflichtige (c1 bis c4).

---

1) Vgl. oben, S.82.

2) Vgl. oben, S.30 f.

Wie Tabelle 22 zeigt, ergeben sich die erwarteten Unterschiede vor allem hinsichtlich der Kenntnisse über die Lohnsteuer. Sowohl die Befragten, die regelmässig eine Tageszeitung oder Gewerkschaftszeitung lesen, als auch diejenigen, die im Rundfunk oder Fernsehen regelmässig oder öfter die Nachrichten oder politische Informationssendungen hören oder sehen, haben einen höheren Informationsstand über die Lohnsteuer als die jeweils übrigen Befragten. Auch übersteigen die Werbungskosten und Sonderausgaben der Steuerpflichtigen, die sich regelmässig oder öfter dieser Informationsquellen bedienen, häufiger den jeweiligen Pauschbetrag als diejenigen der Befragten, die nur ein geringes Informationsinteresse zeigen. Zudem lassen sich die besser informierten Befragtengruppen häufiger einen Freibetrag auf ihrer Steuerkarte eintragen und stellen öfter einen Antrag auf Lohnsteuer-Jahresausgleich.

Die erwarteten Unterschiede hinsichtlich der Lohnsteuerüberzahlungen treten bei den Befragten dagegen nur zum Teil in dieser Deutlichkeit zutage. So ergeben sich zwischen Steuerpflichtigen, die im Hinblick auf das Lesen einer Tageszeitung oder das Hören politischer Informationssendungen gruppiert wurden, keine nennenswerten Unterschiede. Auch Gewerkschaftsmitglieder, die häufig eine Gewerkschaftszeitung lesen, zeichnen sich in dieser Frage zwar gegenüber den unorganisierten Arbeitnehmern, nicht aber gegenüber den übrigen Gewerkschaftsmitgliedern aus. Grössere Unterschiede hinsichtlich der Lohnsteuerüberzahlungen ergeben sich nur zwischen den Steuerpflichtigen, die mehr oder weniger häufig im Rundfunk oder Fernsehen die Nachrichten hören. Offenbar sind Steuerzahler, die nur selten oder nie die Nachrichten hören und also wenig geneigt sind, sich über Themen öffentlichen Interesses auf dem laufenden zu halten, am wenigsten mit der Lohnsteuer vertraut.

Tabelle 22: Lohnsteuerüberzahlungen und Informationsstand über die Lohnsteuer in Abhängigkeit von den allgemeinen Informationsgewohnheiten der befragten Lohnsteuerpflichtigen

Gruppierungsmerkmal	Anzahl der Befragten	(1)	(2)	(3)	(4)	(5)	(6)	(7)	(8)	(9)	(10)	(11)	(12)	(13)	(14)	(15)
		Informationsstand über die Lohnsteuer			Werbungskostenpauschale überschritten?		Sonderausgabenpauschale überschritten?		Freibetrag auf der Lohnsteuerkarte? a)		Antrag auf Lohnsteuer-Jahresausgleich gestellt?		Wieviel Lohnsteuer hätte zusätzlich gespart werden können? (Lohnsteuerüberzahlungen)			
															keine b)	
		hoch	mittel	niedrig	ja	nein	ja	nein	ja	nein	ja	nein	1 bis 100 DM	mehr als 100 DM	weil alles abgesetzt wurde	weil keine Absetzungsmöglichkeiten
		in Prozent der Zeilensumme														
Befragte insgesamt	610	19	46	35	30	70	87	13	25	72	68	32	23	8	61	8
1. Der Befragte liest eine Tageszeitung																
regelmäßig	437	23	50	27	31	69	89	11	28	69	67	33	22	9	62	7
nicht regelmäßig	173	9	35	56	27	73	80	20	16	80	69	31	25	7	55	13
2. Der Befragte liest Gewerkschaftszeitung																
regelmäßig, öfter	164	36	46	18	32	68	95	5	32	68	74	26	22	5	69	4
ab und zu, nie	79	14	48	38	33	67	90	10	29	66	73	27	17	6	69	8
Nichtgewerksch.	367	13	45	42	28	72	82	18	21	75	63	37	24	10	55	11
3. Der Befragte hört Nachrichten																
regelmäßig, öfter	479	22	51	27	33	67	90	10	27	70	72	28	22	8	65	5
ab und zu, nie	131	8	28	64	18	82	75	25	16	79	50	50	25	10	45	20
4. Der Befragte hört politische Informationssendungen																
regelmäßig, öfter	316	29	51	20	35	65	93	7	30	68	72	28	22	8	66	4
ab und zu, nie	294	9	40	51	24	76	80	20	19	77	63	37	23	9	55	13
5. Der allgemeine Informationsstand des Befragten ist c)																
hoch	129	41	48	11	37	63	95	5	36	64	72	28	22	3	70	5
mittel	252	20	54	26	31	69	92	8	26	71	73	27	20	10	65	5
niedrig	229	6	36	58	25	75	76	24	17	78	59	41	26	7	51	16

a) b) Vgl. Anmerkungen a) und b) in Tabelle 13, S. 80.

c) Punktwertung mit Hilfe der auf S. 42 ff. beschriebenen Methode.

Quelle: Eigene Erhebung, Mai bis Juli 1971,
Fragen 55 ff. im Fragebogen (Anhang)

Bewertet man die Informationsgewohnheiten der Lohnsteuerpflichtigen mit Hilfe des oben erläuterten Punktsystems,[1] so dass die befragten Steuerpflichtigen drei Gruppen unterschiedlichen Informationsstandes zugeordnet werden können, so kommen die erwarteten Zusammenhänge zwischen den allgemeinen Informationsgewohnheiten und der Versiertheit in steuerlichen Fragen stärker zur Geltung, als dies bei Berücksichtigung nur einer Informationsquelle der Fall ist (Tabelle 22). Sowohl hinsichtlich der Kenntnisse über die Lohnsteuer als auch bezüglich der Lohnsteuerüberzahlungen schneiden diejenigen Steuerpflichtigen besser ab, deren hoher allgemeiner Informationsstand sich dadurch ergibt, dass sie sich besonders häufig durch Presse, Rundfunk und Fernsehen über Themen öffentlichen Interesses informieren.

3.1.3.3.2 Zusammenfassung und Signifikanzprüfung hinsichtlich der betrachteten Merkmale

Die hypothetisch angesetzten Unterschiede zwischen Gruppen, die sich hinsichtlich ihrer allgemeinen Informationsgewohnheiten voneinander unterscheiden, wurden darauf zurückgeführt,dass die "Lohnsteuer" als ein Thema öffentlichen Interesses aufzufassen ist und daher die besondere Aufmerksamkeit derjenigen Steuerpflichtigen finden müsse, die sich durch Presse, Rundfunk und Fernsehen über derartige Themen auf dem laufenden halten.

Die Hypothese, dass ein Zusammenhang zwischen den Kenntnissen über die Lohnsteuer einerseits und den allgemeinen Informationsgewohnheiten andererseits besteht, kann in allen Punkten, d.h. unabhängig von der jeweiligen Informationsquelle, aufrechterhalten werden. Dagegen werden

1) Vgl. oben, S. 42 ff.

Tabelle 23: Schematische Übersicht zu den Ergebnissen in Abschnitt 3.1.3.3 und Signifikanzprüfung hinsichtlich der betrachteten Merkmale

Hypothese: Es ist zu erwarten, dass hinsichtlich der Kenntnisse über die Lohnsteuer und hinsichtlich der Lohnsteuerüberzahlungen folgende Steuerpflichtige besser abschneiden als die übrigen:	Die Hypothese (+) kann aufrechterhalten werden (-) wird verworfen (T) kann tendenziell aufrechterhalten werden, und zwar hinsichtlich des Untersuchungsmerkmals					
	Informationsstand über die Lohnsteuer			Lohnsteuerüberzahlungen		
	(+) (-) (T)	χ^2 1)	Fehlerrisiko maximal	(+) (-) (T)	χ^2 2)	Fehlerrisiko maximal
(c) Steuerpflichtige mit hohem "allgemeinen Informationsstand" 3)	+	68,2	1 %	T	3,0	10 %
(c1) Steuerpflichtige, die regelmässig eine Tageszeitung lesen	+	47,6	1 %	-	0,3	-
(c2) Steuerpflichtige, die regelmässig oder öfter eine Gewerkschaftszeitung lesen	+	50,7	1 %	-	2,4	-
(c3) Steuerpflichtige, die regelmässig oder öfter die Nachrichten hören	+	63,7	1 %	+	5,5	2 %
(c4) Steuerpflichtige, die regelmässig oder öfter politische Informationssendungen hören	+	81,8	1 %	-	2,0	-

1) 2) Vgl. Anmerkungen 1) und 2) in Tabelle 17 , S. 90.
3) Punktwertung mit Hilfe der auf S. 42 ff. beschriebenen Methode.
4) Vergleichsgrundlage: Übrige Gewerkschaftsmitglieder.

Quelle: Berechnungen auf der Grundlage von Tabelle 22

die Erwartungen hinsichtlich der Lohnsteuerüberzahlungen durch die Untersuchungsergebnisse nur zum Teil gestützt. Signifikante Unterschiede ergeben sich in dieser Frage nur zwischen Steuerpflichtigen, die sich im Hinblick auf die Häufigkeit unterscheiden, mit der sie sich im Rundfunk oder Fernsehen Nachrichtensendungen anhören. Bezüglich der übrigen Informationsquellen scheint ein solcher Zusammenhang nicht zu bestehen (Tabelle 23).

Dagegen kann die Hypothese, dass Lohnsteuerpflichtige mit einem hohen"allgemeinen Informationsstand" ihre Steuerersparnismöglichkeiten stärker in Anspruch nehmen und also weniger Lohnsteuerüberzahlungen leisten als die übrigen Steuerpflichtigen, tendenziell aufrechterhalten werden. Offenbar sind diejenigen Lohnsteuerpflichtigen dem Themenbereich gegenüber aufgeschlossener, die sich relativ häufig nicht nur durch e i n Informationsmedium über Belange öffentlichen Interesses informieren lassen.

3.1.3.4 Das persönliche Engagement in Lohnsteuerangelegenheiten als Einflussfaktor

3.1.3.4.1 Übersicht über die Ergebnisse

Zunächst wird der Frage nachgegangen, ob Steuerzahler, die bestimmte Informationsmittel über die Lohnsteuer benutzt haben oder solche besitzen, besser über die Lohnsteuer Bescheid wissen und ihre Steuerersparnismöglichkeiten entsprechend stärker in Anspruch nehmen als die übrigen Steuerpflichtigen (d1 bis d4).

Wie die Ergebnisse in Tabelle 24 zeigen, schneiden die Lohnsteuerpflichtigen, die sich durch gedruckte Materialien über das Spezialthema "Lohnsteuer" informieren, im Hinblick auf die Kenntnisse über die Lohnsteuer besser ab als die übrigen Befragten. Die Verteilung der Befragten auf die drei Gruppen unterschiedlichen Informationsstandes über die Lohnsteuer hängt jedoch im starken Masse von der jeweiligen Informationsquelle ab. Während die Befragten, die sich in Zeitungsartikeln oder im amtlichen Beratungsblatt über Steuerersparnismöglichkeiten informieren, nur zu 33 bzw. 27 Prozent gute Kenntnisse über die Lohnsteuer besitzen, sind Befragte, die ein Buch oder eine Broschüre zum Thema "Lohnsteuer" gelesen haben oder besitzen zu 49 bzw. 56 Prozent gut über die Lohnsteuer informiert. Einen niedrigen Informationsstand über die Lohnsteuer besitzen diese Befragtengruppen nur äusserst selten.

Darüber hinaus zeigt die Tabelle einen deutlichen Zusammenhang zwischen dem Überschreiten der Werbungskosten- und Sonderausgabenpauschale einerseits und dem Interesse, mit dem sich die Befragten bestimmten Informationsmaterialien über die Lohnsteuer zuwenden, andererseits. Hier dürfte die Wirkung aber vor allem von den Werbungskosten und Sonderausgaben ausgehen: erst wenn im grösseren Umfang steuerbegünstigte Aufwendungen vorliegen, interessieren sich die Steuerpflichtigen für fachbezogene Schriften zur Lohnsteuer.

Hinsichtlich der Steuerüberzahlungen schneiden diejenigen Befragten besser ab, die sich anhand der genannten Informationsquellen über die Lohnsteuer informieren. Aber auch hier ergeben sich Unterschiede im Hinblick auf die Art der benutzten Informationsmittel. Während sich Steuerpflichtige, die sich über Steuervergünstigungen in Zeitungsartikeln oder im amtlichen Beratungsblatt informieren,

Tabelle 24: Lohnsteuerüberzahlungen und Kenntnisse über die Lohnsteuer in Abhängigkeit von den Informationsgewohnheiten über die Lohnsteuer

Gruppierungsmerkmal	Anzahl der Befragten	(1)	(2)	(3)	(4)	(5)	(6)	(7)	(8)	(9)	(10)	(11)	(12)	(13)	(14)	(15)
		Informationsstand über die Lohnsteuer			Werbungskostenpauschale überschritten?		Sonderausgabenpauschale überschritten?		Freibetrag auf der Lohnsteuerkarte? a)		Antrag auf Lohnsteuer-Jahresausgleich gestellt?		Wieviel Lohnsteuer hätte zusätzlich gespart werden können? (Lohnsteuerüberzahlungen)			
															keine b)	
		hoch	mittel	niedrig	ja	nein	ja	nein	ja	nein	ja	nein	1 bis 100 DM	mehr als 100 DM	weil alles abgesetzt wurde	weil keine Absetzungsmöglichkeiten
		in Prozent der Zeilensumme														
Befragte insgesamt	610	19	46	35	30	70	87	13	25	72	68	32	23	8	61	8
1. Hat der Befragte Zeitungsartikel über die Lohnsteuer gelesen?																
Ja	309	33	53	14	37	63	91	9	33	66	71	29	22	7	67	4
Nein	290	4	39	57	22	78	82	18	17	78	64	36	21	11	54	14
2. Hat der Befragte ein Buch über die Lohnsteuer gelesen?																
Ja	182	49	48	3	43	57	94	6	38	61	75	25	17	6	74	3
Nein	424	7	45	48	24	76	83	17	20	76	65	35	25	9	55	11
3. Besitzt der Befragte ein Buch über die Lohnsteuer?																
Ja	128	56	41	3	38	62	88	12	37	62	66	34	16	7	69	8
Nein	480	10	47	43	28	72	86	14	22	75	68	32	24	9	58	9
4. Hat der Befragte das amtliche Merkblatt zur Lohnsteuer gelesen?																
Ja	386	27	54	19	33	67	90	10	31	67	70	30	22	8	64	6
Nein	204	6	30	64	23	77	81	19	13	81	63	37	21	10	56	13

a) b) Vgl. Anmerkungen a) und b) in Tabelle 13 , S. 80.

Quelle: Eigene Erhebung, Mai bis Juli 1971 ,
Fragen 43 ff. und 55 ff. im Fragebogen (Anhang)

in dieser Frage nur geringfügig von den übrigen Steuerpflichtigen unterscheiden, ergeben sich grössere Unterschiede zwischen den Steuerzahlern, die ein Buch oder eine Broschüre zum Thema "Lohnsteuer" gelesen haben oder ein solches besitzen, und den restlichen Steuerpflichtigen.

Im Hinblick auf das persönliche Engagement in Lohnsteuerangelegenheiten war ferner zu untersuchen, inwieweit Steuerpflichtige,

(d5) die viel Zeit bei der Bearbeitung des Lohnsteuer-Jahresausgleichs aufwenden

(d6) die den Antrag ohne fremde Hilfe bearbeiten

(d7) die für ihren Antrag Belege sammeln

(d8) die den Antrag persönlich beim Finanzamt einreichen oder

(d9) die bei unerwartet geringer Steuerrückerstattung Einspruch beim Finanzamt erheben würden,

hinsichtlich der Kenntnisse über die Lohnsteuer und der Inanspruchnahme ihrer Steuerersparnismöglichkeiten besser abschneiden als die übrigen Befragten.

Die Ergebnisse in Tabelle 25 zeigen, dass Befragte, die sich bei der Bearbeitung ihres Antrages auf Lohnsteuer-Jahresausgleich persönlich stärker engagieren, im allgemeinen auch grössere Kenntnisse über die Lohnsteuer besitzen. Dieser plausible Zusammenhang zwischen Kenntnissen einerseits und Engagement andererseits tritt besonders deutlich hinsichtlich der für die Antragsbearbeitung aufgewendeten Zeit zutage. Hier ergeben sich wechselseitige Beziehungen: einerseits führt der grössere Zeitaufwand für die Bearbeitung des Antrags auf Lohnsteuer-Jahresausgleich und das damit im Zusammenhang stehende

Tabelle 25: Lohnsteuerüberzahlungen und Informationsstand über die Lohnsteuer in Abhängigkeit von dem persönlichen Engagement bei der Ausarbeitung des Lohnsteuer-Jahresausgleichs

Gruppierungsmerkmal	Anzahl der Befragten	(1)	(2)	(3)	(4)	(5)	(6)	(7)	(8)	(9)	(10)	(11)	(12)	(13)	(14)	(15)
		Informationsstand über die Lohnsteuer			Werbungskostenpauschale überschritten?		Sonderausgabenpauschale überschritten?		Freibetrag auf der Lohnsteuerkarte? a)		Antrag auf Lohnsteuer-Jahresausgleich gestellt?		Wieviel Lohnsteuer hätte zusätzlich gespart werden können? (Lohnsteuerüberzahlungen)			
															keine b)	
		hoch	mittel	niedrig	ja	nein	ja	nein	ja	nein	ja	nein	1 bis 100 DM	mehr als 100 DM	weil alles abgesetzt wurde	weil keine Absetzungsmöglichkeiten
		in Prozent der Zeilensumme														
Befragte insgesamt	610	19	46	35	30	70	87	13	25	72	68	32	23	8	61	8
1. Zeitl. Aufwand für Lohnsteuer-Jahresausgleich:																
- unter 1 Stunde	212	14	50	36	28	72	93	7	15	80	100	0	22	4	71	3
- 1 - 3 Stunden	143	21	53	26	40	60	97	3	19	81	100	0	16	4	80	0
- mehr als 3 Stdn. c)	32	(38)	(53)	(9)	(50)	(50)	(97)	(3)	(19)	(75)	(100)	(0)	(13)	(6)	(78)	(3)
- weiß nicht, keine Angabe	25															
2. Wer hat bei der Antragstellung geholfen?																
- Steuerberater, Lohnsteuerverein, Gewerkschaft ...	79	21	57	22	39	61	96	4	19	76	100	0	19	5	75	1
- Verwandte, Bekannte	167	8	47	45	31	69	95	5	15	81	100	0	23	4	71	2
- niemand	166	31	50	19	39	61	96	4	18	80	100	0	17	5	76	2
3. Belege gesammelt?																
- Ja	314	22	54	24	37	63	98	2	19	79	100	0	20	4	75	1
- Nein	98	10	40	50	31	69	87	13	10	84	100	0	20	5	70	5
4. Persönliche Abgabe des Antrags im Finanzamt																
- Ja	164	29	50	21	35	65	93	7	21	77	100	0	19	3	77	1
- Nein	248	12	52	36	35	65	96	4	14	82	100	0	21	5	72	2
5. Einspruch bei unerwartet geringer Lohnsteuerrückzahlung?																
- Ja	247	25	52	23	34	66	96	4	19	79	100	0	18	4	76	2
- Nein	143	9	51	40	36	64	94	6	15	81	100	0	23	4	72	1
- keine Angabe ..	22															
6. Zum Vergleich: Befragte ohne Antrag auf Lohnsteuer-Jahresausgleich	198	19	35	46	19	81	69	31	41	56	0	100	29	16	32	23

a) b) Vgl. Anmerkungen a) und b) in Tabelle 13, S. 80.

c) Prozentangaben für Gruppen, die kleiner als 50 sind, werden in Klammern gesetzt, da auf dieser Basis vom statistischen Standpunkt eine Prozentuierung nicht gerechtfertigt ist. Die Zahlenangaben werden jedoch zur Veranschaulichung für notwendig gehalten.

Quelle: Eigene Erhebung, Mai bis Juli 1971.
Fragen 61 ff. und 55 ff. im Fragebogen (Anhang)

genauere Studium des Antragsformulars oder auch anderer Materialien zur Lohnsteuer dazu, dass Steuerpflichtige zusätzliche Kenntnisse über die Lohnsteuer erwerben; andererseits werden gute Kenntnisse über die Lohnsteuer dazu beitragen, dass sich Steuerpflichtige stärker darum bemühen, ihr Antragsformular möglichst exakt auszuarbeiten und durch Belege und schriftliche Erläuterungen zu ergänzen, so dass hierdurch eine längere Bearbeitungszeit entsteht; hierzu kommt, dass das häufigere Überschreiten der Sonderausgaben - und besonders der Werbungskostenpauschale diese Befragtengruppen dazu veranlasst, sich sowohl intensiver mit der Antragsbearbeitung zu beschäftigen als sich auch grössere Kenntnisse über die Lohnsteuer anzueignen.

Hinsichtlich der Steuerüberzahlungen zeigt sich, dass 20 Prozent der Steuerpflichtigen, die mehr als eine Stunde für die Bearbeitung ihres Antrages auf Lohnsteuer-Jahresausgleich aufgewendet haben, aber rund 26 Prozent der Befragten, die sich nur kurz damit beschäftigt haben, zusätzlich hätten Lohnsteuer sparen können.

Auch schneiden Steuerzahler, die sich bei Bearbeitung ihres Antrages auf Lohnsteuer-Jahresausgleich keiner fremden Hilfe bedienen, bezüglich ihrer Kenntnisse über die Lohnsteuer besser ab als die übrigen Befragten: Rund 31 Prozent dieser Befragtengruppe zeichnet sich durch einen hohen Informationsstand über die Lohnsteuer aus. Überdurchschnittlich gut über die Lohnsteuer informiert sind auch die Steuerpflichtigen, die sich bei der Bearbeitung ihres Antrages auf Lohnsteuer-Jahresausgleich durch Fachleute (Steuerberater, Lohnsteuervereine, Gewerkschaften) beraten lassen. Von diesen Befragten weisen rund 21 Prozent einen hohen Informationsstand über die Lohnsteuer auf. Dagegen sind Steuerpflichtige, die sich durch Verwandte oder Bekannte beim Jahresausgleich helfen lassen, nur sehr unzureichend mit der Lohnsteuer vertraut: nur 8 Prozent dieser Befragten besitzen einen hohen, aber 45 Prozent einen niedrigen Informationsstand über die Lohnsteuer.

Unterschiede zwischen diesen Gruppen ergeben sich auch hinsichtlich der Lohnsteuerüberzahlungen. 27 Prozent der Steuerzahler, denen bei ihrem Antrag auf Lohnsteuer-Jahresausgleich von Verwandten oder Bekannten geholfen wurde, und 24 Prozent der Steuerpflichtigen, die von Fachleuten beraten wurden, aber nur 22 Prozent der Befragten, die ihren Antrag ohne fremde Hilfe gestellt haben, hätten zusätzlich Lohnsteuer sparen können. Damit erweist sich aber, dass oft selbst bei Beratung durch einen Steuerfachmann die Absetzung einzelner steuerbegünstigter Aufwendungen unterlassen wird. Zwar kann der Steuerfachmann dazu beitragen, dass die routinemässig anfallenden Aufwendungen - wie z.B. Versicherungsbeiträge, Aufwendungen für Fahrten zwischen Wohnung und Arbeitsstätte oder Kosten für Arbeitskleidung - vorschriftsgemäss abgesetzt werden, so dass hierdurch grössere Steuerüberzahlungen verhindert werden, er bietet aber keine Gewähr dafür, dass neu hinzugekommene oder selten anfallende steuerbegünstigte Tatbestände - wie z.B. die als Sonderausgaben abzugsfähigen Kosten für eine hauswirtschaftliche Aus- und Weiterbildung oder der Umbau eines älteren Hauses[1] - abgesetzt werden. Die Beratung durch einen Steuerfachmann dürfte sich daher für Lohnsteuerpflichtige im allgemeinen nur lohnen, wenn sie entweder ausreichende Kenntnisse über die Lohnsteuer besitzen, um dem Fachmann konkrete Fragen zu bestimmten steuerbegünstigten Aufwendungen stellen zu können, oder

1) Vgl. oben ,S.67 ff. Die Geltendmachung dieses steuerbegünstigten Tatbestands führt zur Einkommensteuerveranlagung.

wenn nur routinemässig anfallende Aufwendungen vorliegen, der Steuerpflichtige sich aber nicht imstande fühlt, dies allein im Antragsformular auf Lohnsteuer-Jahresausgleich einzutragen.

Hinsichtlich der Lohnsteuerüberzahlungen in den übrigen Gruppen, die ein mehr oder weniger grosses persönliches Engagement bei der Bearbeitung des Antrages auf Lohnsteuer-Jahresausgleich zeigen, ergeben sich ähnliche Unterschiede. Sowohl die Steuerpflichtigen, die für ihren Jahresausgleichsantrag Belege gesammelt oder ihn persönlich im Finanzamt abgegeben haben, als auch diejenigen, die bei unerwartet geringer Lohnsteuerrückerstattung Einspruch gegen den Bescheid des Finanzamtes erheben würden, haben hinsichtlich der Geltendmachung ihrer steuerbegünstigten Aufwendungen besser abgeschnitten als die übrigen Befragten.

3.1.3.4.2 Zusammenfassung und Signifikanzprüfung hinsichtlich der betrachteten Merkmale

Die erwarteten Unterschiede zwischen Gruppen, die sich hinsichtlich ihres persönlichen Engagements in Lohnsteuerangelegenheiten unterscheiden, wurden darauf zurückgeführt, dass sich Steuerpflichtige, die an diesem Thema ein grösseres persönliches Interesse zeigen, in der schwierigen Materie "Lohnsteuer" besser zurechtfinden als die übrigen Steuerpflichtigen.

Die Hypothese, dass ein Zusammenhang zwischen den Kenntnissen über die Lohnsteuer und dem persönlichen Engagement in Sachen "Lohnsteuer" besteht, kann in allen untersuchten Punkten aufrechterhalten werden (Tabelle 26). Sowohl die Lohnsteuerpflichtigen, die sich durch schriftliche Materialien über das Spezialthema "Lohnsteuer" in-

Tabelle 26: **Schematische Übersicht zu den Ergebnissen in Abschnitt 3.1.3.4 und Signifikanzprüfung hinsichtlich der betrachteten Merkmale**

Hypothese: Es ist zu erwarten, dass hinsichtlich der Kenntnisse über die Lohnsteuer und hinsichtlich der Lohnsteuerüberzahlungen folgende Steuerpflichtige besser abschneiden als die übrigen:	Die Hypothese (+) kann aufrechterhalten werden (-) wird verworfen (T) kann tendenziell aufrechterhalten werden und zwar hinsichtlich des Untersuchungsmerkmals:					
	Informationsstand über die Lohnsteuer			Lohnsteuerüberzahlungen		
	(+) (-) (T)	χ^2 1)	Fehlerrisiko maximal	(+) (-) (T)	χ^2 2)	Fehlerrisiko maximal
(d1) Steuerpflichtige, die sich in Zeitungsartikeln über Steuervergünstigungen informieren	+	50,9	1 %	T	3,3	10 %
(d2) Steuerpflichtige, die sich in Büchern oder Broschüren über Steuervergünstigungen informieren	+	96,7	1 %	+	10,0	1 %
(d3) Steuerpflichtige, die derartige Bücher oder Broschüren besitzen	+	63,9	1 %	+	5,8	2 %
(d4) Steuerpflichtige, die sich durch das amtliche Merkblatt zur Lohnsteuer informieren	+	20,0	1 %	-	1,0	-
(d5) Steuerpflichtige, die für ihren Antrag auf Lohnsteuer-Jahresausgleich viel Zeit aufwenden (mehr als 1 Stunde)	+	16,0	1 %	+	8,5	1 %
(d6) Steuerpflichtige, die ihren Antrag auf Lohnsteuer-Jahresausgleich ohne fremde Hilfe stellen	+	34,1	1 %	+	13,0	1 %
(d7) Steuerpflichtige, die für ihren Antrag auf Lohnsteuer-Jahresausgleich Belege sammeln	+	36,8	1 %	+	28,9	1 %
(d8) Steuerpflichtige, die ihren Antrag auf Lohnsteuer-Jahresausgleich persönlich beim Finanzamt einreichen	+	25,6	1 %	+	15,9	1 %
(d9) Steuerpflichtige, die vielleicht gegen den Bescheid des Finanzamts Einspruch erheben würden	+	25,3	1 %	+	24,5	1 %

1) 2) Vgl. Anmerkungen 1) und 2) in Tabelle 17 , S. 90.

Quelle: Berechnungen auf der Grundlage der Tabellen 24 und 25.

mieren, als auch diejenigen, die sich bei der Vorbereitung und Bearbeitung ihres Lohnsteuer-Jahresausgleichs persönlich engagieren, zeigen sich dem Themenbereich gegenüber aufgeschlossener als die übrigen Steuerpflichtigen.

Auch hinsichtlich der Ausnutzung ihrer Steuerersparnismöglichkeiten heben sich diese Steuerpflichtigen von den weniger engagierten Steuerpflichtigen ab. Steuerzahler, die bei der Bearbeitung ihres Antrages auf Lohnsteuer-Jahresausgleich ein besonderes persönliches Engagement zeigen, indem sie z.B. für ihren Antrag Belege sammeln oder das Antragsformular persönlich im Finanzamt einreichen, leisten in allen untersuchten Punkten signifikant seltener Lohnsteuerüberzahlungen als die übrigen Steuerpflichtigen. Auch wird die Hypothese gestützt, dass Steuerzahler, die sich in Büchern oder Broschüren über Steuerersparnismöglichkeiten informieren oder solche Bücher besitzen, hinsichtlich der Ausnutzung ihrer steuerlichen Absetzungsmöglichkeiten besser abschneiden als die übrigen Steuerzahler. Dagegen sind die hypothetisch angesetzten Unterschiede zwischen Steuerpflichtigen, die sich im amtlichen Beratungsblatt über die Lohnsteuer informieren, und den übrigen Steuerzahlern statistisch nicht gesichert. Tendenziell kann allerdings die Hypothese aufrechterhalten werden, dass Steuerzahler, die sich in Zeitungsartikeln über Steuervergünstigungen informieren, hinsichtlich der Ausnutzung von Steuervorteilen besser abschneiden als die übrigen Steuerzahler.

3.1.3.5 Soziale Orientierungen als Einflussfaktor

3.1.3.5.1 Übersicht über die Ergebnisse

Es ist zu untersuchen, inwieweit bestimmte soziale Orientierungen der Steuerpflichtigen Einfluss auf die Untersuchungsvariablen ausüben.

Im einzelnen soll geprüft werden, ob Zusammenhänge zwischen den Einstellungen

(e1) zum Staat
(e2) zum Wort "Steuer"
(e3) zur Höhe der eigenen Steuerzahlung
(e4) zum Finanzbeamten und
(e5) zum Ausfüllen des Antragsformulars

einerseits und dem Informationsstand über die Lohnsteuer sowie der Inanspruchnahme steuerlicher Vergünstigungen andererseits bestehen.

Dabei wird von der Arbeitshypothese ausgegangen, dass das Verhalten der Steuerpflichtigen in Sachen "Lohnsteuer" nicht nur von bestimmten sozialstatistischen und sozialökonomischen Daten abhängig ist, sondern dass dieses Verhalten nicht zuletzt von den Erfahrungen geprägt wird, die die Steuerpflichtigen mit dem Staat und besonders der Steuerverwaltung gemacht haben. Zwar ist der Staat für den einzelnen Steuerpflichtigen nicht sichtbar, sondern - wie SCHMÖLDERS schreibt - "eine gedachte Einheit", jedoch manifestiert sich diese 'Idee' des Staates in einer Reihe von konkreten sozialen Erscheinungen, die dem einzelnen Bürger einen Erlebnisinhalt vermitteln.[1] Um die Einstellung der Lohnsteuerpflichtigen

1) Vgl. SCHMÖLDERS, G.: Das Irrationale in der öffentlichen Finanzwirtschaft (Rowohlts Deutsche Enzyklopädie, Bd. 100), Hamburg 1962, S. 39

zum 'Staat als Komplex dieser sozialen Erscheinungen'[1) zu operationalisieren, wurde die Frage gestellt.[2)

> "Jeder hat ja eine andere Einstellung zum Staat. - Hier ist ein Thermometer aufgezeichnet: Unter 0 Grad bedeutet ein kühles Verhältnis zum Staat, das bis zu - 20 Grad gehen kann. Über 0 Grad bedeutet Zuneigung zum Staat, die bis zu + 20 Grad gehen kann. Unter dem Thermometer haben wir einige Gruppen aufgeschrieben. Können Sie bitte sagen, welche Gruppe dem Grad Ihrer Zuneigung bzw. Abneigung zum Staat entspricht. Nennen Sie bitte einfach den Buchstaben!"

Bei aller Zurückhaltung in der Beurteilung dieser Fragestellung ergeben sich doch Aufschlüsse sowohl hinsichtlich der Kenntnisse über die Lohnsteuer als auch hinsichtlich der Inanspruchnahme steuerlicher Vergünstigungen. Steuerpflichtige, die eine positive Einstellung zum Staat haben (Plusgrade), zeigen sich mit der Lohnsteuer besser vertraut als solche mit einer neutralen Einstellung (Null Grad), und diese wiederum besser als Steuerpflichtige mit einer ablehnenden Haltung zum Staat (Minusgrade). Diese Tendenz ergibt sich, obwohl sich die jeweiligen Befragtengruppen im Hinblick auf das Überschreiten der Werbungskosten- und Sonderausgabenpauschale nicht wesentlich voneinander unterscheiden (Tabelle 27), so dass anzunehmen ist, dass eine negative Einstellung zum Staat mit dem Desinteresse am Thema "Lohnsteuer" und dem Unvermögen zur Abwicklung der steuerlichen Angelegenheiten in engem Zusammenhang steht.

---

1) Hiervon ist die Einstellung zum 'Staat als Idee' zu trennen. Vgl. SCHMÖLDERS, G.: Das Irrationale ..., a.a.O., S. 39.

2) Den Befragten wurde eine Liste übergeben. Vgl. Frage 34 im Fragebogen (Anhang). Zum Wortlaut der Frage vgl.: BEICHELT, B., BIERVERT, B., DAVITER,J., SCHMÖLDERS, G. und STRÜMPEL, B.: a.a.O., S. 40, S. 88, S. 105.

Tabelle 27: Lohnsteuerüberzahlungen und Informationsstand über die Lohnsteuer in Abhängigkeit von bestimmten sozialen Orientierungen der befragten Lohnsteuerpflichtigen

Gruppierungsmerkmal	Anzahl der Befragten	(1)	(2)	(3)	(4)	(5)	(6)	(7)	(8)	(9)	(10)	(11)	(12)	(13)	(14)	(15)
		Informationsstand über die Lohnsteuer			Werbungskostenpauschale überschritten?		Sonderausgabenpauschale überschritten?		Freibetrag auf der Lohnsteuerkarte? a)		Antrag auf Lohnsteuer-Jahresausgleich gestellt?		Wieviel Lohnsteuer hätte zusätzlich gespart werden können? (Lohnsteuerüberzahlungen)			
															keine b)	
		hoch	mittel	niedrig	ja	nein	ja	nein	ja	nein	ja	nein	1 bis 100 DM	mehr als 100 DM	weil alles abgesetzt wurde	weil keine Absetzungsmöglichkeiten
		in Prozent der Zeilensumme														
Befragte insgesamt	610	19	46	35	30	70	87	13	25	72	68	32	23	8	61	8
1. Einstellung zum Staat																
positiv..........	291	27	48	25	33	67	89	11	31	66	66	34	20	8	64	8
weder positiv noch negativ.....	132	17	43	40	26	74	86	14	19	79	76	24	20	6	66	8
negativ..........	150	9	44	47	32	68	82	18	23	73	61	39	32	9	50	9
keine Angabe.....	37															
2. Semantischer Gehalt des Wortes "Steuer"																
Wegnehmen........	80	9	41	50	24	76	86	14	20	72	66	34	29	8	54	9
Abgeben..........	224	13	46	41	25	75	87	13	22	76	68	32	20	12	59	9
Beitragen........	286	28	47	25	36	64	87	13	28	70	67	33	22	5	64	9
weiss nicht,keine Angabe...........	20															
3. Gerechtigkeit der eigenen Steuerzahlung																
im grossen und ganzen gerecht...	164	24	45	31	30	70	86	14	30	68	64	36	25	5	60	10
im grossen und ganzen ungerecht	422	18	46	36	29	71	87	13	23	74	69	31	22	10	61	7
weiss nicht,keine Angabe...........	24															
4. Einstellung zum Finanzbeamten																
...da bekommt man Ratschläge.......	79	19	52	29	28	72	91	9	26	70	71	29	18	5	68	9
...da geht man am besten hin, dann kann man mit denen persönlich reden	194	27	42	31	31	69	88	12	25	73	73	27	23	11	61	5
...unsereinem können die alles weismachen.......	58	10	33	57	29	71	86	14	21	72	60	40	29	10	52	9
...da kann einem schon angst und bange werden c)	27	(19)	(44)	(37)	(37)	(63)	(85)	(15)	(26)	(59)	(56)	(44)	(29)	(19)	(41)	(11)
...normale Menschen, die einen bestimmten Beruf ausüben..........	364	19	49	32	29	71	87	13	25	74	66	34	21	8	63	8
5. Einstellung zum Ausfüllen des Antrages																
macht Spass, mache ich gern...	147	22	58	20	33	67	95	5	16	82	100	0	20	1	77	2
mache ich weder gern noch ungern	112	16	54	28	37	63	92	8	21	76	100	0	20	5	72	3
hasse ich, mache ich ungern.......	120	16	42	42	36	64	97	3	12	82	100	0	21	9	69	1
weiss nicht,keine Angabe...........	33															

a)b) Vgl. Anmerkungen a) und b) in Tabelle 13 , S.80.

c) Prozentangaben für Gruppen, die kleiner als 50 sind, werden in Klammern gesetzt, da auf dieser Basis vom statistischen Standpunkt eine Prozentuierung nicht gerechtfertigt ist. Die Zahlenangaben werden jedoch zur Veranschaulichung für notwendig gehalten.

Quelle: Eigene Erhebung,Mai bis Juli 1971
Fragen 34 ff., 55 ff.,61 und 64 im Fragebogen (Anhang)

Neben der Einstellung zum Staat gibt es eine spezielle Einstellung zur Besteuerung, aus der weitere Hinweise für die Erklärung des steuerlichen Verhaltens zu erwarten sind. Um zu ermitteln, welche Vorstellungen bereits das Wort "Steuer" bei den Lohnsteuerpflichtigen hervorruft, wurde ihnen folgende Frage gestellt:[1)]

> "In der Sprache anderer Länder hat das Wort 'Steuer' teilweise folgende Bedeutung: 'Mir wird etwas weggenommen', 'ich trage etwas bei', 'ich muss etwas abgeben'. Welcher dieser drei Bedeutungen würden Sie Ihre Zustimmung geben?"

Dabei wird davon ausgegangen, dass "abgeben" ein verhältnismässig neutrales Wort ist, während "beitragen" und "wegnehmen" eher affektbezogene Worte sind, die eine positive bzw. negative Einstellung zur Besteuerung zum Ausdruck bringen.[2)] Wie die Angaben in Tabelle 27 zeigen, messen die meisten der befragten Lohnsteuerpflichtigen (47 Prozent) der Besteuerung eine positive Bedeutung zu, während sich rund 37 Prozent der neutralen, aber nur 13 Prozent der negativen Variante des Wortes "Steuer" anschliessen. Hinsichtlich der beiden Untersuchungsvariablen ergibt sich die eindeutige Tendenz, dass die Steuerpflichtigen mit zunehmend positiver Einstellung zum Wort "Steuer" sowohl grössere Kenntnisse über die Lohnsteuer besitzen als auch Steuerersparnismöglichkeiten stärker in Anspruch nehmen. 37 Prozent der Steuerpflichtigen, die den Zwangscharakter der Besteuerung unterstreichen, indem sie das Wort "Steuer" mit dem Verb "wegnehmen" assoziieren, haben zuviel Lohnsteuer an den Fiskus abgeführt; dagegen haben nur 32 Prozent der Befragten, die die Besteuerung mit dem Wort "abgeben" in Zusammenhang bringen und nur 27 Prozent der Befragten,

1) Vgl. Frage 35 im Fragebogen (Anhang). Zum Wortlaut der Frage vgl. SCHMÖLDERS, G.: Das Irrationale ..., a.a.O., S. 73.
2) Vgl. SCHMÖLDERS, G.: Das Irrationale ..., a.a.O., S.73.

die den Beitragscharakter des Wortes "Steuer" unterstreichen, Lohnsteuerüberzahlungen geleistet.

Wie andere Untersuchungen[1] gezeigt haben, wird die Einstellung zur Besteuerung wesentlich durch die "Berufsorientierung" beeinflusst. Materiell orientierte Steuerpflichtige unterstreichen eher den Zwangscharakter der Besteuerung, während immateriell orientierte mehr den Beitragscharakter der Steuer betonen; dem Bemühen materiell orientierter Steuerzahler, ein hohes Einkommen zu erzielen bzw. den erreichten Status zu sichern, steht der Tatbestand des Steuerzahlens, der zu einer Beeinträchtigung ihrer ökonomischen Interessen führt, entgegen.[2]

Dieser Zusammenhang steht im Widerspruch zu den hier vorgelegten Ergebnissen, die sich - im Gegensatz zu den anderen Untersuchungen, in denen auch Gewerbetreibende, Unternehmer und freiberuflich Tätige berücksichtigt wurden - nur auf lohnsteuerpflichtige Arbeitnehmer beziehen. Die hier vorgelegten Ergebnisse lassen vielmehr den Schluss zu, dass eine negative Einstellung zur Steuer Ausfluss einer gewissen Resignation ist: Steuerpflichtige, die die Besteuerung (und auch den Staat, der den Anspruch auf die Steuereinnahme erhebt) eher negativ apostrophieren, finden sich in den Regelungen der Lohnsteuer weniger gut zurecht und haben daher Schwierigkeiten in der Abwicklung ihrer steuerlichen Angelegenheiten. Wenn solche Barrieren entfallen, die Steuerpflichtigen also mit der Lohnsteuer besser vertraut sind, spielt sich auch eine positivere Einstellung zur Besteuerung ein.

1) Vgl. BEICHELT, B., BIERVERT, B., DAVITER, J., SCHMÖLDERS, G. und STRÜMPEL, B.: a.a.O., S. 41 ff,S.90

2) Als "einkommensorientiert" werden Personen bezeichnet, die die Erzielung eines hohen Einkommens als wichtigstes Ziel der Berufsausübung bezeichnen, als "immateriell" orientierte Personen, die kein mit dem Einkommen zusammenhängendes Berufsmotiv nennen. Vgl. BEICHELT, B., BIERVERT, B., DAVITER, J., SCHMÖLDERS,G., STRÜMPEL, B.: a.a.O., S. 41.

Ebenso wie aus der eher generellen "Einstellung zur Steuer" kann möglicherweise das Verhalten der Steuerpflichtigen auf ihr "subjektives Belastungsgefühl"[1)] - das von der sich aus den Steuergesetzen ergebenden objektiven Belastung zu trennen ist - zurückgeführt werden. Daher wurden die Steuerpflichtigen gefragt:[2)]

> "Wenn Sie einmal die von Ihnen gezahlte Lohnsteuer betrachten und mit Ihrem Einkommen vergleichen, würden Sie sagen, dass die Höhe Ihrer Steuerzahlung im grossen und ganzen gerecht oder ungerecht ist?"

Diese Frage beschränkt sich auf das Belastungsgefühl durch die Lohnsteuer, da davon auszugehen ist, dass die übrigen Steuern von den meisten Steuerpflichtigen nicht im selben Masse wie die Lohnsteuer wahrgenommen werden.[3)] Wie die Ergebnisse in Tabelle 27 zeigen, halten die meisten Befragten (69 Prozent) ihre eigene Lohnsteuerzahlung in Relation zu ihrem Einkommen für im "grossen und ganzen ungerecht". Aber im Gegensatz zu den vorstehenden Ergebnissen führt diese eher negative Einstellung zur eigenen Steuerzahlung nicht zu einer entsprechenden Unkenntnis in Lohnsteuerangelegenheiten. Zwar zeigen sich auch hier die erwarteten Unterschiede, jedoch sind diese nicht so gross wie zwischen den Gruppen, die sich hinsichtlich ihrer Einstellung zum Staat und zum Wort "Steuer" unterscheiden. Bei den Lohnsteuerüberzahlungen fällt allerdings auf, dass grössere Steuerüberzahlungen vor allem von solchen Steuerpflichtigen geleistet wurden, die die "Ungerechtigkeit" ihrer eigenen Steuerzahlung unterstreichen.

---

1) SCHMÖLDERS, G.: Das Irrationale..., a.a.O., S. 80.

2) Vgl. Frage 37 im Fragebogen (Anhang).

3) Vgl. SCHMÖLDERS, G.: Das Irrationale ..., a.a.O., S. 80 ff.

Um zu testen, welche Einstellungen die befragten Steuerzahler zum Finanzbeamten haben und wie sich diese Einstellungen auf die Untersuchungsergebnisse auswirken, wurden ihnen einige Statements vorgelegt. Sie wurden gefragt:[1)]

"Einige Leute unterhalten sich und kommen dabei auf die Beamten im Finanzamt zu sprechen.
Wir haben einige der in diesem Gespräch geäusserten Meinungen aufgeschrieben.
Welcher Meinung über Finanzbeamte würden Sie Ihre Zustimmung geben? Sie brauchen nur den Buchstaben zu nennen! (Es wurde eine Liste übergeben.)

a) ... da bekommt man Ratschläge, wie man noch zusätzlich Steuern sparen kann ...

b) ... da geht man am besten hin, dann kann man mit denen persönlich reden und weiss, woran man ist ...

c) ... unsereinem können die alles weismachen ...

d) ... wenn man dahin kommt, dann kann einem schon angst und bange werden ...

e) ... das sind für mich ganz normale Menschen, die einen bestimmten Beruf ausüben ..."

Dabei wird davon ausgegangen, dass die Antwort a) eine eher positive, die Antworten b) und e) eine neutrale und die Antworten c) und d) eine negative Einstellung zum Finanzbeamten zum Ausdruck bringen. Wie Tabelle 27 zeigt, nehmen die weitaus meisten befragten Steuerpflichtigen eine neutrale Einstellung zum Finanzbeamten ein. Nur 4 Prozent der Befragten stimmen dem Statement "... da kann einem schon angst und bange werden ..." zu und 10 Prozent der Befragten kommen zu der eher resignierenden Feststellung "... unsereinem können die alles weismachen ...". Einen positiven Eindruck hinterlassen die

---

1) Vgl. Frage 64 im Fragebogen (Anhang).

Finanzbeamten bei rund 13 Prozent der Lohnsteuerpflichtigen.[1] Der "Bummelstreik" der Finanzbeamten im Frühjahr 1971 hat damit das Bild des Steuerbeamten in der Meinung der Lohnsteuerpflichtigen wahrscheinlich nicht beeinträchtigt, vielleicht sogar verstärkt zu der Meinung beigetragen, dass dies "... normale Menschen sind, die einen bestimmten Beruf ausüben ...".

Im Hinblick auf die Untersuchungsvariablen zeigt sich, dass Steuerpflichtige, die den Finanzbeamten gegenüber negativ eingestellt sind, geringere Kenntnisse über die Lohnsteuer besitzen und ihre Steuerersparnismöglichkeiten seltener in Anspruch nehmen als die übrigen Befragten. Steuerpflichtige, die eine positive Einstellung zum Finanzbeamten haben, schneiden hinsichtlich der Steuerüberzahlungen überdurchschnittlich gut ab, wohingegen sich für die Steuerpflichtigen, deren Einstellung zum Finanzbeamten als "neutral" bezeichnet werden kann, nur ein durchschnittliches Abschneiden ergibt.

Mehr noch als die Einstellungen zum Staat, zur Besteuerung und zu den Finanzbeamten können u.U. spezielle Einstellungen zum Ausfüllen des Antrags auf Lohnsteuer-Jahresausgleich Rückschlüsse auf die Untersuchungsthematik zulassen. Die Lohnsteuerpflichtigen wurden gefragt:[2]

---

1) Da bei dieser Frage Doppelnennungen möglich waren, beträgt die Summe der angekreuzten Statements mehr als 610. Eine gesonderte Auswertung zeigt, dass 13 Prozent der Befragten der Antwort a (positive Einstellung), 74 Prozent den Antworten b oder e (neutrale Haltung) und 13 Prozent den Antworten c oder d (negative Einstellung) zugestimmt haben. Darüber hinaus zeigt sich, dass 41 Prozent der Befragten, die dem Finanzbeamten gegenüber negativ eingestellt sind, im Jahre 1970 keinen Antrag auf Lohnsteuer-Jahresausgleich gestellt haben. Von den Befragten, die ihren Antrag persönlich im Finanzamt eingereicht haben, sind 14 Prozent (Durchschnitt: 13 Prozent) dem Finanzbeamten gegenüber negativ eingestellt. Diese Ergebnisse sind tabellarisch nicht festgehalten worden, da die Untergruppen wegen des relativ kleinen Stichprobenumfangs nicht gross genug sind.

2) Vgl. Frage 61 h im Fragebogen (Anhang).

"Welcher der folgenden Empfindungen zum Ausfüllen des Antrages auf Lohnsteuer-Jahresausgleich würden Sie am ehesten Ihre Zustimmung geben?

a) macht mir Spass

b) fülle ich einigermassen gern aus

c) mache ich weder gern noch ungern

d) fülle ich ungern aus

e) ich hasse das Ausfüllen."

Wie die Ergebnisse in Tabelle 27 zeigen, verteilen sich die Antworten relativ gleichmässig auf die drei Gruppen a und b (positive Einstellung), c (neutrale Einstellung) sowie d und e (negative Einstellung).[1] In bezug auf die Kenntnisse über die Lohnsteuer sowie die Ausnutzung von Steuerersparnismöglichkeiten schneiden diejenigen Befragten besser ab, die der Bearbeitung des Antrages auf Lohnsteuer-Jahresausgleich aufgeschlossener gegenüberstehen. Dieser Zusammenhang ist ein Hinweis darauf, dass Steuerüberzahlungen häufig dadurch entstehen, dass sich die Lohnsteuerpflichtigen nicht in der Lage fühlen, ihren Jahresausgleichsantrag richtig auszufüllen. In der mangelnden Übung in schreibtechnischen Dingen kann daher eine Hauptursache der häufigen Lohnsteuerüberzahlungen gesehen werden. Dieses Ergebnis stimmt mit den vorstehenden Überlegungen überein, in denen auf den Zusammenhang zwischen der beruflichen Tätigkeit und der Vertrautheit mit Lohnsteuerangelegenheiten hingewiesen wurde.

---

1) Antwort a wurde von 48, Antwort b von 99, Antwort c von 112, Antwort d von 81 und Antwort e von 39 Lohnsteuerpflichtigen zugestimmt. In Tabelle 27 sind a und b sowie d und e wegen der Gruppengrössen zusammengefasst worden. 198 Lohnsteuerpflichtige haben keinen Antrag auf Lohnsteuer-Jahresausgleich gestellt. 33 Befragte machten zu dieser Frage keine Angaben.

3.1.3.5.2 Zusammenfassung und Signifikanzprüfung hinsichtlich der betrachteten Merkmale

Die erwarteten Unterschiede zwischen Gruppen, die sich hinsichtlich bestimmter sozialer Orientierungen voneinander unterscheiden, wurden darauf zurückgeführt, dass sich aus einer mehr oder weniger positiven Einstellung zum Staat, zu seinen Behörden und zur Besteuerung Auswirkungen auf das Steuerverhalten der Lohnsteuerpflichtigen ergeben können.

Dabei wurde vom Allgemeinen zum Besonderen vorangeschritten: Zunächst wurde das Verhalten der Steuerpflichtigen untersucht, die sich hinsichtlich ihrer Einstellung zum Staat ("als Komplex sozialer Erscheinungen") unterscheiden; sodann wurde geprüft, inwieweit Zusammenhänge zwischen dem Steuerverhalten und bestimmten Einstellungen zur Besteuerung bestehen; schliesslich wurde die Frage erörtert, ob das steuerliche Verhalten durch spezielle Einstellungen zum Finanzbeamten sowie Einstellungen zur Abwicklung der Arbeiten am Lohnsteuer-Jahresausgleichsantrag beeinflusst wird.

Es zeigt sich, dass die Erwartungen durch die Untersuchungsergebnisse weitgehend gestützt werden (Tabelle 28). Lohnsteuerpflichtige, deren Antworten auf positive Einstellungen zum Staat, zur Besteuerung, zum Finanzbeamten oder zum Ausfüllen des Antragsformulars schliessen lassen, unterscheiden sich im Hinblick auf ihre Kenntnisse über die Lohnsteuer sowie die Geltendmachung ihrer steuerlichen Absetzungsmöglichkeiten signifikant von den Steuerpflichtigen, die eine eher negative Einstellung dazu haben. Lediglich die augenscheinlichen Differenzen, die sich bezüglich der Einstellung zur Höhe der eigenen Lohnsteuerzahlung ergaben, sind statistisch nicht gesichert.

Tabelle 28: Schematische Übersicht zu den Ergebnissen in Abschnitt 3.1.3.5 und Signifikanzprüfung hinsichtlich der betrachteten Merkmale

Hypothese: Es ist zu erwarten, dass hinsichtlich der Kenntnisse über die Lohnsteuer und hinsichtlich der Lohnsteuerüberzahlungen folgende Steuerpflichtige besser abschneiden als die übrigen:	Die Hypothese (+) kann aufrechterhalten werden (-) wird verworfen, und zwar hinsichtlich des Untersuchungsmerkmals					
	Informationsstand über die Lohnsteuer			Lohnsteuerüberzahlungen		
	(+) (-)	χ^2 1)	Fehlerrisiko maximal	(+) (-)	χ^2 2)	Fehlerrisiko maximal
(e1) Steuerpflichtige, die eine positive oder neutrale Einstellung zum Staat haben	+	20,4	1 %	+	10,1	1 %
(e2) Steuerpflichtige, die eine positive Einstellung zum Wort "Steuer" haben ("beitragen")	+	36,0	1 %	+	4,1	5 %
(e3) Steuerpflichtige, die ihre eigene Lohnsteuerzahlung für im grossen und ganzen gerecht halten	-	4,2	-	-	0,0	-
(e4) Steuerpflichtige, die keine negative Einstellung zum Finanzbeamten haben 3)	+	10,9	1 %	+	7,2	1 %
(e5) Steuerpflichtige, die ihren Antrag auf Lohnsteuer-Jahresausgleich gern bearbeiten 4)	+	20,2	1 %	+	13,5	1 %

1) 2) Vgl. Anmerkungen 1) und 2) in Tabelle 17 , S. 90.
3) Antworten a, b und e, vgl. oben, S. 130.
4) Antworten a und b, vgl. oben, S. 132.

Quelle: Berechnungen auf der Grundlage von Tabelle 27

Offenbar bestehen hier Wechselwirkungen: Zum einen dürften die untersuchten Variablen untereinander in Zusammenhang stehen; so werden Steuerpflichtige, die dem Staat und der Besteuerung gegenüber positiv eingestellt sind, eher als andere dazu neigen, auch dem Finanzbeamten gegenüber eine bejahende Haltung einzunehmen, denn in der Person des Finanzbeamten tritt der Staat für den einzelnen Steuerpflichtigen konkret in Erscheinung. Zum anderen können gute Kenntnisse über die Lohnsteuer sowie die weitgehende Ausschöpfung von Steuerersparnismöglichkeiten dazu führen, dass der Steuerpflichtige dem Staat, seinen Massnahmen und seinen Behörden gegenüber aufgeschlossener ist. Drittens ist denkbar, dass sich aus einer negativen Einstellung zum Staat und zur Steuer bei den Steuerpflichtigen Barrieren der Trägheit und Unkenntnis ergeben, die z.B. mit einer gewissen Resignation vor der Übermacht des Staates und seiner Finanzverwaltung verbunden sein können.

Diese Überlegungen stehen im Einklang mit Ergebnissen der Psychologie, in denen nachgewiesen wird, dass zwischen den Kenntnissen über einen Gegenstand und der Einstellung zu diesem Zusammenhänge in dem Sinne bestehen, dass grössere Kenntnisse eine positivere Einstellung bewirken.[1] Andererseits werden positive Einstellungen Lernmotivationen auslösen, die ihrerseits wieder zu grösseren Kenntnissen und einem adäquaten Verhalten führen.

---

1) Vgl. IRLE, M.: Eine Analayse von Beziehungen von verwandten Einstellungen und Kenntnissen über den Gegenstand der Einstellung, in: Zeitschrift für experimentelle und angewandte Psychologie, 1960, S. 547 ff., zit. nach BEICHELT, B., BIERVERT, B., DAVITER. J., SCHMÖLDERS, G. und STRÜMPEL, B.: a.a.O., S. 88.

3.1.3.6 Die Zusammenhänge zwischen den Kenntnissen über die Lohnsteuer und den Steuerüberzahlungen

Bei der vorstehenden Analyse der Lohnsteuerüberzahlungen wurde stillschweigend unterstellt, dass die Kenntnisse über die Lohnsteuer mit den Steuerüberzahlungen in engem Zusammenhang stehen. Eine höherer Informationsstand über die Lohnsteuer lässt ein "entsprechendes" Verhalten hinsichtlich der Ausnutzung steuerlicher Absetzungsmöglichkeiten erwarten.

Um diese Arbeitshypothese und gleichzeitig ihre Operationalisierung - d.h. die Eignung des oben erläuterten Punktwertungssystems, das zur Messung des Informationsstandes herangezogen wurde[1] - überprüfen zu können, wird in Tabelle 29 der Informationsstand über die Lohnsteuer den übrigen Untersuchungsvariablen gegenübergestellt. - Dabei zeigt sich, dass die Erwartungen voll bestätigt werden: Nur 20 Prozent der befragten Steuerpflichtigen, die einen hohen Informationsstand über die Lohnsteuer aufweisen, hätten zusätzlich Lohnsteuer sparen können, während 30 Prozent der Befragten mit einem mittleren, aber 38 Prozent der Befragten mit einem niedrigen Informationsstand solche Steuerüberzahlungen geleistet haben. Diese hochsignifikanten Unterschiede (die Irrtumswahrscheinlichkeit beträgt weniger als 1 %) sind zum Teil darauf zurückzuführen, dass Steuerpflichtige mit guten Kenntnissen über die Lohnsteuer häufiger als die übrigen Steuerzahler erhöhte Werbungskosten und Sonderausgaben geltend machen können (Spalten 4 und 6 der Tabelle), so dass es für sie besonders lohnend ist, sich grössere Kenntnisse über die Lohnsteuer anzueignen.

Es zeigt sich aber auch, dass selbst Steuerpflichtige, die aufgrund der hier eingeführten Bewertungsmethode einen hohen Informationsstand über die Lohnsteuer erreichten, ihre

---
1) Vgl. oben, S. 44 ff.

Tabelle 29: Lohnsteuerüberzahlungen in Abhängigkeit von den Kenntnissen über die Lohnsteuer

Gruppierungsmerkmal	Anzahl der Befragten	(1)	(2)	(3)	(4)	(5)	(6)	(7)	(8)	(9)	(10)	(11)	(12)	(13)	(14)	(15)
		Informationsstand über die Lohnsteuer			Werbungskostenpauschale überschritten?		Sonderausgabenpauschale überschritten?		Freibetrag auf der Lohnsteuerkarte? a)		Antrag auf Lohnsteuer-Jahresausgleich gestellt?		Wieviel Lohnsteuer hätte zusätzlich gespart werden können? (Lohnsteuerüberzahlungen)			
															keine b)	
		hoch	mittel	niedrig	ja	nein	ja	nein	ja	nein	ja	nein	1 bis 100 DM	mehr als 100 DM	weil alles abgesetzt wurde	weil keine Absetzungsmöglichkeiten
		in Prozent der Zeilensumme														
Befragte insgesamt	610	19	46	35	30	70	87	13	25	72	68	32	23	8	61	8
Informationsstand über die Lohnsteuer:																
hoch	117	100	-	-	44	56	92	8	37	62	68	32	15	5	76	4
mittel	280	-	100	-	33	67	91	9	29	69	75	25	24	6	66	4
niedrig	213	-	-	100	18	82	77	23	13	82	58	42	26	12	45	17

a) b) Vgl. Anmerkungen a) und b) in Tabelle 13, S. 80.

Quelle: Eigene Erhebung, Mai bis Juli 1971,
Fragen 55 ff. im Fragebogen (Anhang)

Steuerersparnismöglichkeiten nicht immer bestmöglich ausgenutzt haben. Dies kann auf mehrere Punkte zurückgeführt werden: zum einen darauf, dass auch Steuerpflichtige mit guten Lohnsteuerkenntnissen die Absetzung steuerbegünstigter Aufwendungen vergessen können, vor allem dann, wenn diese unregelmässig oder erstmals anfallen; zum anderen darauf, dass auch bei diesen Steuerzahlern Trägheitsbarrieren auftreten, die z.B. darin bestehen, dass sie am Schluss des Jahres - wenn sie sich schon zu Beginn oder während des Jahres einen Freibetrag auf ihrer Steuerkarte hatten eintragen lassen- die zusätzliche Arbeit scheuen, einen Lohnsteuer-Jahresausgleich zu beantragen; drittens darauf, dass die Wertmessziffer "Informationsstand über die Lohnsteuer" nur eine beschränkte Aussagefähigkeit besitzt, weil Kenntnisse über einen Gegenstand, der so komplex ist wie die Lohnsteuer, immer nur unvollständig gemessen werden können.

Trotz dieser Einschränkung hat sich die Einführung des Index als brauchbar erwiesen. Steuerpflichtige, deren Indexwert auf gute Kenntnisse über die Lohnsteuer hinweist, haben ihre Steuerersparnismöglichkeiten stärker in Anspruch genommen als die übrigen Befragten. Grössere Steuerüberzahlungen lagen vor allem bei den Steuerpflichtigen vor, die nur geringe Kenntnisse über die Lohnsteuer besitzen. Zudem zeigen die vorstehenden Tabellen[1], in denen die Steuerüberzahlungen in Abhängigkeit bestimmter sozialer Fakten und sozialer Orientierungen dargestellt wurden, das sich dort ein entsprechender Zusammenhang ergibt: signifikante Unterschiede zwischen Gruppen, die sich hinsichtlich dieser Merkmale voneinander unterscheiden, konnten nur dann nachgewiesen werden, wenn auch grosse Unterschiede bezüglich der Steuerkenntnisse vorlagen.

3.2 Die Inanspruchnahme vermögenspolitischer Vergünstigungen durch die Lohnsteuerpflichtigen

Bei der vorliegenden Untersuchung geht es in erster Linie um die Inanspruchnahme steuerlicher Vergünstigungen durch die Lohnsteuerpflichtigen. Wegen des zu erwartenden engen Zusammenhangs zwischen der Ausnutzung steuerlicher Vergünstigungen einerseits und vermögenspolitischer Vergünstigungen andererseits, soll im folgenden die Frage geprüft werden, inwieweit für die Inanspruchnahme vermögenspolitischer Vergünstigungen ähnliche Faktoren ausschlaggebend sind wie für die Ausnutzung steuerlicher Vergünstigungen. Dazu soll zunächst auf die Kenntnisse der befragten Bevölkerungsschicht über die Sparförderungsmassnahmen des Staates sowie ihre Ersparnisse im Jahre 1970 eingegangen werden.

1) Vgl. die Tabellen 17, 21, 23, 26 und 28.

3.2.1 Die Ersparnisse der Lohnsteuerpflichtigen im Jahre 1970 und ihre Kenntnisse über die Sparförderungsmassnahmen des Staates

Die gesetzlichen Bestimmungen zur Förderung des allgemeinen Sparens, des Bausparens und der Vermögensbildung nach dem 624-DM-Gesetz sind grossen Teilen der befragten Bevölkerungsschicht geläufig. Am bekanntesten sind die Bausparprämie (82 Prozent) und die Möglichkeit des prämienbegünstigten Sparens (79 Prozent). Dann folgen die Arbeitnehmersparzulage (67 Prozent) und die Steuervergünstigungen für die Zahlung von Lebensversicherungsbeiträgen (57 Prozent). Nur gut der Hälfte der Lohnsteuerpflichtigen sind Steuervergünstigungen für Einzahlungen auf einen Bausparvertrag sowie für den Bau eines Eigenheims bekannt. Am unbekanntesten sind Prämien für Wertpapier-Sparverträge (Tabelle 30).

Genutzt wurden hauptsächlich die Sparprämien für Anlagen nach dem Spar-Prämiengesetz (47 Prozent)[1] sowie Steuervergünstigungen für Lebensversicherungsbeiträge (43 Prozent). Bausparprämien wurden von 15 Prozent der Befragten in Anspruch genommen, während die übrigen Vergünstigungen nur von wenigen Steuerpflichtigen ausgenutzt wurden.

Dieses auf den ersten Blick positive Ergebnis, das weitgehend mit Ergebnissen anderer Untersuchungen übereinstimmt[2], muss bei einer eingehenderen Analyse relativiert werden: Zum einen sind - wie noch zu zeigen sein wird - die Ersparnisse der meisten Lohnsteuerpflichtigen sehr gering;[3] zum anderen zeigen die beiden Kontrollfragen,

---

1) Einschliesslich Sparprämien für vermögenswirksame Anlagen nach dem 2. VermBG (§ 2 Abs. 1 Buchstabe a).

2) Vgl. NOELLE-NEUMANN, E. und SCHMIDTCHEN, G.: Eigentumsbildung in Arbeitnehmerhand, Sozialpolitische Projekte aus der Sicht der Bevölkerung, in: Bundesarbeitsblatt, Jg. 1965, Nr. 12, S. 523. Die Unterschiede erklären sich zum Teil durch die unterschiedlichen Definitionen der Grundgesamtheit und durch die verschiedenen Befragungszeitpunkte.

3) Vgl. unten, Tabelle 32.

Tabelle 30: **Bekanntheit und Ausnutzung einzelner Vergünstigungen zur Förderung der Vermögensbildung**

Art der Vergünstigung	Befragte, denen die Vergünstigung bekannt ist		Befragte, die 1970 die Vergünstigung in Anspruch genommen haben	
	Anzahl	v.H.	Anzahl	v.H.
a) Bausparprämie, wenn man Geld auf einen Bausparvertrag einzahlt	499	82	89	15
b) Steuervergünstigungen, wenn man Geld auf einen Bausparvertrag einzahlt	324	53	1	0
c) Steuervergünstigung für Lebensversicherungsbeiträge	348 1)	57	264	43
d) Sparprämie für Lebensversicherungsbeiträge 2)	209	34	- 2)	-
e) Sparprämie, wenn man Geld auf ein Konto einzahlt und dort einige Jahre festlegt	483	79	289 3)	47
f) Sparprämie, wenn man Wertpapiere (Aktien, Anleihen ...) bei einer Bank oder Sparkasse kauft und dort einige Jahre festlegt	236	39	11	2
g) Steuervergünstigungen, wenn man ein Eigenheim gebaut hat 4)	312	51	- 4)	-
h) Arbeitnehmersparzulagen, wenn man Teile seines Lohns vermögenswirksam anlegt 5)	407	67	- 5)	-
i) Steuervergünstigungen, wenn man Geld auf einen Ratensparvertrag einzahlt 6)	242	40	- 6)	-

1) Bei der Frage, welche Steuervergünstigungen bekannt sind, hatten 475 Befragte die Absetzbarkeit von Lebensversicherungsbeiträgen bejaht. Offenbar versteht ein grosser Teil der Befragten unter Sparen ausschliesslich Einzahlungen bei der Sparkasse oder Bank, so dass die anderen Sparmöglichkeiten nicht als solche eingeschätzt werden. Vgl. oben, S. 72 (Tabelle).

2) Kontrollfrage: Eine Sparprämie für Lebensversicherungsbeiträge gibt es nicht.

3) Einschliesslich Sparprämien für vermögenswirksame Anlagen nach dem 2. VermBG (§ 2 Abs. 1 Buchstabe a). Insgesamt 109 Arbeitnehmer haben über die nach § 3 2. VermBG (z.B. tarifvertraglich) vom Arbeitgeber gezahlten vermögenswirksamen Leistungen hinaus keine eigenen Sparleistungen nach dem 624-DM-Gesetz erbracht.

4) Die Inanspruchnahme dieser Steuervergünstigung führt zur Einkommensteuerveranlagung. Da aber bei der Befragung nur solche Steuerpflichtige berücksichtigt wurden, die nicht zur Einkommensteuer veranlagt wurden, konnten Steuervergünstigungen für den Bau eines Eigenheims (§ 7b, EStG) nicht in Anspruch genommen werden.

5) Arbeitnehmer-Sparzulagen werden nach dem 3. VermBG erst seit dem 1. Januar 1971 gewährt. Vor dem 1.1.1971 waren vermögenswirksame Leistungen nach dem 2. VermBG steuer- und sozialversicherungsfrei.

6) Kontrollfrage: Steuervergünstigungen für Einzahlungen auf einen Ratensparvertrag gibt es nicht.

Quelle: Eigene Erhebung, Mai bis Juli 1971, Fragen 18, 19 und 20 im Fragebogen (Anhang) dass hinsichtlich der Kenntnisse über einzelne Sparvergünstigungen grössere Unsicherheiten bei der befragten Bevölkerungsschicht bestehen (Tabelle 30, d und i). Obwohl die Lohnsteuerpflichtigen gebeten wurden, nur diejenigen der auf einer Liste vorgelegten Sparvergünstigungen zu nennen, von denen sie "... genau wissen, dass es sie gibt ..."[1), gaben 40 Prozent der Befragten auch solche Vergünstigungen als bekannt an, die es in Wirklichkeit nicht gibt. Nur 8 Befragte (1,3 Prozent) haben die Frage nach den Kenntnissen über einzelne Sparvergünstigungen in allen Punkten richtig beantwortet.[2)]

Noch deutlicher treten die Unsicherheiten der befragten Bevölkerungsschicht hinsichtlich ihrer Kenntnisse über die Sparförderungsmassnahmen des Staates zutage, wenn nach Einzelheiten der gesetzlichen Regelungen gefragt wird. Obwohl rund 47 Prozent der Befragten die Möglichkeiten des prämienbegünstigten Sparens in Anspruch nehmen (Tabelle 30), haben nur rund 30 Prozent Kenntnisse über die Höhe der Sparprämie (Tabelle 31). - Ähnliche Unkenntnisse bestehen hinsichtlich der Einkommensgrenze für die Gewährung der Zusatzprämie. Nur 23 Prozent der Befragten konnten diese Grenze richtig und 12 Prozent ungefähr richtig angeben. Auch wissen - wie eine gesonderte Auswertung zeigt - viele Sparer nicht darüber Bescheid, in welchem Ausmass sie die begünstigten Spar-Höchstbeträge in Anspruch genommen haben. So waren 135 Befragte[3)] der Meinung, sie

1) Frage 18 im Fragebogen (Anhang).

2) Dieses ungünstige Ergebnis kann zum Teil dadurch begründet sein, dass "Sparprämien für Lebensversicherungsbeiträge" von vielen Befragten mit der Arbeitnehmersparzulage verwechselt worden sind. Nach § 2 Abs.1 Buchstabe f 3. VermBG können vermögenswirksame Leistungen auch als Beiträge zu Lebensversicherungen verwendet werden, sofern der Versicherungsvertrag nach dem 30.9. 1970 abgeschlossen wurde. Vermögenswirksame Leistungen auf diese Anlageform sind seit dem 1.1.71 durch Arbeitnehmersparzulagen begünstigt.

3) Quelle: Auswertung von Frage 26 im Fragebogen (Anhang).

Tabelle 31: Kenntnisse über die Sparprämie und die Zusatzprämie

Frage	Antworten in v.H. [1]		
	richtig	ungefähr richtig	falsch, weiss nicht
1) Nehmen wir einmal an, Sie sparen monatlich 50 DM und legen das Geld auf einem prämienbegünstigten Sparkonto für mehrere Jahre fest! Wie hoch ist Ihrer Meinung nach die staatliche Sparprämie ohne Zusatzprämie, auf die Sie persönlich dann Anspruch hätten? Geben Sie Ihre Antwort bitte in Prozent der Sparsumme!	18	12	70
2) Bezieher niedriger Einkommen können ausser der Sparprämie noch eine Zusatzprämie beantragen. Was glauben Sie: Welchen Betrag dürfte Ihr zu versteuerndes Jahreseinkommen nicht überschreiten, wenn Sie persönlich diese Zusatzprämie beantragen? Sie brauchen nur den ungefähren Betrag zu nennen!	23	12	65

1) Bei der Bewertung der Antworten musste vom jeweiligen Familienstand des Befragten ausgegangen werden. Dabei wurden die im Fragebogen vorgegebenen Antwortkategorien zugrunde gelegt: hatte der Befragte einen Wert genannt, der dem tatsächlich auf ihn zutreffenden Wert entspricht oder ihm am nächsten kommt, so wurde seine Antwort als "richtig" bewertet; hatte er einen Wert genannt, der dem tatsächlich auf ihn zutreffenden Wert am zweitnächsten kommt, so wurde seine Antwort als "annähernd richtig" bezeichnet; alle übrigen Antworten wurden als "falsch" bewertet.

Quelle: Eigene Erhebung, Mai bis Juli 1971, Fragen 22 und 23 im Fragebogen (Anhang) hätten im Jahre 1970 die staatlichen Vergünstigungen voll ausgenutzt; in Wirklichkeit aber erreichten ihre Ersparnisse den sich aufgrund der Spar-Prämiengesetze und des 624-DM-Gesetzes ergebenden Spar-Höchstbetrag nur in 34 Fällen.[1] Dies ist darauf zurückzuführen, dass viele Steuerpflichtige, die im Jahre 1970 624 DM vermögenswirksam angelegt haben,der Auffassung sind, dass sie mit diesen Ersparnissen alle staatlichen Vergünstigungen zur Sparförderung ausgenutzt haben. Die gleiche Auffassung wird auch von einem Teil der Befragten vertreten, die 1970 312 DM vermögenswirksam angelegt haben, aber nicht wussten, dass der begünstigte Höchstbetrag für 1970 auf 624 DM erhöht worden ist.[2] Offenbar ist vielen Arbeitnehmern nicht bekannt, dass über die Ersparnisse des 624-DM-Gesetzes hinaus zusätzliche Beträge nach den Spar-Prämiengesetzen begünstigt sind.

Inwieweit die befragten Lohnsteuerpflichtigen im Jahre 1970 die staatlichen Vergünstigungen zur Sparförderung ausgenutzt haben, zeigt Tabelle 32. Danach haben mehr als die Hälfte (56 Prozent) der befragten Arbeitnehmer die Möglichkeiten des 624-DM-Gesetzes in Anspruch genommen; 11 Prozent haben diese Ersparnisse allein erbracht, indem sie Teile ihres Arbeitslohns ohne zusätzliche Leistungen des Arbeitgebers vermögenswirksam angelegt haben; 18 Prozent haben über die Leistungen des Arbeitgebers hinaus keine Teile ihres Arbeitslohns angelegt, während 27 Prozent neben den Arbeitgeberleistungen auch noch Teile ihres

---

1) Vgl. unten, Tabelle 32.

2) § 17 Abs. 2 3. VermBG.

Tabelle 32: Ersparnisse der befragten Lohnsteuerpflichtigen im Jahre 1970

Höhe der Ersparnisse	Lohnsteuerpflichtige Arbeitnehmer	
	Anzahl	v.H.
Befragte insgesamt	610	100
1. Ersparnisse nach dem 624-DM-Gesetz (einschliesslich Leistungen des Arbeitgebers):[a]		
- keine	266	44
- weniger als 312 DM	86	14
- 312 bis 623 DM	152	25
- 624 DM und mehr[b]	106	17
1.1 Darin Leistungen des Arbeitgebers, z.B. aufgrund eines Tarifvertrages:		
- keine	67	11
- weniger als 156 DM	53	8
- 156 bis 311 DM	128	21
- 312 DM und mehr	96	16
1.2 Darin Sparer ohne eigenen Sparanteil	109	18
2. Ersparnisse nach den Sparprämiengesetzen: c)		
- keine	375	61
- weniger als 500 DM	87	14
- 500 bis 999 DM	83	14
- 1000 DM und mehr	65	11
3. Ausnutzung der Sparprämiengesetze und des 624-DM-Gesetzes in v.H. der jeweiligen Höchstbeträge:[d]		
- keine Ersparnisse	210	34
- weniger als 25 %	155	25
- 25 bis 74 %	181	30
- 75 bis 99 %	33	6
- 100 %	31	5
4. Gesamtersparnisse:[e]		
- keine	103	17
- weniger als 500 DM	139	23
- 500 bis 999 DM	122	20
- 1000 bis 1999 DM	128	21
- 2000 und mehr	118	19

a) Zweites Gesetz zur Förderung der Vermögensbildung, das durch § 17 Abs. 2 des Dritten Gesetzes zur Förderung der Vermögensbildung dahingehend verändert wurde, dass für 1970 an Stelle des Betrages von 312 DM der Betrag von 624 DM tritt.

b) Sind beide Ehegatten Arbeitnehmer, so können sie 2 x 624 DM, also 1248 DM vermögenswirksam anlegen.

c) Sparleistungen nach dem Wohnungsbau-Prämiengesetz und dem Spar-Prämiengesetz ohne vermögenswirksame Leistungen nach dem 624-DM-Gesetz.

d) Der individuelle Höchstbetrag je Lohnsteuerpflichtigen (unter Berücksichtigung der Familiensituation: Höchstbetragsgemeinschaft) ergibt sich aufgrund von § 17 Abs. 2 des 3. VermBG, § 3 Abs. 1 des WoPG und § 2 Abs. 2 des SparPG, wobei das Kumulierungsverbot zu beachten ist. Nur ein Lohnsteuerpflichtiger hat Beiträge an Bausparkassen als Sonderausgaben geltend gemacht und damit den Jahreshöchstbetrag bei Sonderausgaben voll ausgenutzt.

e) Einschliesslich nicht-begünstigter Ersparnisse und Lebensversicherungsbeiträge.

Quelle: Eigene Erhebung, Mai bis Juli 1971, Fragen 19, 20, 21 und 57c im Fragebogen (Anhang)

Arbeitslohns vermögenswirksam angelegt haben.[1)]

Obwohl der Staat im Jahre 1970 Ersparnisse nach dem 624-DM-Gesetz durch Prämien und Zusatzprämien sowie durch Steuer- und Sozialversicherungsfreiheit begünstigt

---

1) Inwieweit und unter welchen Bedingungen die befragten Lohnsteuerpflichtigen Interesse an tarifvertraglichen Vereinbarungen über zusätzliche vermögenswirksame Leistungen des Arbeitgebers haben, wurde durch folgende Frage geprüft:
"Einmal angenommen, in Ihrem Betrieb stünde in den nächsten Wochen eine Erhöhung der Bezüge um ca. 10 Prozent zur Diskussion. Jeder Arbeitnehmer könnte zwischen zwei Möglichkeiten wählen:
a) einer 10-prozentigen Erhöhung des Barlohnes oder
b) einer 8-prozentigen Erhöhung des Barlohnes in Verbindung mit einer 2-prozentigen vermögenswirksamen Zuwendung des Arbeitgebers, für die man die staatlichen Vergünstigungen erhält.
Wofür würden Sie sich entscheiden?"

Zusätzlich wurde die Frage gestellt:
"Wie würden Sie sich entscheiden, wenn Sie zwischen den beiden folgenden Möglichkeiten wählen könnten:
a) einer 10-prozentigen Erhöhung des Barlohnes oder
b) einer 8-prozentigen Erhöhung des Barlohnes in Verbindung mit einer 4-prozentigen vermögenswirksamen Zuwendung des Arbeitgebers, für die man die staatlichen Vergünstigungen erhält?"

Die Auswertung dieser beiden Fragen hatte folgendes Ergebnis:
55 Prozent der Befragten entschieden sich schon bei der ersten Frage für die vermögenswirksame Zuwendung; 19 Prozent der Befragten entschieden sich erst dann für die vermögenswirksame Zuwendung, wenn diese über die alternative Barlohnerhöhung hinausging, während sich 26 Prozent der Befragten in beiden Fällen für die Barlohnauszahlung entschieden (Quelle: Auswertung der Fragen 28 und 29 im Fragebogen (Anhang).

Dieses Ergebnis ist ein Hinweis darauf, dass mehr als die Hälfte der Arbeitnehmer mit Tarifverträgen über die Gewährung vermögenswirksamer Leistungen einverstanden sind. Jeder fünfte Arbeitnehmer allerdings wünscht, dass die vermögenswirksame Zuwendung über die alternative Barlohnerhöhung hinausgeht. Rund ein Viertel der Arbeitnehmer dürfte gegen derartige Tarifabschlüsse sein. Insbesondere diese letzte Gruppe wird Tarifverträge oder Betriebsvereinbarungen über vermögenswirksame Zuwendungen als unerwünschte Zwangssparmassnahme empfinden, während die überwiegende Mehrheit der Arbeitnehmer diesen Zwang als eher nützlich ansieht: Mit diesem Anstoss kommen sie angesichts expandierender Normen eines angemessenen Lebensstandards über eine Motivklippe hinweg und finden den Absprung zum langfristigen Sparen.Vgl. auch NOELLE-NEUMANN, E. und SCHMIDTCHEN, G.: a.a.O., S. 526.

hat, waren also nur 38 Prozent der befragten Lohnsteuerpflichtigen bereit, freiwillig Teile ihres Arbeitslohnes vermögenswirksam anzulegen. Dieses Ergebnis überrascht, wenn man berücksichtigt, dass in die Untersuchung keine Arbeitnehmer einbezogen wurden, die wegen ihres niedrigen Einkommens oder der Zahl ihrer Kinder ohnehin keine Lohnsteuer zahlen mussten und deshalb von den Vergünstigungen ausgeschlossen waren. Sicherlich ist der grosse Erfolg des Dritten Vermögensbildungsgesetzes, das ab 1. Januar 1971 die Steuer- und Sozialabgabenfreiheit durch eine Arbeitnehmer-Sparzulage in Höhe von 30 Prozent[1)] der vermögenswirksamen Leistungen ersetzt hat, zum Teil darauf zurückzuführen, dass die Ersparnisse auch dieser Bevölkerungsschicht begünstigt wurden; aber mindestens ebenso wichtig dürfte der Tatbestand gewesen sein, dass die Höhe der Sparvergünstigung überschaubarer geworden ist: während nach den alten Regelungen nur schwer nachzuprüfen war, welche Sparvergünstigungen einem einzelnen Arbeitnehmer zugute kamen, kann sich nach der neuen Regelung jeder Arbeitnehmer die Höhe der Vergünstigung selbst errechnen und anhand seines Lohnstreifens, in dem der Arbeitgeber die Arbeitnehmer-Sparzulage gesondert ausweisen muss,[2)] nachprüfen. Dass im Jahre 1970 nur 38 Prozent der befragten Lohnsteuerzahler freiwillig Teile ihres Arbeitslohnes vermögenswirksam angelegt haben, dürfte daher zum Teil auch auf die Kompliziertheit der Regelungen des Zweiten Vermögensbildungsgesetzes zurückzuführen sein.

Wie Tabelle 32 ferner zeigt, haben 1970 rund 39 Prozent der Befragten - abgesehen von der vermögenswirksamen Anlage von Teilen ihres Arbeitslohns -[3)] Ersparnisse nach den Sparprämiengesetzen erbracht: 14 Prozent haben weniger als 500 DM,

---

1) Bei mehr als zwei Kindern 40 Prozent.

2) Vgl. § 12 Abs. 3 3. Verm.BG.

3) Nach § 2 Abs. 6 SparPG und § 3 Abs. 6 WoPG werden Prämien für Aufwendungen, die nach dem 624-DM-Gesetz prämienbegünstigt sind, nicht auf die Höchstbeträge nach den Sparprämiengesetzen angerechnet. Vgl. dazu auch oben, S. 19, S. 22.

weitere 14 Prozent zwischen 500 und 999 DM und 11 Prozent 1000 DM und mehr gespart. Da die sich aufgrund der Sparprämiengesetze ergebenden Höchstbeträge vom Familienstand und von der Zahl der Kinder[1] des Prämiensparers abhängig sind, sagen diese absoluten Sparbeträge nur wenig über den Grad der Ausnutzung der vom Gesetzgeber festgelegten Höchstbeträge aus.

Um genauere Aufschlüsse über die tatsächliche Inanspruchnahme der vom Gesetzgeber eingeräumten Möglichkeiten zu erhalten, wurden daher die prämienbegünstigten Spareinlagen jedes einzelnen Lohnsteuerpflichtigen einschliesslich der vermögenswirksamen Leistungen nach dem 624-DM-Gesetz in Prozent des für ihn[2] geltenden Höchstbetrages errechnet. Dabei stellte sich heraus, dass etwa ein Drittel der Lohnsteuerpflichtigen im Jahre 1970 überhaupt keine prämienbegünstigten Spareinlagen geleistet hat; ein Viertel der Befragten hat den Höchstbetrag zu weniger als 25 Prozent und knapp ein Drittel zu mehr als 25, aber weniger als 75 Prozent ausgenutzt; die Spareinlagen nur etwa jedes zehnten Lohnsteuerpflichtigen

---

1) Kinder, die zu Beginn des Kalenderjahres, in dem die Sparbeiträge geleistet worden sind, das 17. Lebensjahr noch nicht vollendet hatten (Vgl. § 2 Abs. 1 SparPG sowie § 3 Abs. 1 WoPG).

2) Unter Berücksichtigung der Familiensituation: Höchstbetragsgemeinschaft. Vgl. dazu auch oben, Tabellen 2 und 4.

betrugen mehr als 75 Prozent des Höchstbetrages (Tabelle 32).[1)] Es wird im folgenden vor allem zu untersuchen sein, welche demographischen Daten und sozialen Orientierungen auf diese Untersuchungsvariable einwirken.

---

1) Die Lohnsteuerpflichtigen, die überhaupt keine prämienbegünstigten Spareinlagen geleistet haben (N = 210), wurden gefragt:

"Warum haben Sie 1970 nicht gespart bzw. warum nehmen Sie die staatlichen Vergünstigungen nicht in Anspruch?" (Es wurde eine Liste mit Antwortvorgaben übergeben.)

53 Prozent der Befragten antworteten: "ich konnte 1970 nicht sparen, weil das Geld einfach nicht reichte"; 27 Prozent der Befragten meinten: "ich will das Geld nicht so lange festlegen, ich brauche es vielleicht".

Ausserdem wurden die Steuerpflichtigen, die von sich behauptet hatten, nur einen Teil der staatlichen Vergünstigungen in Anspruch genommen zu haben, gefragt (N = 234):

"Warum nehmen Sie für 1970 nur einen Teil der Vergünstigungen in Anspruch?" (Auch hier wurde eine Liste mit Antwortvorgaben übergeben.)

47 Prozent dieser Befragtengruppe meinten: "ich konnte 1970 nicht mehr Geld sparen, weil das Geld einfach nicht reichte" und 31 Prozent antworteten: "ich will das Geld nicht so lange festlegen, ich brauche es vielleicht." Quelle: Auswertung von Frage 26 und Zusatzfragen im Fragebogen (Anhang).

Neben den langen Festlegungsfristen stellt sich damit die mangelnde Sparfähigkeit als Hauptursache der geringen Inanspruchnahme staatlicher Sparförderungsmassnahmen heraus. Inwieweit dieses Ergebnis, das sich auf die subjektiven Antworten der Lohnsteuerpflichtigen stützt, durch die finanzielle Situation dieser Befragtengruppen bestätigt wird, wird weiter unten zu zeigen sein (vgl. unten S. 158 ff.).

3.2.2 Einflussfaktoren der Inanspruchnahme vermögenspolitischer Vergünstigungen

Wegen der vermuteten Zusammenhänge zwischen der Ausnutzung steuerlicher und vermögenspolitischer Vergünstigungen durch die Lohnsteuerpflichtigen werden bei der Untersuchung der Frage, welche Faktoren für die Inanspruchnahme der staatlichen Sparförderungsmassnahmen ausschlaggebend sind, im wesentlichen wieder die gleichen Gruppierungsmerkmale wie bei der Untersuchung der Lohnsteuerüberzahlungen zugrunde gelegt. Nicht mehr berücksichtigt werden Gruppierungsmerkmale, die sich speziell auf die Lohnsteuer oder das persönliche Engagement in Lohnsteuerangelegenheiten beziehen. Als neues Gruppierungsmerkmal wird die "Einstellung zur staatlichen Sparförderung" eingeführt.

Die Ergebnisse sind in Tabelle 33 zusammengestellt. Neben der prozentualen Ausnutzung der individuellen Jahreshöchstbeträge nach den Spar-Prämiengesetzen und dem 624-DM-Gesetz (Spalten 9 bis 12) werden die absoluten Sparbeträge sowohl nach dem 624-DM-Gesetz (Spalten 1 bis 4) als auch nach den Spar-Prämiengesetzen (Spalten 5 bis 8) berücksichtigt. Zusätzlich sind in den Spalten 13 bis 17 die Gesamtersparnisse der befragten Lohnsteuerpflichtigen im Jahre 1970 aufgeführt, in denen neben den prämienbegünstigten auch die nicht-begünstigten Ersparnisse sowie Lebensversicherungsbeiträge enthalten sind.

Wegen des engen Zusammenhangs zwischen diesen vier Sparkategorien, der sich - wie ein Überblick über die Tabelle zeigt - auch hinsichtlich der verschiedenen Befragtengruppen

Tabelle 33: Die Inanspruchnahme vermögenspolitischer Vergünstigungen durch die Lohnsteuerpflichtigen in Abhängigkeit von ihren demographischen Daten, ihren Informationsgewohnheiten und ihren sozialen Orientierungen

Gruppierungsmerkmale	Anzahl der Befragten	(1)	(2)	(3)	(4)	(5)	(6)	(7)	(8)	(9)	(10)	(11)	(12)	(13)	(14)	(15)	(16)	(17)
		Ersparnisse im Jahre 1970 nach dem 624-DM-Gesetz[a)]				Ersparnisse im Jahre 1970 nach den Spar-Prämiengesetzen c)				Ausnutzung der Spar-Prämiengesetze und des 624 - DM-Gesetzes in v.H. der individuellen Höchstbeträge d)				Gesamtersparnisse im Jahre 1970[e)]				
		keine	weniger als 312 DM	312 DM bis 623 DM	624 DM und mehr[b)]	keine	weniger als 500 DM	500 DM bis 999 DM	1000 DM und mehr	keine Ersparnisse	weniger als 25 %	25 % bis 74 %	75 % bis 100 %	keine	weniger als 500 DM	500 DM bis 999 DM	1000 DM bis 1999 DM	2000 DM und mehr
		- Lohnsteuerpflichtige in Prozent der Zeilensumme -																
Befragte insgesamt	610	44	14	25	17	61	14	14	11	34	25	30	11	17	23	20	21	19
1. Geschlecht:																		
männlich	399	41	16	27	16	59	15	13	13	32	28	31	9	16	24	19	20	21
weiblich	211	48	11	22	19	66	13	14	7	39	20	28	13	19	20	22	23	16
2. Alter: f)																		
unter 30 J.	215	50	16	20	14	69	15	11	5	42	23	28	7	23	24	21	17	15
30 bis 50 J.	248	33	14	34	19	53	15	16	16	23	28	34	15	12	22	20	24	22
über 50 J.	147	52	12	17	19	65	11	14	10	42	24	25	9	18	23	18	22	19
3. Familienstand:																		
ledig	222	52	13	19	16	68	14	14	4	41	20	30	9	18	25	22	19	16
verheiratet	337	37	15	29	19	55	15	13	17	28	29	30	13	15	21	18	24	22
verw.,gesch.	51	55	12	21	12	76	10	12	2	45	24	25	6	27	25	22	16	10
4. Anzahl der Kinder:																		
kein Kind	277	50	13	22	15	67	14	14	5	40	22	30	8	17	26	20	19	18
1 Kind	138	41	14	23	22	54	12	16	18	28	25	33	14	18	16	20	24	22
2 Kinder	117	35	16	33	16	57	14	14	15	30	32	25	13	11	23	20	24	22
3 u.mehr Kinder	78	41	17	24	18	60	19	9	12	34	29	31	6	22	24	22	17	15
5. Wohngebiet:																		
Ballungskerne	305	39	15	25	21	63	14	11	12	31	29	28	12	16	21	21	19	23
Ballungsrandzonen	123	44	15	30	11	63	16	14	7	37	27	29	7	15	29	20	24	12
Ländliche Zonen	182	51	12	21	16	58	14	17	11	40	18	32	10	19	22	18	22	19
6. Bildungsniveau:																		
- ohne abgeschl. Berufsausbildung	189	49	17	23	11	73	10	11	6	43	26	25	6	24	27	20	15	14
- Volksschulabschl. m.abgeschl. Berufsausbildung	311	41	14	28	17	55	18	16	11	29	28	32	11	14	25	20	24	17
- weiterführende Ausbildung	110	43	10	18	29	62	12	10	16	35	17	32	16	13	9	20	24	34
7. Berufsgruppe:																		
Arbeiter	311	46	16	30	8	67	16	11	6	39	32	24	5	22	30	19	17	12
Angestellte,Beamte	299	41	12	20	27	55	13	16	16	30	18	35	17	11	15	21	25	28
8. Art der Arbeit:																		
- körperl.Arbeit	278	52	14	26	8	68	14	12	6	42	30	24	4	26	29	19	17	9
- Büro- u.sonstige Arbeit	322	38	14	23	25	56	15	15	14	29	22	34	15	11	17	21	24	27
9. Gewerkschaft:																		
Mitglieder	243	31	19	33	17	57	17	15	11	23	33	35	9	11	25	2C	21	23
Nichtmitglieder	367	52	11	20	17	64	12	13	11	42	20	27	11	21	21	20	21	17
10. Monatliches Nettoeinkommen des Befragten:																		
bis 600 DM	141	63	13	13	11	74	11	11	4	51	20	23	6	30	28	20	16	6
601 bis 800 DM	119	46	16	29	9	67	17	12	4	37	29	27	7	17	30	20	19	14
801 bis 1000 DM	138	40	16	25	19	65	12	13	10	33	30	28	9	20	24	16	20	20
1001 bis 1200 DM	97	29	11	39	21	55	20	15	10	25	31	31	13	8	18	28	27	19
mehr als 1200 DM	115	33	13	24	30	43	14	17	26	21	18	41	20	5	12	18	25	40
11. Mitverdienender Ehegatte?																		
Ja	102	37	9	30	24	56	14	13	17	31	24	31	14	20	16	18	23	23
Nein	235	36	18	29	17	55	16	14	15	27	32	29	12	12	24	18	23	23
12. Höhe des Geldvermögens:																		
unter 1000 DM	183	59	16	21	4	83	13	4	0	55	28	15	2	36	40	13	9	2
1000 bis 2999 DM	138	40	17	34	9	59	18	14	9	28	36	30	6	11	21	27	27	14
3000 bis 4999 DM	90	32	16	24	28	59	17	17	7	27	23	40	10	6	13	21	34	26
5000 bis 9999 DM	75	37	7	29	27	35	12	29	24	16	11	48	25	4	11	20	23	42
10000 DM und mehr	62	37	10	19	34	39	9	16	36	21	21	29	29	5	13	6	23	53
keine Angabe	62	39	13	16	32	64	13	13	10	35	18	35	12	19	13	37	18	13
13. Der Befragte liest eine Tageszeitung:																		
regelmässig	437	43	13	25	19	60	14	15	11	34	24	32	10	14	19	21	23	23
nicht regelm.	173	45	18	25	12	64	16	11	9	36	28	25	11	23	32	18	16	11
14. Der Befragte liest eine Gewerkschaftszeitg.																		
regelm.,öfter	164	29	16	36	19	53	17	18	12	21	32	37	10	9	24	20	24	23
ab u.zu, nie	79	34	25	27	14	66	18	10	6	27	35	30	8	13	29	20	16	22
Nichtgewerkschaftl.	367	52	11	20	17	64	12	13	11	42	20	27	11	21	21	20	21	17
15. Der Befragte hört Nachr.																		
regelm.,öfter	479	41	14	26	19	59	15	14	12	31	26	31	12	14	21	20	23	22
ab u.zu, nie	131	54	15	19	12	70	13	12	5	46	25	24	5	27	30	19	14	10
16. Der Befragte hört pol. Informationssendungen																		
regelmässig,öfter	316	40	12	27	21	56	17	13	14	29	25	34	12	12	20	18	25	25
ab u.zu, nie	294	48	16	23	13	68	11	14	7	40	26	25	9	22	26	22	16	14
17. Der allgem. Informationsstand d.Befragten ist: g)																		
hoch	129	29	16	33	22	50	18	18	14	19	32	37	12	5	23	19	27	26
mittel	252	43	12	25	20	61	14	12	13	35	23	30	12	16	18	20	22	24
niedrig	229	52	15	20	13	68	13	13	6	43	24	25	8	24	28	21	16	11
18. Einstellung zum Staat:																		
positiv	291	37	14	29	20	60	14	13	13	29	26	33	12	14	20	18	24	24
neutral	132	42	18	24	16	60	16	14	10	33	29	28	10	17	28	22	12	21
negativ	150	59	10	19	12	68	12	13	7	49	21	21	9	24	23	19	23	11
keine Angabe	37																	
19. Einstellung zur Sparförderung																		
- kritiklose Befürwortung h)	133	38	11	26	25	53	17	20	10	27	21	37	15	7	19	26	26	22
- kritische Befürwortung i)	405	42	15	26	17	60	15	13	12	32	27	31	10	17	22	18	22	21
- Ablehnung k)	66	67	15	14	4	89	8	1	2	65	26	8	1	38	33	18	6	5
- keine Angabe	6																	

a) b) c) d) e) Vgl. Anmerkungen a bis e in Tabelle 32 S.144.
f) Stichtag: 31.12.1970.
g) Punktwertung mit Hilfe der auf S. 42 ff. beschriebenen Methode.
h) Der Befragte hat keinem der ihm auf eine Liste vorgelegten Kritikpunkte zugestimmt. Vgl. Frage 27 im Fragebogen (Anhang).
i) Der Befragte hat mindestens einem der ihm auf einer Liste vorgelegten Kritikpunkte zugestimmt, beurteilt aber trotz dieser Kritik die Sparförderung im grossen und ganzen positiv. Vgl. Frage 27 im Fragebogen mit Zusatzfrage (Anhang)
k) Der Befragte hat mindestens einem der ihm auf einer Liste vorgelegten Kritikpunkte zugestimmt und beurteilt die Sparförderung im grossen und ganzen negativ. Vgl. Frage 27 im Fragebogen mit Zusatzfrage (Anhang)

Quelle: Eigene Erhebung, Mai bis Juli 1971, insbesondere Fragen 19, 20 und 21 im Fragebogen (Anhang).

ergibt,[1] werden für die folgende Untersuchung der "Determinanten" des prämienbegünstigten Sparens im wesentlichen die in den Spalten 9 bis 12 der Tabelle enthaltenen "Ausschöpfungsquoten" zugrunde gelegt. Ausgehend von der oben vorgelegten Systematisierung[2] wird davon ausgegangen, dass die Ausnutzung der staatlichen Sparförderungsmassnahmen

(1) von bestimmten sozialstatistischen Daten
(2) von verschiedenen sozialökonomischen Fakten
(3) von den allgemeinen Informationsgewohnheiten der Befragten und
(4) von ihren sozialen Orientierungen

beeinflusst werden. Es ist zu erwarten, dass die gleichen Befragtengruppen, von denen angenommen wurde, dass sie hinsichtlich ihrer Kenntnisse über die Lohnsteuer und der Geltendmachung ihrer Steuerersparnismöglichkeiten besser abschneiden als die jeweiligen Restgruppen, auch die Vergünstigungen der Spar-Prämiengesetze stärker in Anspruch nehmen.

Wie die in Tabelle 34 zusammengestellte Ergebnisübersicht zeigt, werden die meisten der aufgestellten Hypothesen durch die Untersuchungsergebnisse gestützt.

---

1) Im allgemeinen ergibt sich für die vier Sparkategorien eine gleichbleibende Rangskala der Befragtengruppen. Dies ist insbesondere darauf zurückzuführen, dass in den Gesamtersparnissen (Spalten 13 bis 17) die prämienbegünstigten Ersparnisse (Spalten 9 bis 12) enthalten sind und diese sich wiederum aus den Ersparnissen nach dem 624-DM-Gesetz und den Spar-Prämiengesetzen zusammensetzen. Eine gleichbleibende Rangskala ergibt sich vor allem für die relativen Häufigkeiten der jeweiligen Sparer und der Nichtsparer. Sofern Unterschiede auftreten, gelten diese vor allem für die Höhe der Ersparnisse (d.h. für die Besetzungszahlen der verschiedenen Sparsummengruppen).

2) Vgl. oben, S. 27.

1. In bezug auf die <u>sozialstatistischen</u> Merkmale erweist sich, dass die Inanspruchnahme der Sparvergünstigungen mit der Familiensituation der Lohnsteuerpflichtigen im Zusammenhang steht. Hier kann die Hypothese aufrechterhalten werden, dass die Sparvergünstigungen von den Gruppen der Verheirateten sowie der Lohnsteuerpflichtigen mit Kindern stärker beansprucht werden als von den übrigen Steuerzahlern. Offenbar besteht bei diesen Gruppen eine starke Motivation, Ersparnisse anzusammeln, da ihre soziale Situation die Bildung finanzieller Rücklagen erfordert. Bei den Steuerzahlern mit Kindern kommt hinzu, dass ihr mutmassliches Lebensalter erwarten lässt, dass sie den Gipfel ihres Einkommens erreicht haben und ihnen dadurch die Bildung eines - wenn auch bescheidenen - Sparkapitals erleichtert wird. Allerdings wird ihre Sparfähigkeit mit zunehmender Kinderzahl beeinträchtigt: Sowohl der Anteil der Sparer als auch die Ausschöpfung der Sparprämien-Höchstbeträge nehmen bei den Personen mit zwei Kindern - und noch stärker bei denjenigen mit drei oder mehr Kindern - ab (Tabelle 33).

Angesichts dieses Befundes überrascht es nicht, dass vor allem die mittleren Jahrgangsgruppen an den vom Gesetzgeber eingeräumten Möglichkeiten der Ersparnisbildung teilnehmen. Hier sind die Unterschiede in der Ausnutzung der Spar-Prämiengesetze im Vergleich zu den jüngeren und den älteren Jahrgängen hoch signifikant.[1] Während

1) Während sich die älteren und jüngeren Jahrgangsgruppen hinsichtlich der Ausnutzung der Sparprämien-Höchstbeträge kaum voneinander unterscheiden (Tabelle 33, Spalten 9 bis 12), ergeben sich bei den absoluten Ersparnissen geringfügige Unterschiede (Spalten 1 bis 8). Diese Unterschiede sind darauf zurückzuführen, dass alleinstehende jüngere Personen nach dem SparPG maximal 600 DM sparen können, während ältere Befragte (über 50 Jahre) generell mindestens 1200 DM (begünstigt) sparen können. Dadurch ist es für die jüngeren Befragten leichter, eine hohe Ausschöpfungsquote der Sparprämien-Höchstbeträge zu erreichen. Gleiches gilt für die lohnsteuerpflichtigen Frauen, da diese zum grössten Teil ledig und nicht älter als 50 Jahre sind. Vgl. dazu auch oben, Tabellen 2 und 4.

Tabelle 34: Schematische Übersicht zu den Ergebnissen in Abschnitt 3.2.2 und Signifikanzprüfung hinsichtlich der betrachteten Merkmale

Hypothese: Es ist zu erwarten, dass hinsichtlich der Ausnutzung der Sparförderungsmassnahmen des Staates folgende Steuerpflichtige besser abschneiden als die übrigen: 1)	Die Hypothese (+) kann aufrechterhalten werden (-) wird verworfen (T) kann tendenziell aufrechterhalten werden		
	(+) (-) (T)	χ^2 2)	Fehlerrisiko maximal
(a) in bezug auf die sozialstatistischen Merkmale:			
(a1) männliche Steuerpflichtige	T	6,25	10 %
(a2) Steuerpflichtige der mittleren Jahrgangsgruppen	+	25,9	1 %
(a3) verheiratete Steuerpflichtige	+	14,5	1 %
(a5) Steuerpflichtige mit Kindern	+	8,0	5 %
(a6) Steuerpflichtige, die in Ballungskernen wohnen	+	8,2	5 %
(b) in bezug auf die sozialökonomischen Merkmale:			
(b1) Steuerpflichtige mit höherem Bildungsniveau 3)	+	8,1	5 %
(b2) Angestellte und Beamte	+	43,2	1 %
(b3) Steuerpflichtige, die vorwiegend keine körperliche Arbeit ausüben	+	36,0	1 %
(b4) Gewerkschaftsmitglieder	+	30,0	1 %
(b5) Bezieher höherer Einkommen (mehr als netto 1000 DM monatlich)	+	31,2	1 %
(b6) Steuerpflichtige, deren Ehegatte mitverdient 4)	-	2,3	-
(b7) Steuerpflichtige mit höherem Geldvermögen (mehr als 5000 DM)	+	65,4	1 %
(c) in bezug auf die allgemeinen Informationsgewohnheiten			
(c) Steuerpflichtige mit hohem allgemeinen Informationsstand 5)	+	16,7	1 %
(c1) Steuerpflichtige, die regelmässig eine Tageszeitung lesen	-	3,0	-
(c2) Steuerpflichtige, die regelmässig oder öfter eine Gewerkschaftszeitung lesen 6)	-	2,0	-
(c3) Steuerpflichtige, die regelmässig oder öfter die Nachrichten hören	+	12,1	1 %
(c4) Steuerpflichtige, die regelmässig oder öfter politische Informationssendungen hören	+	10,8	2 %
(e) in bezug auf soziale Orientierungen:			
(e1) Steuerpflichtige, die eine positive oder neutrale Einstellung zum Staat haben	+	20,2	1 %
(e6) Steuerpflichtige, die die Sparförderung kritiklos befürworten	+	10,2	2 %

1) Die Hypothesen werden in der in Kapitel 2.1 eingeführten Reihenfolge numeriert.
2) Berechnung von Chi-Quadrat in einer 2 x 4-Tabelle: In den Kopf der Tabelle wurde das Untersuchungsmerkmal "Ausnutzung der Spar-Prämiengesetze in v.H. der jeweiligen Höchstbeträge" (Tabelle 33, Spalten 9 bis 12) in den vier Ausprägungen "keine", "weniger als 25 %", "25 bis 74 %" und "75 bis 100 %" eingetragen; in der Stirnseite der Tabelle wurden die Lohnsteuerpflichtigen, von denen hypothetisch erwartet wurde, dass sie hinsichtlich des Untersuchungsmerkmals besser abschneiden, den jeweils restlichen Steuerpflichtigen gegenübergestellt. Die Anzahl der Freiheitsgrade beträgt df = (4 - 1) (2 - 1) = 3. Die Hypothese wird aufrechterhalten, wenn Chi-Quadrat ≥ 7,82.
3) Steuerpflichtige mit abgeschlossener Berufsausbildung und weiterführender Ausbildung.
4) Vergleichsgrundlage: Verheiratete Steuerpflichtige, deren Ehegatte nicht mitverdient.
5) Punktwertung mit Hilfe der auf S. 42 ff. beschriebenen Methode.
6) Vergleichsgrundlage: Übrige Gewerkschaftsmitglieder.

Quelle: Berechnungen auf der Grundlage von Tabelle 33 (Spalten 9 bis 12).

bei den jüngeren Jahrgangsgruppen die Verwendung des - relativ geringen - Einkommens zum Zwecke des Konsums im Vordergrund stehen dürfte, ist bei den älteren Jahrgangsgruppen anzunehmen, dass sie - z.B. wegen einer bevorstehenden Pensionierung - die "langen" Festlegungsfristen der Spar-Prämiengesetze scheuen und es daher bevorzugen, ihre Ersparnisse auf "normale" Sparkonten einzuzahlen.

Tendenziell aufrechterhalten lässt sich die Hypothese, dass die männlichen Steuerpflichtigen die staatliche Sparförderung stärker in Anspruch nehmen als die weiblichen Steuerpflichtigen. Die Unterschiede treten jedoch nicht so deutlich wie erwartet zutage. Zwar ist einerseits davon auszugehen, dass die Sparfähigkeit der männlichen Steuerzahler wegen ihrer günstigeren Einkommenssituation grösser ist als die der weiblichen Steuerzahler, aber andererseits dürfte - wie eine Untersuchung des Instituts für Demoskopie Allensbach gezeigt hat[1) - die Sparwilligkeit bei den Frauen stärker (zumindest nicht schwächer) ausgeprägt sein als bei den Männern.[2)

1) Das INSTITUT FÜR DEMOSKOPIE ALLENSBACH hat mit Hilfe der Skalierungstechnik (Guttman-Skala) die Sparmentalität der deutschen Bevölkerung untersucht. Bei einem Koeffizienten der Reproduzierbarkeit von 0,92 erweist sich, dass 29 % der deutschen Bevölkerung ein schwaches, 31 % ein durchschnittliches und 40 % ein starkes Sparinteresse haben. Es wird gezeigt, dass das Sparinteresse der Männer und Frauen weitgehend übereinstimmt, "... bei Frauen vielleicht geringfügig ausgeprägter..." ist. Vgl. NOELLE-NEUMANN, E. und SCHMIDTCHEN, G.: a.a.O., S. 530.

2) Sparfähigkeit und Sparwilligkeit sind die beiden primären Voraussetzungen jeglichen Sparens im privaten Haushalt. Vgl. FRICKE, D.: Das Sparen im Spannungsfeld der Bedürfnisse. Eine Kritik der Sparfunktion, in: Wirtschaftstheorie als Verhaltenstheorie. Ein Symposion der FORSCHUNGSSTELLE FÜR EMPIRISCHE SOZIALÖKONOMIK, in: Beiträge zur Verhaltensforschung (Hrsg. G. SCHMÖLDERS, Köln), H. 11, Berlin 1969, S. 41; vgl. ferner: SCHERHORN, G. und STRÜMPEL, B.: Sparfähigkeit und Spartätigkeit in den unteren Einkommensschichten, in: Bundesarbeitsblatt, Jg. 1961, Nr. 1, S. 27 ff.

Die Erwartung, dass die in Ballungskernen wohnenden Lohnsteuerpflichtigen die Sparförderungsmassnahmen des Staates stärker in Anspruch nehmen als die in Ballungsrandzonen oder ländlichen Zonen lebenden Steuerpflichtigen, wird durch die Untersuchungsergebnisse gestützt. Etwa 31 Prozent der "Grosstädter", 37 Prozent der am Rande der Grosstädte wohnenden Steuerpflichtigen, aber 40 Prozent der in ländlichen Zonen lebenden Steuerzahler haben keine der begünstigten Sparmöglichkeiten in Anspruch genommen. Dies kann auf drei Ursachen zurückgeführt werden: zum einen auf die grössere Sparfähigkeit der Lohnsteuerpflichtigen in den Zonen grösserer Bevölkerungsdichte, die aus ihrer günstigeren Einkommenssituation resultiert[1]; zum anderen auf die grössere Aufgeklärtheit dieser Bevölkerungsschicht über die Sparförderung, die sich z.B. als Folge des dichteren Filialnetzes der Banken und Sparkassen in diesen Regionen ergibt[2]; und schliesslich drittens auf den grossen Anteil der Industriebeschäftigten in dieser Region, die aufgrund tarifvertraglicher Vereinbarungen im Jahre 1970 verstärkt von den

1) Das durchschnittliche Einkommen der befragten Lohnsteuerpflichtigen steigt von den ländlichen Zonen über die Ballungsrandzonen bis zu den Ballungskernen an.

2) Um zu prüfen, wie sich die befragte Bevölkerungsschicht über Sparangelegenheiten informiert, wurde folgende Frage gestellt:
"Einmal angenommen, Sie würden einen bestimmten Geldbetrag vermögenswirksam sparen wollen und brauchten dazu genaue Informationen oder einen Ratschlag. Wo würden Sie sich diese Informationen bzw. Ratschläge holen?" (Es wurde eine Liste mit Antwortvorgaben übergeben).
88 Prozent der Befragten antworteten: "bei der Bank, Sparkasse oder Bausparkasse",während die übrigen Antwortvorgaben (Gewerkschaft, Betriebsrat, Arbeitgeber, Lohnbüro der Firma, Freunde, Bekannte oder Verwandte und "ich würde ein Fachbuch kaufen oder ausleihen" nur äusserst selten angekreuzt wurden. Quelle: Auswertung von Frage 30 im Fragebogen (Anhang). Damit erweisen sich (erwartungsgemäss) die Banken und Sparkassen als Hauptinformationsquellen der befragten Lohnsteuerpflichtigen in Sparangelegenheiten.

Möglichkeiten des 624-DM-Gesetzes Gebrauch gemacht haben.[1] Zwar kann nicht bestritten werden, dass die Bevölkerung in Klein- und Mittelstädten durchschnittlich ein grösseres Sparinteresse hat als die Grossstadtbevölkerung,[2] jedoch dürfte diesem grösseren Sparinteresse eine geringere Sparfähigkeit verbunden mit geringeren Kenntnissen über die staatlichen Sparförderungsmassnahmen entgegenstehen. Zudem dürfte das Sparinteresse der in ländlichen Gebieten lebenden Lohnsteuerpflichtigen, die relativ häufig im Besitz eines Hauses sind, stärker auf das Sparziel "Instandhaltung des Hauses" ausgerichtet sein, wozu die l a n g f r i s t i g e Anlage von Geldmitteln kein adäquates Mittel ist; angesichts dieser Überlegungen überrascht es daher nicht, dass die Unterschiede zwischen Grosstadt- und Landbevölkerung, die sich hinsichtlich der Ausschöpfungsquote der staatlichen Sparförderungsmassnahmen zeigten, bei Berücksichtigung auch ihrer nicht-begünstigten Ersparnisse zum Teil wieder verwischt werden (Tabelle 33, Spalten 13 bis 17).

2. Auch in bezug auf die sozialökonomischen Merkmale erweist sich, dass die meisten der zusammengebrachten Merkmale in einem Zusammenhang stehen.

---

1) Allein im ersten Halbjahr 1970 wurden in der Bundesrepublik für 7 Millionen Arbeitnehmer Tarifverträge über vermögenswirksame Leistungen abgeschlossen. Vgl.: DER BUNDESMINISTER FUR ARBEIT UND SOZIALORDNUNG: a.a.O., S. 5.

2) Zu diesem Ergebnis kommt die zitierte Untersuchung des INSTITUTS FÜR DEMOSKOPIE ALLENSBACH. Vgl. NOELLE-NEUMANN, E. und SCHMIDTCHEN, G.: a.a.O., S. 530.
Zu ähnlichen Ergebnissen kommt eine Verbrauchsstudie des INSTITUTS FÜR SELBSTHILFE e.V.. Vgl. BLUME, O.: Sparmotive und Spartätigkeit sozialer Gruppen, in:Sparkasse, Zeitschrift des DEUTSCHEN SPARKASSEN- UND GIROVERBANDES e.V., Heft 7, Bonn 1959, S. 140, S. 143.

Lohnsteuerpflichtige, die eine Berufsausbildung oder eine weiterführende Ausbildung abgeschlossen haben, nutzen die staatlichen Sparförderungsmassnahmen signifikant häufiger aus als die Steuerzahler, die keine Berufsausbildung abgeschlossen haben. Hoch signifikant sind auch die Unterschiede zwischen Gruppen, die sich hinsichtlich ihrer Berufszugehörigkeit unterscheiden. Arbeiter nehmen die Möglichkeiten der Spar-Prämiengesetze seltener in Anspruch als Angestellte und Beamte. Entsprechendes gilt für körperlich arbeitende Lohnsteuerpflichtige im Vergleich zu den Steuerpflichtigen, die in ihrem Beruf vorwiegend Büro- oder sonstige nichtkörperliche Arbeiten erledigen. Besonders deutlich werden diese Unterschiede, wenn man die Höhe der ersparten Geldbeträge betrachtet: Nur 5 Prozent der befragten Arbeiter, aber 17 Prozent der Angestellten und Beamten haben die Sparprämienhöchstbeträge zu mehr als 75 Prozent ausgenutzt. Hier wirken Sparfähigkeit und Sparwilligkeit zusammen: Zum einen ist die Sparfähigkeit der Arbeiter geringer zu veranschlagen als die der Angestellten und Beamten; zum anderen ist die Sparwilligkeit der Arbeiter, bedingt durch Tradition[1] und Erziehung, beeinträchtigt; selbst bei gleichem Einkommen sparen Arbeiter weniger als Angestellte und Beamte.[2]

Signifikante Unterschiede ergeben sich auch zwischen den Gewerkschaftsmitgliedern und den nichtorganisierten Lohnsteuerpflichtigen. 77 Prozent der Gewerk-

---

1) Vgl. MERKEL, H.-G.: Theorie der Kapitalmarktpolitik, Berlin 1955, S. 22

2) Eine Überprüfung dieser Feststellung kann hier wegen des geringen Stichprobenumfanges nicht erfolgen. Vgl. aber FRICKE, D.: Steigende Sparquote bei steigendem Einkommen? in: Blätter für Genossenschaftswesen, Jg. 114, H. 20, Bonn 1968, S. 373. Vgl. NOELLE-NEUMANN, E. und SCHMIDTCHEN, G.: a.a.O., S. 530

schaftsmitglieder, aber nur 58 Prozent der Nichtmitglieder haben im Jahre 1970 die vom Gesetzgeber eingeräumten Möglichkeiten der Sparvergünstigung in Anspruch genommen. Hier dürfte sich insbesondere auswirken, dass im Jahre 1970 in Branchen mit hohem gewerkschaftlichen Organisationsgrad (Metallindustrie, chemische Industrie) Tarifverträge über vermögenswirksame Leistungen abgeschlossen wurden, so dass viele Arbeitnehmer erstmalig mit der Möglichkeit, Ersparnisse prämienbegünstigt anzulegen, vertraut gemacht wurden. Auch die im Zusammenhang mit dem Abschluss dieser Tarifverträge stehende Aufklärungsarbeit der Gewerkschaften über die Vergünstigungen der staatlichen Sparförderung dürfte zu der verstärkten Spartätigkeit der Gewerkschaftsmitglieder beigetragen haben.

Als ein Haupteinflussfaktor der Ersparnisbildung stellt sich die Einkommens- und Vermögenssituation der Lohnsteuerpflichtigen heraus. Steuerpflichtige, die ein höheres Einkommen[1] beziehen oder ein grösseres Geldvermögen[2] besitzen, nehmen die Möglichkeiten der staatlichen Sparförderung signifikant häufiger in Anspruch als die übrigen Steuerzahler. Auch steigt die Höhe der Ersparnisse mit der Grösse des Einkommens bzw. Vermögens an.[3] Dies kann wie folgt erklärt werden:

---

1) Über 1000 DM netto monatlich (Einkommen des Hauptverdieners).

2) Mehr als 5000 DM.

3) Mikroökonomische Querschnittsanalyse (zum selben Zeitpunkt, im Vergleich zu den unteren Einkommensschichten). Vgl. FRICKE, D.: Das Sparen im Spannungsfeld der Bedürfnisse, a.a.O., S. 41 ff.

a) In der Rangordnung der Bedürfnisse steht an erster Stelle - bewusst oder unbewusst - naturgemäss der lebensnotwendige Bedarf des laufenden Konsums. Nur für die über diesen Bedarf hinausgehenden Einkommensteile ergeben sich echte Verwendungsalternativen.[1] Der aktuelle Bedarf ist bei den - in beengten wirtschaftlichen Verhältnissen lebenden - Bevölkerungsschichten so dominierend, dass der Gedanke, einen aus dieser Perspektive grösseren Geldbetrag (z.B. 624 DM) längerfristig festzulegen, geradezu irrational wirken muss.[2] Eine auf diese Bevölkerungsschichten ausgerichtete Vermögenspolitik kann daher nur erfolgreich sein, wenn vorher ihre wirtschaftliche (Einkommens-)Situation verbessert wird. Allein durch Sparförderungsmassnahmen, durch die die effektive Verzinsung der Ersparnisse auf mehr als 10 Prozent p.a. ansteigt, können die unteren Einkommensschichten nicht für das Sparen gewonnen werden.[3]

---

1) Vgl. FRICKE, D.: Das Sparen im Spannungsfeld der Bedürfnisse, a.a.O., S. 52.

2) Vgl. NOELLE-NEUMANN, E. und SCHMIDTCHEN, G., a.a.O., S. 531.

3) Dass auch einige Personen dieser unteren Einkommensschicht 1970 grössere Ersparnisse erbracht haben (Tabelle 33) liegt zum Teil daran, dass jüngere Lohnsteuerpflichtige häufig noch im Haushalt ihrer Eltern leben und infolgedessen eine grössere Sparfähigkeit besitzen. Wegen der hier zu untersuchenden Zusammenhänge zwischen Inanspruchnahme steuerlicher und vermögenspolitischer Vergünstigungen wird jedoch nicht das "Haushaltssparen" unter Einbeziehung der Grosshaushalte (vgl.: SCHERHORN, G. und FRICKE, D.: Hängt die Spartätigkeit vom Einkommen ab? in: Blätter für Genossenschaftswesen, Jg. 107, Nr. 16, Bonn 1961, S. 277 ff.), sondern das Sparen der sogenannten "Höchstbetragsgemeinschaft" betrachtet. Vgl. dazu oben, S. 22.

b) Bei Einkommensbeziehern, deren Einkommen nur geringfügig über diesem lebensnotwendigen Bedarf liegt, tritt zu den Aufwendungen für lebensnotwendige Güter die Anschaffung bestimmter Gebrauchsgüter hinzu (Auto, Fernsehgerät, Waschmaschine u.a.), so dass auch hier die Sparfähigkeit eingeschränkt ist und grössere Geldbeträge nur selten längerfristig angelegt werden können. An die Stelle des langfristigen Sparens tritt bei diesen Lohnsteuerpflichtigen das kurzfristige - auf die Anschaffung von Gebrauchsgütern ausgerichtete - Sparen.

c) Erst wenn das Einkommen eine bestimmte Höhe überschreitet (in Tabelle 33 etwa ab 1000 DM netto monatlich) wächst bei den Lohnsteuerpflichtigen das Bedürfnis, finanzielle Reserven zu bilden und dabei die staatlichen Vergünstigungen der Sparförderung auszunutzen. Zwar werden auch in diesen Einkommensschichten am Vorbild Bezieher höherer Einkommen bestimmte Konsumausgaben erhöht - immerhin beansprucht knapp ein Viertel der Lohnsteuerpflichtigen in diesen Einkommensgruppen keine Vergünstigungen der staatlichen Sparförderung (Tabelle 33) - im wesentlichen aber dürfte das Einkommen dieser Schichten ausreichen, wenigstens einen Teil der staatlichen Sparvergünstigungen in Anspruch zu nehmen. Zu einer vollen Ausschöpfung der Sparprämienhöchstbeträge allerdings reicht der Sparwille und die Sparfähigkeit auch in dieser Bevölkerungsschicht nicht aus: nur etwa jeder fünfte Lohnsteuerpflichtige mit einem Monatseinkommen von über 1200 DM hat im Jahre 1970 den begünstigten Höchstbetrag zu mehr als 75 Prozent ausgenutzt.[1)]

1) In diesem Zusammenhang ist noch einmal zu erwähnen, dass sich die Befragung auf Lohnsteuerpflichtige, die nicht zur Einkommensteuer veranlagt werden, beschränkt, so dass Arbeitnehmer, die ein zu versteuerndes Jahreseinkommen von mehr als 24.000 DM (16.000 DM) beziehen, ex definitione (§ 46 EStG) von der Untersuchung ausgeschlossen sind. Vgl. oben, S. 11 (Anmerkung).

Ähnlich wie durch die Einkommenssituation ist die Ausnutzung der staatlichen Sparförderung durch die Vermögenssituation der Lohnsteuerpflichtigen "determiniert". Lohnsteuerpflichtige, die schon finanzielle Reserven gebildet haben, sind eher dazu in der Lage, Geldmittel längerfristig auf prämienbegünstigten Konten anzulegen, da bei ihnen das Argument, Geldbeträge anzusparen, um im Ernstfall möglichst schnell darauf zurückgreifen zu können, weitgehend entfällt. Der Zusammenhang zwischen Geldvermögen und Inanspruchnahme der staatlichen Sparförderung ist aber noch aus zwei anderen Gründen plausibel: Zum einen sind die schon früher nach den Spar-Prämiengesetzen angelegten Beträge Bestandteil des gegenwärtigen Vermögens, so dass die Ersparnisse im Jahre 1970 aus vertraglichen Verpflichtungen resultieren können, die mit in früheren Jahren abgeschlossenen Ratensparverträgen im Zusammenhang stehen; zum anderen dürften Lohnsteuerpflichtige, die schon ein bestimmtes Geldvermögen besitzen, ihre prämienbegünstigt festgelegten Spareinlagen zum Teil von nichtbegünstigten Sparkonten und/oder von Girokonten abgehoben und auf die begünstigten Konten eingezahlt haben.[1)]

1) Vgl. ERHARD, U.: Zusätzliche Kapitalbildung durch Sparprämien? - Eine statistische Analyse, Marburger Rechts- und Staatswissenschaftliche Abhandlungen, Reihe B, Staatswissenschaftliche Abhandlungen, Bd. 3, Marburg 1968, S. 70. ERHARD vermutet, dass nur wenige Hundertmillionen DM, maximal vielleicht 5 bis 10 Prozent aller prämienbegünstigt angelegten Spareinlagen, "zusätzlich" gespart wurden (ebd., S. 50 f., S. 70). Dieses Ergebnis basiert auf einer eingehenden Analyse (Zeitreihenanalyse) der Salden nicht prämienbegünstigter und prämienbegünstigter Konten (ebd., S. 19 ff.). Ähnlicher Ansicht sind: MUTHESIUS, P.: Die Sparprämie - ein überflüssiges Übel, in: Zeitschrift für das gesamte Kreditwesen, 19.Jg., 1966, H. 8, S. 319 ff, S. 319; SCHELDE, K.: Soll der Staat das Sparen fördern?, in: Zeitschrift für das gesamte Kreditwesen, 18. Jg., 1965, H. 12, S. 553 ff, S. 553; JECHT, H.: Der Schwerpunkt Sparförderung. Harmonisierung oder Reform?, in: Der Volkswirt, 18. Jg., Nr. 45, S. 2401 ff, ibs. S. 2403; anderer Ansicht ist: EXO, R.: Die Entwicklung der sozialen und ökonomischen Struktur der Ersparnisbildung in der Bundesrepublik Deutschland, Untersuchungen über das Spar-, Giro- und Kreditwesen (Hrsg. F. Voigt), Bd. 31, Berlin 1967, S. 33 f.

Während damit die Erwartungen im Hinblick auf die Einkommens- und Vermögenssituation der Lohnsteuerpflichtigen durch die Untersuchungsergebnisse gestützt werden, sind die erwarteten Unterschiede zwischen Steuerpflichtigen, deren Ehegatte mitverdient, und den übrigen verheirateten Steuerpflichtigen statistisch nicht gesichert (Tabelle 34). Verheiratete Arbeitnehmer, die beide in einem lohnsteuerpflichtigen Arbeitsverhältnis stehen, zeichnen sich gegenüber den "Einverdienerehen" nicht durch eine stärkere Inanspruchnahme der staatlichen Sparförderungsmassnahmen aus. Zwar ergeben sich in Tabelle 33 geringe Unterschiede zwischen diesen beiden Gruppen, jedoch sind diese augenscheinlichen Differenzen statistisch nicht gesichert.[1] Es wurde schon oben darauf hingewiesen, dass Mitverdienst des Ehegatten heute überwiegend einen Zuverdienst bedeutet, der dem Haushalt die Anschaffung "relativer" Luxusgüter erlauben soll. Ein Indiz für dieses Konsumverhalten ist es auch, dass die mitverdienenden Ehefrauen oft nur gelegentliche Aushilfsarbeiten ausüben, aus denen zwar eine grössere Sparfähigkeit, nicht aber ein adäquates Sparverhalten resultiert, da die Aufwandsnormen dieser Haushalte entsprechend dem Einkommenszuwachs ansteigen.

3. In bezug auf die <u>allgemeinen Informationsgewohnheiten</u> der Lohnsteuerpflichtigen wurde erwartet, dass Steuerpflichtige, die sich durch Presse, Rundfunk und Fernsehen über Belange öffentlichen Interesses auf dem laufenden halten, auch über die staatliche Sparförderung besser informiert sind und die Sparvergünstigungen stärker in Anspruch nehmen als die übrigen Steuerpflichtigen.

1) Aus den geringen Unterschieden zwischen diesen beiden Gruppen im Hinblick auf die Untersuchungsthematik folgt, dass die Analyse der Untersuchungsvariablen bezüglich der Einkommenssituation der Lohnsteuerpflichtigen auf das Einkommen des Hauptverdieners (des Befragten) beschränkt werden kann. Die Analyse im Hinblick auf das gemeinsame Einkommen beider Ehegatten ist insofern ein Spiegelbild der Analyse im Hinblick auf das Hauptverdienereinkommen.

Wie die Ergebnisse in den Tabellen 33 und 34 zeigen, kann diese Hypothese nicht in allen Punkten aufrechterhalten werden. Zwar sparen Steuerpflichtige, die regelmässig oder öfter die Nachrichten (c3) oder politische Informationssendungen (c4) hören, signifikant häufiger als die übrigen Steuerpflichtigen, nicht aber scheint die Inanspruchnahme staatlicher Sparvergünstigungen mit dem Lesen einer Tageszeitung (c1) oder Gewerkschaftszeitung (c2) im Zusammenhang zu stehen. Gewerkschaftsmitglieder schneiden im Hinblick auf die Untersuchungsthematik zwar besser ab als die nicht organisierten Steuerpflichtigen, die Differenzen, die sich zwischen Gewerkschaftsmitgliedern, die regelmässig oder öfter eine Gewerkschaftszeitung lesen, und den übrigen Gewerkschaftsmitgliedern ergeben, sind jedoch statistisch nicht gesichert.

Hingegen kann die Hypothese, dass Steuerpflichtige, deren Informationsgewohnheiten auf einen hohen "allgemeinen Informationsstand" schliessen lassen, die Vergünstigungen der staatlichen Sparförderung stärker in Anspruch nehmen als die übrigen Steuerzahler, aufrechterhalten werden. Lohnsteuerpflichtige, die besonders häufig verschiedene Informationsmedien benutzen, um sich über Themen öffentlichen Interesses auf dem laufenden zu halten, schneiden hinsichtlich der Ausnutzung staatlicher Sparvergünstigungen besonders gut ab: die Unterschiede zu den übrigen Steuerpflichtigen sind hier hoch signifikant. Dies ist zum einen darauf zurückzuführen, dass Steuerpflichtige, die sich in dieser Hinsicht laufend informieren, auch besser über die staatlichen Sparförderungsmassnahmen aufgeklärt sind als andere Steuerzahler, so dass hier die Motivation, diese Vergünstigungen auszunutzen, besonders gross sein dürfte; zum anderen gehören Steuerpflichtige, die sich intensiv um derartige Informationen bemühen, bestimmten sozialen Gruppen (Angestellte, Beamte, Büroberufe, höhere Einkommensschichten) an, für die schon oben die Hypothese einer stärkeren Spartätigkeit akzeptiert werden konnte.

4. In bezug auf die sozialen Orientierungen der Lohnsteuerpflichtigen wurde erwartet, dass Steuerpflichtige, die eine positive Einstellung zum Staat[1] und zur staatlichen Sparförderung einnehmen, die Sparvergünstigungen stärker in Anspruch nehmen als die übrigen Steuerpflichtigen.

Es zeigt sich, dass die Erwartungen durch die Untersuchungsergebnisse gestützt werden. Steuerpflichtige, die eine positive oder neutrale Einstellung zum Staat haben, nehmen die staatlichen Sparvergünstigungen signifikant häufiger in Anspruch als Lohnsteuerpflichtige, die dem Staat gegenüber negativ eingestellt sind: 29 Prozent der positiv eingestellten, 33 Prozent der neutral eingestellten, aber 49 Prozent der negativ eingestellten Lohnsteuerpflichtigen haben 1970 keine solchen Vergünstigungen in Anspruch genommen. Auch in bezug auf die Höhe ihrer Ersparnisse schneiden diejenigen Steuerpflichtigen, die eine eher bejahende Einstellung zum Staat einnehmen, besser ab als die übrigen Befragten: 45 bzw. 38 Prozent der dem Staat positiv oder neutral gegenüberstehenden Steuerzahler, aber nur 30 Prozent der Befragten mit negativer Einstellung zum Staat, haben die Sparprämienhöchstbeträge zu mehr als 25 Prozent ausgenutzt (Tabelle 33).

Um zu testen, welche Einstellungen die befragten Steuerzahler zur Sparförderung einnehmen und wie sich diese Einstellungen auf das Untersuchungsergebnis auswirken, wurden ihnen einige Statements vorgelegt. Sie wurden gefragt:

1) Vgl. oben, S. 124 ff.

"In der Öffentlichkeit hört man neben Lob auch immer wieder Kritik an der Sparförderung und der Förderung der Vermögensbildung. Wie ist Ihre Meinung dazu?

Wir haben hier einige Auffassungen, die man häufig hört, aufgeschrieben. Sagen Sie bitte, welchen Antworten Sie zustimmen! Sie brauchen nur den Buchstaben zu nennen!" (Es wurde eine Liste übergeben.)

Wie aus Tabelle 35 zu sehen ist, stimmen 22 Prozent der befragten Lohnsteuerpflichtigen keinem der vorgelegten Kritikpunkte zu, während die restlichen 78 Prozent der Befragten mindestens einem der Statements beipflichten. Die meiste Zustimmung finden die Argumente, die sich auf die Auswirkungen der Sparförderung (a und b) und die Kompliziertheit der gesetzlichen Regelungen (d) beziehen. So ist knapp die Hälfte der Lohnsteuerpflichtigen der Ansicht, dass die Sparförderung nichts nützt, weil bei den heutigen Mieten und Preisen bei Leuten mit niedrigen Einkommen doch kein Geld mehr zum Sparen übrig bleibt.[1] Etwa jeder dritte Lohnsteuerpflichtige stimmt den Ansichten zu, dass die Sparvergünstigungen vor allem den Reichen zugute kommen und dass man sich wegen der Kompliziertheit der gesetzlichen Regelungen nur sehr schwer in der Sparförderung zurechtfinden kann.

Nur wenig Zustimmung finden die Kritikpunkte, die auf eine entschiedene Ablehnung der Sparförderung schliessen lassen. Nur 7 Prozent der Steuerpflichtigen sind der Ansicht, dass die Sparförderung abzulehnen ist, weil damit die Unterschiede zwischen Lohnabhängigen und Besitzenden verdeckt werden sollen und nur 11 Prozent der Befragten stimmen der Auffassung zu, dass der Staat sein Geld besser für andere Zwecke ausgeben sollte.[2]

1) Kurzformulierung; zum genauen Wortlaut des Statements vgl. Tabelle 35.
2) Wie eine gesonderte Auszählung zeigt, haben Lohnsteuerpflichtige, die den Kritikpunkten c und e zustimmen, besonders häufig eine ablehnende Einstellung zur Sparförderung und verneinen die Zusatzfrage "Würden Sie trotz dieser Kritik die Sparförderung im grossen und ganzen positiv beurteilen?" zu mehr als 50 Prozent.

Tabelle 35: Einstellungen der Lohnsteuerpflichtigen zur Sparförderung

Statements[1]	Lohnsteuerpflichtige Anzahl	Lohnsteuerpflichtige v.H. (N = 610)
a) Die ganze Sparförderung nützt überhaupt nichts. Bei den heutigen Mieten und Preisen bleibt bei Leuten mit niedrigen Einkommen doch kein Geld mehr zum Sparen übrig	268	44
b) Die Vergünstigungen der staatlichen Sparförderung kommen vor allem den Reichen zugute, so dass die Unterschiede zwischen "arm" und "reich" noch immer grösser werden	186	31
c) Die Sparförderung ist abzulehnen, weil damit die Unterschiede zwischen Lohnabhängigen und Besitzenden verdeckt werden sollen	43	7
d) Die Regelungen zur Sparförderung und zur Förderung der Vermögensbildung sind so kompliziert, dass man sich nur sehr schwer darin zurechtfinden kann	210	34
e) Die Sparförderung kostet den Staat viel zu viel Geld. Der Staat sollte sein Geld besser für andere Zwecke ausgeben	67	11
f) Die meisten Leute geben das Geld nach Ablauf der Sperrfristen ja doch für Autos, Reisen und andere Konsumgüter aus, so dass sie im Endeffekt gar kein Vermögen haben	123	20
g) Die Sperrfristen sind viel zu kurz: Erst nach etwa 15 Jahren hat man soviel Geld gespart, dass man wirklich von einem "Vermögen" sprechen kann	70	12
h) Die Vergünstigungen kommen vor allem solchen Leute zugute, die schon Sparvermögen haben und daher das Geld von anderen Sparkonten abheben. Sie sparen also gar nicht von ihrem laufenden Einkommen	148	24
i) Ich stimme keinem der Kritikpunkte zu	133	22
<u>Zusatzfrage, falls Zustimmung zu einem der Kritikpunkte</u>: "Würden Sie trotz dieser Kritik die Sparförderung im grossen und ganzen positiv beurteilen? Es antworteten:		
k) Ja	405	66
l) Nein	66	11
m) Weiss nicht, keine Angabe	6	1

1) Es wurden Mehrfachnennungen zugelassen.

Quelle: Eigene Erhebung, Mai bis Juli 1971, Frage 27 im Fragebogen (Anhang)

Steuerpflichtige, die mindestens einem der Kritikpunkte zugestimmt hatten, wurden zusätzlich gefragt:

> "Würden Sie trotz dieser Kritik die Sparförderung im grossen und ganzen positiv beurteilen?"

Wie die Antworten in Tabelle 35 zeigen, steht die überwiegende Mehrheit der Lohnsteuerpflichtigen trotz der geäusserten Kritik der Sparförderung im grossen und ganzen befürwortend gegenüber. Nur 11 Prozent der Lohnsteuerpflichtigen lehnen die Sparförderung ab.-

Die Untersuchung der Frage, inwieweit die Ausnutzung der staatlichen Sparförderungsmassnahmen mit den Einstellungen zur Sparförderung zusammenhängt, kann daher auf drei Befragtengruppen beschränkt werden:

a) Lohnsteuerpflichtige, die die Sparförderung kritiklos befürworten (Antwort i in Tabelle 35)
b) Steuerpflichtige, die zwar einigen Kritikpunkten zur Sparförderung zustimmen, ihr aber trotzdem im grossen und ganzen positiv gegenüberstehen (Antwort k) und
c) Lohnsteuerpflichtige, die der Sparförderung eher ablehnend gegenüberstehen (Antwort l).

Wie die Ergebnisse in den Tabellen 33 und 34 zeigen, haben Steuerpflichtige die der Sparförderung unkritisch gegenüberstehen, die staatlichen Sparförderungsmassnahmen signifikant häufiger in Anspruch genommen als die übrigen Steuerpflichtigen. Sowohl hinsichtlich der Häufigkeit, mit der die Sparförderungsmassnahmen beansprucht werden, als auch hinsichtlich der Höhe der Ersparnisse ergibt sich eine deutliche Abstufung, die mit dem Grad der Zustimmung bzw. Ablehnung zur Sparförderung zusammenhängt.

Auch hier bestehen offenbar Wechselwirkungen: Zum einen werden Steuerpflichtige, die dem Staat im allgemeinen und der staatlichen Sparförderung im besonderen eher befürwortend gegenüberstehen, in relativ guten wirtschaftlichen Verhältnissen leben, so dass sie in der Lage sind, die staatlichen Sparvergünstigungen weitgehend auszunutzen und sich daher von kritischen Äusserungen zur Sparförderung distanzieren, während Steuerpflichtige, die in schlechteren wirtschaftlichen Verhältnissen leben, ohnehin nicht in der Lage sind, grössere Sparbeträge zurückzulegen und daher auch der Sparförderung, von der sie nicht oder nur geringfügig profitieren, kritisch gegenüberstehen; zum anderen ergeben sich aus einer kritischen Einstellung zum Staat und zur Sparförderung Trägheitsbarrieren, die sich darin auswirken, dass z.B. wegen der Nichtaufrechterhaltung der Währungsstabilität, "dem A und O aller Sparförderung"[1], die langfristige Rücklage von Geldmitteln unterbleibt.

---

1) SCHMÖLDERS, G.: Zur Psychologie der Vermögensbildung in Arbeiterhand, in: Kyklos, Bd. 15 (1962), S. 181.

3.3 Die Zusammenhänge zwischen der Inanspruchnahme steuerlicher Abzugsmöglichkeiten und vermögenspolitischer Vergünstigungen durch die Lohnsteuerpflichtigen

In den vorstehenden Kapiteln wurde der Frage nachgegangen, mit welchen Faktoren die beiden Untersuchungsvariablen "Lohnsteuerüberzahlungen" und "Ausnutzung der staatlichen Sparförderung" in Zusammenhang stehen. Dabei wurden - um Vergleichsmöglichkeiten zu haben - im wesentlichen die gleichen sozialen Gruppen sowohl im Hinblick auf ihr Steuer- als auch auf ihr Sparverhalten untersucht.

Wie ein Überblick über die vorstehenden Tabellen zeigt, stehen die beiden Ergebnisvariablen wahrscheinlich in einem engen Zusammenhang: Steuerpflichtige, die im Hinblick auf die Inanspruchnahme ihrer Steuerersparnismöglichkeiten besser abschneiden als die übrigen Steuerpflichtigen, haben im allgemeinen auch die staatlichen Sparförderungsmassnahmen häufiger ausgenutzt. Insbesondere konnte gezeigt werden, dass mit grosser Wahrscheinlichkeit beide Untersuchungsmerkmale mit

- der Familiensituation der Steuerzahler (a3 und a4)
- ihrem Geschlecht (a1)
- ihrem Bildungsniveau (b1)
- der Art der von ihnen im Beruf ausgeübten Arbeit (b3)
- der Zugehörigkeit zu einer Gewerkschaft (b4)
- ihrer Einkommens- und Vermögenssituation (b5 und b7)
- ihrem allgemeinen Informationsstand (c) und
- ihren Einstellungen zur Steuer bzw. zur Sparförderung (e)

in Zusammenhang stehen.

Dagegen scheinen beide Untersuchungsvariablen nicht mit der Berufstätigkeit des Ehegatten in Zusammenhang zu stehen. Hier kann die Erwartung, dass Lohnsteuerpflichtige, deren Ehegatte mitverdient, im Hinblick auf die Untersuchungsthematik besser abschneiden als die übrigen verheirateten Steuerzahler, durch die Untersuchungsergebnisse in beiden Punkten nicht gestützt werden.[1)]

Tabelle 36 vermittelt nun ein Bild über den Zusammenhang zwischen der Ausnutzung staatlicher Sparvergünstigungen durch die Lohnsteuerpflichtigen und der Inanspruchnahme ihrer Steuerersparnismöglichkeiten. Dabei ergibt sich eine deutliche Abstufung: Je stärker die Steuerpflichtigen die Vergünstigungen der Spar-Prämiengesetze beanspruchen, desto häufiger machen sie auch ihre Steuerersparnismöglichkeiten im Antrag auf Lohnsteuer-Jahresausgleich oder Lohnsteuer-Ermässigung geltend. Lohnsteuerüberzahlungen werden zwar von 36 Prozent der Befragten geleistet, die keine Ersparnisse prämienbegünstigt angelegt haben, aber nur von 20 Prozent der Befragten, die die Sparprämienhöchstbeträge zu mehr als 75 Prozent ausgenutzt haben. Auch überschreiten die steuerbegünstigten Aufwendungen der Befragten, die die staatlichen Sparvergünstigungen beansprucht haben, wesentlich häufiger die Werbungskosten- und Sonderausgabenpauschale, als die der übrigen Befragten, so dass für sie die Auseinandersetzung mit dem Thema "Lohnsteuer" und die Geltendmachung ihrer steuerlichen Absetzungsmöglichkeiten besonders lohnend sein dürfte.

1) Alters- und berufsgruppenspezifische Unterschiede können dagegen nur hinsichtlich e i n e s Untersuchungsmerkmals - der Inanspruchnahme staatlicher Sparförderungsmassnahmen - festgestellt werden; die geringfügigen Differenzen, die sich hinsichtlich der Lohnsteuerüberzahlungen ergeben, sind statistisch nicht gesichert. Vgl. oben, Tabellen 17, 21 und 34.

Tabelle 36: Die Zusammenhänge zwischen der Inanspruchnahme steuerlicher Absetzungsmöglichkeiten und vermögenspolitischer Vergünstigungen durch die Lohnsteuerpflichtigen

Gruppierungsmerkmal	Anzahl der Befragten	(1)	(2)	(3)	(4)	(5)	(6)	(7)	(8)	(9)	(10)	(11)	(12)	(13)	(14)	(15)
		Informationsstand über die Lohnsteuer			Werbungskostenpauschale überschritten?		Sonderausgabenpauschale überschritten?		Freibetrag auf der Lohnsteuerkarte? a)		Antrag auf Lohnsteuer-Jahresausgleich gestellt?		Wieviel Lohnsteuer hätte zusätzlich gespart werden können? (Lohnsteuerüberzahlungen)			
															keine b)	
		hoch	mittel	niedrig	ja	nein	ja	nein	ja	nein	ja	nein	1 bis 100 DM	mehr als 100 DM	weil alles abgesetzt wurde	weil keine Absetzungsmöglichkeiten
		in Prozent der Zeilensumme														
Befragte insgesamt	610	19	46	35	30	70	87	13	25	72	68	32	23	8	61	8
Ausnutzung der Sparprämiengesetze und des 624-DM-Gesetzes in v.H. der individuellen Höchstbeträge:[c]																
keine Ersparnisse	210	10	39	51	21	79	79	21	19	75	59	41	28	8	50	14
unter 25 %	155	20	50	30	37	63	90	10	18	79	76	24	27	8	60	5
25 bis 74 %	181	27	48	25	30	70	90	10	31	67	72	28	15	9	69	7
75 bis 100 %	64	27	53	20	44	56	95	5	44	56	61	39	15	5	73	7

a) b) Vgl. Anmerkungen a) und b) in Tabelle 13, S. 80.

c) Vgl. Anmerkung d) in Tabelle 32, S. 144.

Quelle: Eigene Erhebung, Mai bis Juli 1971,
Fragen 19, 20 und 55 ff. im Fragebogen (Anhang)

Die Hypothese, dass Lohnsteuerpflichtige, die die staatlichen Sparvergünstigungen nicht oder nur in geringem Ausmass beanspruchen, auch ihre steuerlichen Abzugsmöglichkeiten weitgehend nicht ausnutzen, kann daher aufrechterhalten werden: die Unterschiede zwischen den Prämiensparern und den übrigen Steuerpflichtigen sind sowohl hinsichtlich ihrer Kenntnisse über die Lohnsteuer als auch hinsichtlich der Geltendmachung ihrer steuerlichen Absetzungsmöglichkeiten hoch signifikant (Tabelle 37).

Tabelle 37: Statistische Sicherung des Zusammenhangs zwischen der Inanspruchnahme steuerlicher Absetzungsmöglichkeiten und vermögenspolitischer Vergünstigungen durch die Lohnsteuerpflichtigen

Hypothese: Es ist zu erwarten, dass hinsichtlich der Kenntnisse über die Lohnsteuer und hinsichtlich der Lohnsteuerüberzahlungen folgende Steuerpflichtige besser abschneiden als die übrigen:	Die Hypothese (+) kann aufrechterhalten werden (-) wird verworfen, und zwar hinsichtlich des Untersuchungsmerkmals:					
	Informationsstand über die Lohnsteuer			Lohnsteuerüberzahlungen		
	(+) (-)	χ^2 1)	Fehlerrisiko maximal	(+) (-)	χ^2 2)	Fehlerrisiko maximal
Steuerpflichtige, die die Höchstbeträge nach den Spar-Prämiengesetzen und dem 624-DM-Gesetz zu mehr als 25 Prozent ausgenutzt haben	+	26,4	1 %	+	14,3	1 %

1) 2) Vgl. Anmerkungen 1 und 2 in Tabelle 17 , S.90.

Quelle: Berechnungen auf der Grundlage von Tabelle 36

Dieser Zusammenhang ist zum einen dadurch begründet, dass - wie schon oben gezeigt werden konnte - die beiden zusammengebrachten Untersuchungsmerkmale im wesentlichen durch die gleichen "Determinanten" beeinflusst werden. Lohnsteuerpflichtige, die aufgrund ihrer sozialen Herkunft, ihres Bildungsniveaus, ihrer beruflichen Tätigkeit, ihres Einkommens und Vermögens teils durch grössere Erfahrungen, teils durch die Fähigkeit, sich mit neuen gesetzlichen Regelungen schneller vertraut zu machen, eher als andere dazu in der Lage sind, sich in Lohnsteuerangelegenheiten zurechtzufinden und den Verkehr mit Behörden vorteilhaft abzuwickeln, werden auch bestrebt sein, Vergünstigungen, wie sie der Staat im Bereich der Sparförderung gewährt, soweit wie möglich auszunutzen und sich über dieses Thema auf dem laufenden zu halten. Zum anderen werden Lohnsteuerpflichtige, die ein grösseres Sparinteresse als andere zeigen und die staatlichen Sparvergünstigungen weitgehend ausnutzen, bestrebt sein, sich Kenntnisse über die Lohnsteuer anzueignen, um im Wege des Antrages auf Lohnsteuer-Ermässigung[1)] oder Lohnsteuer-Jahresausgleich möglichst viel Lohnsteuer "sparen" zu können.

1) Wie Spalte 8 in Tabelle 36 zeigt, steigt der Anteil der Befragten, auf deren Steuerkarte ein Freibetrag eingetragen wurde, mit der Höhe der prämienbegünstigten Ersparnisse an. Auch dies ist ein Hinweis darauf, dass Steuerpflichtige, die die staatlichen Sparvergünstigungen beanspruchen, im besonderen Masse bestrebt sind, Steuerersparnismöglichkeiten wahrzunehmen, indem sie schon zu Beginn oder während des Jahres Steuerermässigung beantragen.

4 Zusammenfassung und Diskussion der Ergebnisse

Im folgenden sollen zunächst die Einzelbefunde im Hinblick auf die drei folgenden - der Untersuchung zugrunde liegenden - Fragestellungen erörtert werden:

- An erster Stelle stand die Frage nach der Höhe der Steuerüberzahlungen, die die Lohnsteuerpflichtigen Nordrhein-Westfalens im Jahre 1970 geleistet haben.

- Zweitens wurde die Frage untersucht, welche "Determinanten" die Lohnsteuerüberzahlungen und die Kenntnisse über die Lohnsteuer beeinflusst haben.

- Drittens erhob sich die Frage, ob für die Inanspruchnahme der staatlichen Sparförderungs- und Vermögensbildungsmassnahmen die gleichen Faktoren ausschlaggebend sind wie für die Ausnutzung steuerlicher Absetzungsmöglichkeiten. Es war insbesondere zu prüfen, ob zwischen der Ausnutzung steuerlicher Abzugsmöglichkeiten einerseits und der Inanspruchnahme staatlicher Sparvergünstigungen andererseits ein statistisch gesicherter Zusammenhang besteht.

Anschliessend ist die sozialpolitische Bedeutung der Untersuchungsergebnisse zu erörtern. Insbesondere sollen Möglichkeiten aufgezeigt werden, die der Gesetzgeber hat, seine sozialpolitischen Vorstellungen besser zu verwirklichen.

4.1 Die Höhe der Lohnsteuerüberzahlungen

Aufgrund der Befragungsergebnisse, die zum Teil durch Kontrollinterviews sowie anhand der den Finanzämtern vorliegenden Lohnsteuerunterlagen überprüft wurden, kann folgendes geschätzt werden:

1. Rund 31 Prozent der Lohnsteuerzahler Nordrhein-Westfalens haben im Jahre 1970 Lohnsteuerüberzahlungen geleistet, die sie bei Geltendmachung aller steuerbegünstigten Aufwendungen im Wege des Antrags auf Lohnsteuer-Jahresausgleich vom Finanzamt hätten zurückverlangen können.[1)]

2. Die Summe der Steuerüberzahlungen beträgt je Lohnsteuerzahler etwa 22 DM.

3. Daraus lässt sich errechnen, dass die rund 4 Millionen nicht zur Einkommensteuer veranlagten Lohnsteuerzahler Nordrhein-Westfalens mit 95 Prozent Wahrscheinlichkeit insgesamt zwischen 72 und 106 Mill. DM Lohnsteuerüberzahlungen, also maximal etwa ein Prozent des gesamten Lohnsteueraufkommens dieses Bundeslandes, geleistet haben.

Selbst wenn man in Rechnung stellt, dass sich die Lohnsteuerpflichtigen Nordrhein-Westfalens hinsichtlich ihrer Struktur und ihres Steuerverhaltens von den Steuer-

---

1) Eine Untersuchung der EINKOMMENSTEUERKOMMISSION kommt zu dem Ergebnis, dass rund 25 Prozent der antragsberechtigten Lohnsteuerpflichtigen ihre den Sonderausgaben-Pauschbetrag übersteigenden Aufwendungen nicht geltend machen. Vgl. EINKOMMENSTEUERKOMMISSION: Untersuchung zum Einkommensteuerrecht unter besonderer Berücksichtigung textkritischer, rechtssystematischer und verfassungsrechtlicher Gesichtspunkte - Bericht der EINKOMMENSTEUERKOMMISSION-, in: Schriftenreihe des BUNDESMINISTERIUMS DER FINANZEN, Heft 7, Bonn 1964, S. 159. Berücksichtigt man, dass von den befragten Lohnsteuerpflichtigen ausser Sonderausgaben auch noch andere steuerbegünstigte Aufwendungen (Werbungskosten, aussergewöhnliche Belastungen) nicht geltend gemacht wurden, entspricht diese Schätzung der EINKOMMENSTEUERKOMMISSION in ihrer Grössenordnung ungefähr der hier vorgelegten Schätzung einer "Schattenquote" von 31 Prozent.

pflichtigen anderer Bundesländer stark unterscheiden,[1] dürften sich damit Schätzungen als unhaltbar erweisen, die - ohne empirische Überprüfung - davon sprechen, dass "... 2,8 Millionen der insgesamt 19,7 Millionen Lohnsteuerzahler dem Fiskus jedes Jahr etwa eine Milliarde Lohnsteuer 'schenken', weil sie es versäumen einen Lohnsteuer-Jahresausgleich zu beantragen..."[2].

Unter der Bedingung, dass sich die Lohnsteuerpflichtigen Nordrhein-Westfalens und die Steuerpflichtigen anderer Bundesländer nicht voneinander unterscheiden, ergeben sich aufgrund der vorstehenden Schätzung für die Bundesrepublik Lohnsteuerüberzahlungen in einer Höhe von maximal etwa 380 Mill. DM. In dieser Schätzung sind die Steuerüberzahlungen der zur Einkommensteuer veranlagten Lohnsteuerpflichtigen nicht enthalten. Wenn man diese Steuerüberzahlungen zusätzlich berücksichtigt und ausserdem in Rechnung stellt, dass die Steuerüberzahlungen in anderen Bundesländern wegen des höheren Anteils ländlicher Bevölkerungsschichten durchschnittlich grösser sind als in Nordrhein-Westfalen, dann ergibt sich, dass die hier vorgelegte Schätzung der Lohnsteuerüberzahlungen mit dem in einer Bundestagsdebatte [3] genannten Betrag von 500 Mill.DM im Jahr in der Grössenordnung übereinstimmt. -

1) Es konnte gezeigt werden, dass die Lohnsteuerpflichtigen in ländlichen Zonen Nordrhein-Westfalens durchschnittlich höhere Steuerüberzahlungen geleistet haben als die Steuerpflichtigen in Ballungskernen (vgl. oben, S.55). Es ist daher zu vermuten, dass sich in den anderen Bundesländern, in denen der Anteil der ländlichen Bevölkerung im allgemeinen grösser als in Nordrhein-Westfalen ist, durchschnittlich höhere Steuerüberzahlungen ergeben.

2) LEHMANN, H.: a.a.O., S. 3

3) Vgl. Stenographischer Bericht der 195. Sitzung des DEUTSCHEN BUNDESTAGS, 5. Wahlperiode, vom 14.11.1968, S. 10537 ff., zit. nach: KARL BRÄUER INSTITUT des Bundes der Steuerzahler (Hrsg.), a.a.O., S. 30.

Als Hauptkomponente der hohen Steuerüberahlungen stellten sich die Sonderausgaben heraus. Insbesondere sind hier die Arbeitnehmerbeiträge zur gesetzlichen Sozialversicherung, die Kirchensteuer und die Schuldzinsen zu nennen. Während Sozialversicherungsbeiträge und Kirchensteuer ausschliesslich von solchen Steuerpflichtigen nicht abgesetzt wurden, die keinen Antrag auf Lohnsteuer-Jahresausgleich oder Lohnsteuer-Ermässigung gestellt haben, wurde die Absetzung von Schuldzinsen häufig auch von Steuerzahlern vergessen, die beim Finanzamt einen Lohnsteuer-Jahresausgleich beantragt hatten.

4.2 "Determinanten" der Lohnsteuerüberzahlungen

Ohne einen Anspruch auf Vollständigkeit zu erheben, konnte eine umfangreiche Liste von "Determinanten" erstellt werden, die das Vorliegen von Lohnsteuerüberzahlungen sowie die Kenntnisse über die Lohnsteuer beeinflussen. Es konnte gezeigt werden, dass die Untersuchungsvariablen mit

- einigen sozialstatistischen Merkmalen (Geschlecht, Familiensituation, Wohngebiet)
- einigen sozialökonomischen Faktoren (Bildungsniveau, Art der im Beruf ausgeübten Arbeit, Gewerkschaftszugehörigkeit, Einkommens- und Vermögenssituation)
- dem sich aus den Informationsgewohnheiten ergebenden allgemeinen Informationsstand der Lohnsteuerpflichtigen
- dem Engagement, sich mit Lohnsteuerangelegenheiten zu befassen (Informationsgewohnheiten über das Thema "Lohnsteuer" sowie Engagement bei der Ausarbeitung des Antrags auf Lohnsteuer-Jahresausgleich) und schliesslich
- einigen sozialen Orientierungen der Steuerpflichtigen (Einstellung zum Staat, zur Steuer, zum Finanzbeamten)

im Zusammenhang stehen. Unterschiede zwischen Gruppen, die sich hinsichtlich dieser Merkmale voneinander unterscheiden, wurden statistisch mit Hilfe eines Chi-Quadrat-Tests gesichert.

Übereinstimmungen und Differenzen zwischen diesen Gruppen waren in keinem Punkte maximal, d.h. es fand sich kein relevantes Gruppierungsmerkmal, bei dem von dem einen Teil der Befragten alle, von dem anderen Teil aber keiner im Hinblick auf die Kenntnisse über die Lohnsteuer und die Ausschöpfung steuerlicher Absetzungsmöglichkeiten besonders gut abschnitt. Vielmehr drückten sich bedeutende Differenzen zwischen den verschiedenen Gruppen etwa darin aus, dass sich bei einem relevanten Gruppierungsmerkmal der eine Teil der Befragten zu 80 Prozent, der andere Teil aber nur zu 60 Prozent dem Themenbereich gegenüber besonders aufgeschlossen zeigte.

Selbst Steuerpflichtige, bei denen zu erwarten war, dass sie sich aufgrund ihrer sozialen Herkunft, ihres Bildungsniveaus und ihrer beruflichen Stellung in dem untersuchten Themenbereich besonders gut zurechtfinden - indem sie z.B. wegen ihrer Erfahrungen in schreibtechnischen Angelegenheiten Antragsfomulare besser bearbeiten können oder darin geübt sind, den Verkehr mit Behörden vorteilhaft abzuwickeln - haben, wenn auch zu einem geringen Prozentanteil,Lohnsteuerüberzahlungen geleistet.[1] Auf der anderen Seite besass auch ein Teil der Steuerpflichtigen der sogenannten unteren sozialen Schichten gute Kenntnise über die Lohnsteuer, so dass diese in der Lage waren, die ihnen vom Gesetzgeber eingeräumten Möglichkeiten der Steuerersparnis bestmöglich auszunutzen.

---

1) Aufgrund einer empirischen Studie kommt ENGELHARDT (G.: Verhaltenslenkende Wirkungen der Einkommensteuer - Ein Beitrag zum Problem der wirtschaftspolitischen Beratung, in: Finanzwissenschaftliche Forschungsarbeiten (Hrsg. G. SCHMÖLDERS), Köln 1968, S. 101) zu dem Ergebnis, dass das Bild des "homo oeconomicus", der mit grösstmöglicher Akribie die Steuergesetze nach Ausweichmöglichkeiten durchforstet, um sein Nettoeinkommen auf Kosten des Fiskus zu maximieren, revisionsbedürftig ist.

Diese Ergebnisse sind schon ein Hinweis darauf, dass sich der Steuerzahler, der seine steuerlichen Möglichkeiten optimal ausnutzt, bzw. sein Pendant, der Steuerpflichtige, der sich in dieser Frage zum eigenen Schaden als weniger versiert erweist, als "Idealtyp" kaum beschreiben lässt. Zumindest mit Hilfe der hier untersuchten Variablen ist eine solche Beschreibung nicht möglich.

Um mit Hilfe eines statistischen Verfahrens zu prüfen, ob das gemeinsame Vorliegen mehrerer Merkmale bei einer Person (z.B. Angestellter mit hohem Einkommen und positiver Einstellung zur Steuer) den gesuchten "Idealtyp" des Steuerzahlers exakt bestimmt, wurde eine Kontrastgruppenanalyse durchgeführt.[1] Dabei zeigte sich jedoch, dass auch die Kombination mehrerer Merkmale einen zu geringen Erklärungswert für eine solche "Definition" besitzt.

Dagegen lässt sich mit Hilfe der vorliegenden Untersuchungsergebnisse ein "Modaltyp"[2] des gesuchten Steuerzahlers im Sinne des statistischen Begriffs des Modus (des häufigsten Werts einer Verteilung) bestimmen. Ein Modaltyp kann

---

1) Die Kontrastgruppenanalyse wurde mit Hilfe der EDV-Anlage und eines Programms des INFAS-INSTITUTS, Bonn-Bad Godesberg, durchgeführt. Die Kontrastgruppenanalyse arbeitet normalerweise nach der Methode der Varianzreduktion. Bei dem verwendeten "SYNTRO-Programm", das auch die Analyse von abhängigen Variablen mit mehr als zwei Ausprägungen ermöglicht, wird jedoch nicht die Restvarianz, sondern die Restentropie minimiert. Es lässt sich zeigen, dass bei Variablen mit nur zwei Ausprägungen beide Methoden zu denselben Aussagen führen. Bei "Syntro" ist die maximale Entropiereduktion der letzten Gruppe, die gezählt und gerechnet wird, Kriterium für die Trennung. Eine Trennung der Gruppen war nicht mehr möglich, wenn die Gruppen weniger als 25 Fälle enthielten (Abbruchkriterium). Vgl.: INFAS-INSTITUT, Bonn-Bad Godesberg: Syntro-Programm zur Kontrastgruppenanalyse, Manual für Benutzer, Unveröffentlichtes Manuskript, August 1970.

2) Der Begriff "Modaltyp" wird u.a. auch in der Psychologie verwendet. Dort spricht man von der Modalpersönlichkeit eines Volkes oder von der Basisstruktur der Persönlichkeit, wenn die am häufigsten vorliegenden Merkmale der Individuen herausgegriffen werden, um den Charakter eines Volkes zu beschreiben. Vgl. HOFSTÄTTER, R. (Hrsg.): Psychologie, Fischer Lexikon, Band 6, Frankfurt 1957, S. 319.

dadurch gekennzeichnet werden, dass er im Vergleich zu seinem Gegentyp bestimmte Merkmale relativ häufig aufweist. Wenn auch die Kombination dieser Merkmale, wie oben gezeigt wurde, diesen Typ nicht eindeutig bestimmt, so ist doch die Wahrscheinlichkeit, dass bei ihm ein bestimmtes Merkmal vorliegt, relativ gross.

Der Modaltyp des Steuerpflichtigen, der sich in Lohnsteuerangelegenheiten weniger gut zurechtfindet und seine steuerlichen Absetzungsmöglichkeiten nicht bestmöglich ausnutzt (der Modaltyp des Steuerüberzahlers) kann aufgrund der vorliegenden Untersuchungsergebnisse wie folgt charakterisiert werden:

> Er ist weiblichen Geschlechts, unverheiratet und wohnt in ländlichen Zonen; er besitzt ein niedriges Bildungsniveau, arbeitet in seinem Beruf vorwiegend körperlich, ist nicht in einer Gewerkschaft organisiert und bezieht nur ein niedriges Einkommen; er informiert sich nur selten oder nie in Presse, Rundfunk und Fernsehen über Belange öffentlichen Interesses; in Lohnsteuerangelegenheiten engagiert er sich gar nicht oder nur wenig; und schliesslich zeigt er eine gewisse Staatsverdrossenheit, indem er eine eher negative Einstellung zum Staat, zur Steuer und zum Finanzbeamten zeigt; er unterstreicht insbesondere den Zwangscharakter der Besteuerung.

Der Modaltyp des Steuerpflichtigen, der seine steuerlichen Absetzungsmöglichkeiten optimal ausnutzt, lässt sich dagegen wie folgt beschreiben:

> Er ist männlichen Geschlechts, verheiratet, hat Kinder und wohnt in einer Grosstadt; er hat eine Berufsausbildung oder eine weiterführende Ausbildung abgeschlossen, übt in seinem Beruf vorwiegend Büro- oder Schreibtischarbeiten aus, ist Mitglied einer Gewerk-

schaft, bezieht - gemessen an anderen Lohnsteuerpflichtigen - ein hohes Einkommen und hat schon ein bestimmtes Geldvermögen angespart; er informiert sich sowohl durch Presse als auch durch Rundfunk oder Fernsehen relativ häufig über Themen öffentlichen Interesses so dass davon auszugehen ist, dass er einen hohen allgemeinen Informationsstand besitzt; in Lohnsteuerangelegenheiten engagiert er sich stark: er liest Zeitungsartikel, Bücher und Broschüren mit Ratschlägen zur Lohnsteuer und bemüht sich, seinen Antrag auf Lohnsteuer-Jahresausgleich, den er persönlich beim Finanzamt einreicht, möglichst sorgfältig auszufüllen und zu belegen; zum Staat, zur Steuer und zum Finanzbeamten hat er eine eher positive Einstellung; er unterstreicht insbesondere den Beitragscharakter der Besteuerung.

Viele der aufgezeigten Merkmale stehen auch untereinander in einem Zusammenhang. Es wurde schon darauf hingewiesen, dass das gute Abschneiden der gewerkschaftlich organisierten Lohnsteuerpflichtigen zum Teil darauf zurückgeführt werden kann, dass der Anteil der Männer unter den Gewerkschaftsmitgliedern besonders gross ist. Inwieweit auch zwischen den anderen Variablen Zusammenhänge bestehen, die sich auf das Untersuchungsergebnis ausgewirkt haben, lässt sich durch folgendes Erklärungsmodell skizzieren:[1)]

Information und Realisation, d.h. Information über steuerliche Angelegenheiten und ein adäquates Verhalten in dieser Frage, sind eine Funktion der <u>Integration</u> des Individuums in die Gesellschaft. - Integration aber erfolgt primär über die drei Instanzen Beruf, Familie (im Hinblick auf den sozialen Status der Herkunftsfamilie sowie die Grösse der eigenen Familie) und Wohngebiet. Sie ist umso stärker, je gesicherter der beruf-

---

1) Um die Interkorrelationen zwischen den verschiedenen Variablen festzustellen, wurde eine Korrelationsmatrix erstellt, die bei der hier vorgelegten Skizzierung zu Hilfe gezogen wurde.

liche Status ist (Interkorrelationen: männliches Geschlecht, höheres Bildungsniveau, höheres Einkommen, finanzielle Rücklagen vorhanden), je grösser die Familie ist (Interkorrelationen: verheiratet, mit Kindern, Steuerklasse III, IV oder V), je gesicherter der soziale Status der Herkunftsfamilie ist (Interkorrealtion: beruflicher Status) und je grösser die Bevölkerungsdichte im jeweiligen Wohngebiet ist (Interkorrelationen: grössere Kommunikationsmöglichkeiten, grösserer Anteil der gewerkschaftlich organisierten Industriearbeiterschaft, höheres Bildungsniveau und grösseres Einkommen als in ländlichen Zonen).

Information und Realisation sind ferner eine Funktion primärer und sekundärer Sozialisation, die als Einübung sozialer Verhaltensweisen und Internalisierung normativer Imperative der sozialen Umwelt zu verstehen ist. Sozialisation bestimmt die Selbstverständlichkeit des Zugangs zu und des Umgangs mit der formalisierten Struktur des Steuerrechts. Die aus der Berufssituation und dem Bildungsniveau resultierende Übung im Umgang mit formalisierten Informationen (Fähigkeit zur Abstraktion) sowie ein dezidiertes gesellschaftspolitisches Interessenbewusstsein (Interkorrelation: Zugehörigkeit zur Gewerkschaft, Einstellung zum Staat, seinen Behörden und seinen Massnahmen) führen zu einer verstärkten Wahrnehmung von Steuerregeln und der Umsetzung von Perzeption in Aktion. Die Informationsgewohnheiten sowohl über allgemeine Probleme öffentlichen Interesses als auch über das Spezialthema "Lohnsteuer" sind weitgehend eine Funktion der Sozialisation. Quantitative und qualitative Ausprägung der Aufnahme von Informationen bestimmen definitive Kenntnisse über und Anwendungsbewusstsein von Steuerersparnismöglichkeiten.

4.3 Zusammenhänge zwischen der Ausnutzung steuerlicher Absetzungsmöglichkeiten und der Inanspruchnahme staatlicher Sparvergünstigungen

Aufgrund der Befragungsergebnisse konnte folgendes gezeigt werden:

1. Lohnsteuerpflichtige besitzen über Einzelheiten der staatlichen Sparförderung nur geringe Kenntnisse. Nur 1,3 Prozent der Befragten konnten die Frage nach einzelnen Vergünstigungen der Sparförderung in allen Punkten richtig beantworten. Auch wusste nur ein geringer Prozentanteil der Lohnsteuerzahler über die Höhe der staatlichen Sparprämie sowie über die Einkommensgrenze für die Gewährung der Zusatzprämie Bescheid.

2. Ein grosser Teil der Lohnsteuerzahler nimmt die staatlichen Sparvergünstigungen nicht oder nur in einem geringen Ausmass in Anspruch. So waren z.B. nur 38 Prozent der Befragten im Jahre 1970 bereit, freiwillig Teile ihres Arbeitslohnes nach dem 624-DM-Gesetz vermögenswirksam anzulegen. Hinsichtlich der prozentualen Ausnutzung der Sparprämienhöchstbeträge ergab sich, dass nur jeder zweite bis dritte Lohnsteuerpflichtige diese Höchstbeträge zu mehr als 25 Prozent ausgeschöpft hat. Nur 5 Prozent der Lohnsteuerzahler haben die Höchstbeträge bestmöglich ausgenutzt.

3. Als Determinanten der Inanspruchnahme staatlicher Sparvergünstigungen stellen sich im wesentlichen die gleichen Faktoren heraus, die auch schon zu einer Erklärung der Ausnutzung steuerlicher Absetzungsmöglichkeiten beigetragen hatten: Steuerpflichtige, die hinsichtlich der Inanspruchnahme ihrer Steuerersparnismöglichkeiten besser abschneiden als die übrigen, haben im allgemeinen auch die staatlichen Sparvergünstigungen

häufiger ausgenutzt. Der Modaltyp des Steuerpflichtigen, der die staatlichen Sparförderungsmassnahmen beansprucht, unterscheidet sich daher nur unwesentlich von dem Modaltyp des Steuerzahlers, der seine steuerlichen Absetzungsmöglichkeiten optimal ausnutzt. Entsprechendes gilt für den Modaltyp des Steuerpflichtigen, der die staatlichen Sparvergünstigungen gar nicht oder nur in einem geringen Ausmass ausnutzt, im Vergleich zu dem Modaltyp des Steuerüberzahlers. Das oben skizzierte Erklärungsmodell der Gesamtzusammenhänge zwischen den verschiedenen Variablen kann daher auch für eine Erklärung der Ausnutzung staatlicher Sparvergünstigungen herangezogen werden: Information und Realisation, d.h. Information über die staatlichen Sparförderungsmassnahmen und ein entsprechendes Sparverhalten, sind im wesentlichen eine Funktion der Integration des Individuums in die Gesellschaft und seiner Sozialisation. Die neu hinzugekommenen - auf ein besonders positives Sparverhalten hinweisenden - Merkmale "Alter" und "Berufsgruppe" unterstreichen diese Zusammenhänge noch, da sie in einer engen Beziehung zu dem beruflichen Status der Lohnsteuerpflichtigen stehen (Interkorrelationen: männliches Geschlecht, höheres Bildungsniveau, Angestellter oder Beamter, mittlere Jahrgangsgruppe, höheres Einkommen, finanzielle Rücklagen vorhanden).

4. **Die Erwartung, dass Lohnsteuerpflichtige, die die staatlichen Sparvergünstigungen beanspruchen, auch ihre steuerlichen Absetzungsmöglichkeiten bestmöglich ausnutzen, wird daher durch die Untersuchungsergebnisse bestätigt: es ist mit 99 Prozent Wahrscheinlichkeit sicher, dass**

die zusammengebrachten Merkmale in einem Zusammenhang stehen. Dieser durchaus plausible Zusammenhang erhellt, wenn man berücksichtigt, dass für die Ausnutzung von Steuerersparnismöglichkeiten im wesentlichen die gleichen Fähigkeiten, Vorkenntnisse und Interessen (z.B. Sparinteresse) als Bedingung vorliegen müssen wie für die Inanspruchnahme von Sparvergünstigungen.

4.4 Die sozialpolitische Bedeutung der Ergebnisse

Im vorstehenden Kapitel konnte gezeigt werden, dass der Typ des Lohnsteuerpflichtigen, der seine Steuerersparnismöglichkeiten zum eigenen Schaden nicht ausnutzt, im wesentlichen mit dem Typ des Steuerpflichtigen übereinstimmt, der die staatlichen Sparförderungsmassnahmen nicht oder nur im geringen Ausmass in Anspruch nimmt. Gekennzeichnet sind beide Typen durch Merkmale, die darauf hinweisen, dass es sich hier um sozial schwächere Bevölkerungsschichten handelt. Dagegen weist der Typ des Steuerpflichtigen, der seine steuerlichen Absetzungsmöglichkeiten optimal ausnutzt und der die staatlichen Sparvergünstigungen weitgehend beansprucht, Merkmale auf, die auf die Zugehörigkeit zu Bevölkerungsschichten mit relativ hohem sozialen Status schliessen kann.

Dieses Ergebnis ist unter sozialpolitischen Gesichtspunkten insofern relevant, als in dem untersuchten Themenbereich vor allem die sozial Schwachen[1] benachteiligt sind. Da die Ziele der Sozialpolitik direkt oder indirekt der Einkommensverteilung gelten[2], ist durch die Benachteiligung der sozial Schwachen im Bereich der Lohnsteuer und der Sparförderung ein wesentlicher Aktionsparameter der Sozialpolitik,nämlich die Ordnung des

1) WEISSER bezeichnet als Sozialpolitik den "Inbegriff derjenigen Massnahmen, die bestimmt sind, die Lebenslage von sozial schwachen oder gefährdeten Bevölkerungsschichten zu verbessern." WEISSER, G.: Einige Grundbegriffe der Sozialpolitiklehre (Neue Fassung 1957), als Manuskript vervielfältigt, Köln 1957, S. 3.

2) Vgl. LIEFMANN-KEIL, E.: Ökonomische Theorie der Sozialpolitik (Enzyklopädie der Rechts- und Staatswissenschaften, Abteilung Staatswissenschaft),Berlin-Göttingen-Heidelberg 1961, S.5.

Verteilungsprozesses[1] beeinträchtigt: Zum einen besteht das amtlich begründete Ziel der Sparförderung darin, langsam aber nachhaltig breitere Bevölkerungsschichten für den Gedanken des Sparens zu gewinnen,[2] zum anderen wird als sozialpolitische Funktion der Besteuerung allgemein anerkannt, "... eine Umverteilung von Einkommen und Vermögen zugunsten wirtschaftlich Schwacher herbeizuführen, soweit dieses Ziel nicht oder nicht ausreichend durch ausgabepolitische Massnahmen verwirklicht werden kann."[3] Die Durchsetzung beider Ziele ist gefährdet, wenn die sozial schwachen Gruppen sowohl steuerliche als auch vermögenspolitische Vergünstigungen nicht oder nur in geringem Umfang ausnutzen. -

Es kann nun nicht Aufgabe dieser Untersuchung sein, einen nahezu vollständigen Katalog mit Verbesserungsvorschlägen zu den sozialpolitisch gemeinten Bestandteilen des Einkommensteuerrechts und der Sparförderungsgesetze vorzulegen.[4] Auch können nicht alle unter diesem Gesichtspunkt relevanten Reformvorschläge, die im Zusammenhang mit der geplanten Steuerreform (einschliess-

---

1) Vgl. SCHREIBER, W.: Sozialpolitik heute und morgen, ein Vortrag am 18.7.64 vor der Rheinischen Braunkohlenbergschule in Frechen-Bachem, unveröffentlichtes Manuskript, zit. nach: ZECH, Jürgen: Das deutsche Einkommensteuergesetz in sozialpolitischer Sicht, Dissertation, Köln 1967, S. 14 f.

2) Vgl. VOGEL, A.: Spar-Prämiengesetz (mit Durchführungsverordnung, Richtlinien, amtlicher Begründung und Erläuterungen), 2. Auflage, Stuttgart 1961, S. 81 ff.

3) NEUMARK, F.: Grundsätze gerechter und ökonomisch rationaler Steuerpolitik, Tübingen 1970, S. 19.

4) Vgl. hierzu insbesondere: INSTITUT "FINANZEN UND STEUERN": Der Fiskus als Sozialpolitiker, Heft 77, Bonn 1965, S. 70 ff. NEUMARK, F.: Grundsätze ..., a.a.O., S. 67 ff., S. 395 ff; ZECH, J.: a.a.O., S. 51 ff, S. 159 ff.

lich Reform der Sparförderung) stehen,[1] erörtert werden. Vielmehr sollen nur solche Möglichkeiten, die der Gesetzgeber hat, seine sozialpolitischen Vorstellungen besser zu realisieren, aufgezeigt werden, die in einem unmittelbaren Bezug zu den Untersuchungsergebnissen stehen.

Die aus den Untersuchungsergebnissen resultierenden prinzipiellen Forderungen sind:

(a) das Postulat nach einer Vereinfachung des Lohnsteuerrechts sowie der Sparförderung und

(b) das Postulat nach einer besseren Aufklärung der Lohnsteuerpflichtigen über die steuerlichen und vermögenspolitischen Vergünstigungen

Beide Postulate stehen insofern in einem Zusammenhang, als die Aufklärung über steuerliche und vermögenspolitische Vergünstigungen eine Vereinfachung der gesetzlichen Regelungen bedingt, zumindest aber erleichtert.

Im einzelnen können folgende Postulate aufgestellt bzw. unterstützt werden:

---

1) Vgl. insbesondere: STEUERREFORMKOMMISSION (1971): a.a.O.; PRESSE- UND INFORMATIONSAMT DER BUNDESREGIERUNG (Hrsg.): Steuerreform 1974 - Die Beschlüsse der Bundesregierung vom 11. Juni 1971 über Eckwerte und Grundsätze, Bulletin Nr. 95/S.993, Bonn 1971; DER BUNDESMINISTER FÜR WIRTSCHAFT UND FINANZEN (Hrsg.): Dokumentation über die Beschlüsse der Bundesregierung vom 11. Juni und 28./29. Oktober 1971 über Eckwerte und Grundsätze zur Steuerreform 1974, Bonn, November 1971; VORSTAND DER SPD (Hrsg.): Vorschläge der Steuerreformkommission beim Parteivorstand der SPD, Materialien zum Ausserordentlichen Parteitag 18.-20. November 1971 (Steuerreform IV), Bonn 1971; CDU-SOZIALAUSSCHÜSSE fordern eine "Negativsteuer", in Handelsblatt vom 2.2.1971; KARL-BRÄUER-INSTITUT (Hrsg.), a.a.O; Von Reformideen zur Konfiskation, Handelsblatt-Sonderausgabe, 15.12.1971, S. II DEUTSCHER GEWERKSCHAFTSBUND, BUNDESVORSTAND (Hrsg.): Vorschläge des DGB zur Steuerreform, Düsseldorf, 12.5.1971

a1) Um dem Arbeitnehmer einen Überblick über seine Rechte und Pflichten als Steuerzahler zu ermöglichen, sollte die Lohnsteuer-Durchführungsverordnung so ausgebaut werden, dass darin alle Regelungen für lohnsteuerpflichtige Arbeitnehmer, die zur Zeit auf mehrere Gesetzestexte verteilt sind, zusammengefasst werden. Der Text sollte so formuliert werden, dass ein Höchstmass an Gemeinverständlichkeit erreicht wird.[1] Insbesondere sollten die steuerlichen Vergünstigungen klar gegliedert aufgeführt[2] und derart eindeutig formuliert werden, dass Zweifel über die Rechte des Steuerpflichtigen bei diesem selbst und bei der Steuerverwaltung weitgehend ausgeschlossen sind. Dem Gesetzestext sollte ein Stichwortverzeichnis oder ein Fragenkatalog[3] zu diesen Steuervergünstigungen vorangestellt werden, durch das der Steuerpflichtige auf die zugehörigen Gesetzespassagen verwiesen wird. In den Gesetzestext sollte neben den lohnsteuerlich relevanten Vorschriften der "Abgabenordnung" auch die "Verordnung über den Lohnsteuer-Jahresausgleich" einbezogen werden, in der die Rechte und Pflichten des lohnsteuerpflichtigen Arbeitnehmers[4] im Zusammenhang mit seinem Lohnsteuer-Jahresausgleich geregelt sind. Schliesslich sind dem "Lohnsteuerrecht" eine Jahres-, Monats-, Wochen- und Tageslohnsteuertabelle als Anlage beizufügen.

---

1) Der Gesetzestext sollte unter Beteiligung von Juristen, nicht aber ausschliesslich von Juristen formuliert werden. NEUMARK (F.: a.a.O., S. 344) spricht im Hinblick auf die Unverständlichkeit der Steuergesetze von "... von Juristen für Juristen gemachten Gesetzen" Vgl. auch oben, S. 24.
2) ZECH (J.: a.a.O., S. 51 ff.) bezeichnet die klare Gliederung der sozialen Vergünstigungen als Voraussetzung für den Erfolg einer sozialpolitischen Einkommensbesteuerung.
3) Vgl. oben, S. 77 f.
4) Einschliesslich der Rechte und Pflichten des Arbeitgebers, der Finanzverwaltung und der Gemeinden.

Mit diesem Vorschlag soll nicht die Eigenschaft der Lohnsteuer als "neue Klassensteuer"[1] unterstrichen werden, sondern es soll den Lohnsteuerpflichtigen erleichtert werden, sich über die für sie geltenden Steuervorschriften einen Überblick zu verschaffen: Die Lohnsteuer sollte weiterhin als besondere Erhebungsform der Einkommensteuer behandelt werden.

Als Auswirkung der Realisierung des Vorschlags einer Zusammenfassung, systematischen Gliederung und allgemeinverständlichen Verbalisierung des Steuerrechts für Lohnsteuerpflichtige kann nicht erwartet werden, dass das Steuerrecht für jedermann in allen Einzelheiten verständlich wird.[2] Es ist aber anzunehmen, dass durch eine solche Vereinfachung die Voraussetzung für eine bessere Unterrichtung der Lohnsteuerzahler über ihre Rechte und Pflichten geschaffen wird.[3]

a2) Unter dem Aspekt einer Vereinfachung des Steuerrechts ist die <u>inhaltliche Änderung einzelner Vorschriften</u> ebenso wichtig zu beurteilen wie der oben skizzierte Vorschlag einer Neugestaltung der steuergesetzlichen Vorschriften als Ganzes. Besondere Bedeutung ist dabei einer Vereinfachung des Lohnsteuerverfahrens zuzumessen:

---

1) UPMEIER, W.: - Die neue "Klassensteuer" - Die Verselbständigung der Besteuerung nach Einkommensarten, dargestellt an der gesonderten Besteuerung der Einkünfte aus nichtselbständiger Arbeit. - Zum Postulat der Gleichmässigkeit der Einkommensbesteuerung -, Dissertation, Köln 1970.

2) Vgl. hierzu auch die teilweise resignierenden Feststellungen der EINKOMMENSTEUERKOMMISSION (: Untersuchungen zum Einkommensteuerrecht ..., a.a.O., ibs. S. 28 ff.).

3) Vgl. auch NEUMARK (F.: a.a.O., S. 346), der die "Öffentlichkeitsarbeit der Regierung" unter dem Aspekt einer Vereinfachung des Steuerrechts herausstellt.

Es wird der Vorschlag unterstützt,[1] die Arbeitnehmerbeiträge zur Sozialversicherung (einschliesslich Beiträge zur befreienden Lebensversicherung, an betriebliche Pensionskassen, zur Angestellten-Zusatzversorgung im öffentlichen Dienst, an die Ersatzkassen und Betriebskrankenkassen) schon bei der Einbehaltung der Lohnsteuer durch den Arbeitgeber steuermindernd zu berücksichtigen (Vorwegabzugsverfahren). Da - wie oben gezeigt werden konnte -[2] Sozialversicherungsbeiträge die Hauptkomponente der Lohnsteuerüberzahlungen sind, würde allein der Vorwegabzug der Arbeitnehmerbeiträge zur gesetzlichen Sozialversicherung die oben errechneten Steuerüberzahlungen um etwa 22 Prozent[3] vermindern. Die Kirchensteuer[4] sollte nach Möglichkeit in das Vorwegabzugsverfahren einbezogen

---

1) Vgl. z.B.: STEUERREFORMKOMMISSION (1971): a.a.O., Bd. I, Abschnitt II, Tz 761 (Minderheitsvotum), vgl. ferner PRESSE- UND INFORMATIONSAMT DER BUNDESREGIERUNG (Hrsg.): Eckwerte..., a.a.O., S. 1024.

2) Vgl. oben, Tabelle 9.

3) Quelle: Berechnungen aufgrund der Befragungsergebnisse: Etwa 22 Prozent der Lohnsteuerüberzahlungen resultieren aus nicht abgesetzten Sozialversicherungsbeiträgen. Es handelt sich dabei nur um Lohnsteuerpflichtige, die keinen Antrag auf Lohnsteuer-Jahresausgleich gestellt haben. Vgl. oben, Tabelle 9.

4) Zur Problematik der Abzugsfähigkeit der Kirchensteuer (Regressionswirkung ähnlich Vermögensteuer) vgl. NEUMARK, F.: Grundsätze ..., a.a.O., S. 163 f.

werden.[1] Hierdurch würden die Lohnsteuerüberzahlungen um weitere 2 bis 3 Prozent[2] reduziert.

Es wird ferner der Vorschlag unterstützt[3], zusammen mit der Einführung des Vorwegabzugsverfahrens das Lohnsteuer-Ermässigungsverfahren weitgehend zu beseitigen. Die Pauschalen für Körperbehinderte sollten entsprechend diesem Vorschlag in allen Fällen bereits von den Gemeindebehörden in die Lohnsteuerkarte eingetragen werden. Lohnsteuerermässigung sollte

1) Vgl. z.B.: STEUERREFORMKOMMISSION (1971): a.a.O., Bd. I, Abschnitt II, Tz. 443 und Tz. 761 (Anmerkung: Minderheitsvotum von TROEGER); Vgl. ferner: FLUME, W.: Steuerreform benachteiligt auch Nichtunternehmer, in: Handelsblatt vom 26.1.1972, S. 3 sowie FLUME, W.: Die reformbedürftige Reform - Vorschläge zu den neuen Steuergesetzen, in: Handelsblatt vom 25./26.6.71, S. 29; FLUME schlägt in den beiden zitierten Artikeln den Vorwegabzug auch für die Kilometer-Pauschale (für jeden Steuerzahler, der einen Kraftwagen oder ein Motorrad besitzt) vor. Obwohl die Realisierung dieses Vorschlags die Lohnsteuerüberzahlungen um weitere 3 Prozent vermindern würde (Quelle: Berechnungen aufgrund der Befragungsergebnisse) wird diesem Vorschlag nicht gefolgt, da er die Steuerbegünstigung an den Besitz eines Gegenstandes knüpft, dessen Begünstigung zudem noch aus verkehrs- und städteplanerischen Gesichtspunkten höchst unerwünscht ist. Aus verkehrspolitischen Gründen würde dagegen eine Variante des Vorschlags von FLUME zu befürworten sein, nämlich die Berücksichtigung einer Kilometerpauschale, die - unabhängig von der Benutzung eines bestimmten Verkehrsmittels - allen Arbeitnehmern, also auch Fussgängern, zugute kommt. Diese Regelung wird jedoch von der Bundesregierung in ihren Eckwerten abgelehnt, da sie - mangels eines ausreichenden Angebots durch die öffentlichen Verkehrsmittel - die Lohnsteuerpflichtigen ausserhalb der Ballungsgebiete benachteiligen würde. Vgl. PRESSE- UND INFORMATIONSAMT DER BUNDESREGIERUNG (Hrsg.): Eckwerte ..., a.a.O., S. 1023.

2) Quelle: Berechnungen aufgrund der Befragungsergebnisse. Vgl. oben, Tabelle 9.

3) Vgl. z.B.: STEUERREFORMKOMMISSION (1971): a.a.O., Bd. I, Abschnitt II, Tz. 760 ff. (Minderheitsvotum); Vgl. ferner: PRESSE UND INFORMATIONSAMT DER BUNDESREGIERUNG (Hrsg.): Eckwerte ..., a.a.O, S. 1024.

zu Beginn oder während des Jahres nur noch in besonderen Härtefällen (z.B. hohe Werbungskosten, Änderung des Familienstandes, plötzlich auftretende aussergewöhnliche Belastungen) beantragt werden können. Die im Laufe des Jahres zuviel gezahlte Lohnsteuer wird im Lohnsteuer-Jahresausgleichsverfahren erstattet. Zum Ausgleich für die Nachteile, die den Arbeitnehmern durch die Einschränkung des Lohnsteuer-Ermässigungsverfahrens entstehen, wird die Steuerrückzahlung durch einen Bonus (entsprechend dem entgangenen Zinsbetrag) ergänzt. Jeder Antragsteller erhält nach Bearbeitung des Antrags durch das Finanzamt einen Steuerbescheid, damit er überprüfen kann, welche Aufwendungen vom Finanzamt anerkannt oder abgelehnt wurden, um gegebenenfalls Einspruch erheben zu können.

Die Realisierung dieser Vorschläge würde für die Lohnsteuerpflichtigen folgende Vorteile haben: Zum einen würde durch die Entlastung der Finanzverwaltung - die Steuerreformkommission schätzt, dass mindestens 6 Millionen Anträge auf Lohnsteuer-Jahresausgleich und Lohnsteuer-Ermässigung nicht mehr gestellt zu werden brauchen[1] - das Lohnsteuer-Jahresausgleichsverfahren beschleunigt werden können (schnellere Rückerstattung der Lohnsteuer, kürzere Wartezeiten im Finanzamt) und den Finanzämtern mehr Zeit für die Beratung der Lohnsteuerpflichtigen bleibt. Zum anderen würde gerade denjenigen Lohnsteuerpflichtigen entgegengekommen, die in dem untersuchten Themenbereich besonders schlecht abgeschnitten haben, weil sie eine Abneigung gegen schriftliche Arbeiten oder eine schwache Verhandlungsposition gegenüber dem Finanzamt haben: "We-

1) Vgl. STEUERREFORMKOMMISSION (1971): a.a.O., Bd. I, Abschnitt II, Tz. 770.

niger Intelligente und Ungeschickte" würden nicht mehr im selben Umfang wie bisher bestraft.[1]

Dem von der Steuerreformkommission mehrheitlich vorgeschlagenen Veranlagungsverfahren für sämtliche Arbeitnehmer[2] sind zwar gewisse Vorzüge nicht abzusprechen. - Vor allem würde dieses Verfahren die Finanzämter im Laufe des Jahres relativ gleichmässig belasten, so dass gegenüber dem obigen Verfahren die Wartezeiten im Finanzamt weiter eingeschränkt und die Beratungsmöglichkeiten vergrössert würden. Auch könnte dieses Lohnsteuerverfahren langfristig eine gewisse erzieherische Wirkung auf die Lohnsteuerpflichtigen ausüben, die in jedem Jahr ihre Steuerrückerstattung zusammen mit anderen Begünstigungen (Sparprämien, Kindergeld) beantragen müssen -. Hier wird aber dem ersten Verfahren (Vorwegabzugsverfahren zusammen mit einer Einschränkung des Ermässigungsverfahrens) der Vorzug gegeben, da aufgrund der Untersuchungsergebnisse zu erwarten ist, dass das Veranlagungsverfahren einen grossen Teil der Arbeitnehmer überfordert. Zumindest müsste sich das Veranlagungsverfahren vor seiner Realisierung in einem längeren Test in mehreren Finanzamtsbezirken bewährt haben.[3]

---

1) SCHULTE (H.: Schätzung und Pauschalierung in der deutschen Einkommensteuer, Dissertation, Köln 1966, S. 96) kommt aufgrund seiner Untersuchung zu der Feststellung, dass durch das deutsche Einkommensteuerrecht weniger Intelligente und Ungeschickte bestraft werden.

2) Vgl. STEUERREFORMKOMMISSION (1971): a.a.O., Bd. I, Abschnitt II, Tz. 775 ff.

3) Zur Zeit werden von der Finanzverwaltung einige Planspiele durchgeführt. Vgl. PRESSE- UND INFORMATIONSAMT DER BUNDESREGIERUNG (Hrsg.): Eckwerte ..., a.a.O., S. 1024.

a3) Unter dem Aspekt einer Vereinfachung des Lohnsteuerrechts wird auch der Neugestaltung des Sonderausgabenabzugs besondere Bedeutung zugemessen. Das gegenwärtige Sonderausgabenrecht, insbesondere die Höchstbetragsregelung, ist zu kompliziert. Dementsprechend wenden sich auch die meisten der in letzter Zeit vorgelegten Reformgutachten der Neuregelung des Sonderausgabenabzugs mit besonderem Engagement zu.[1]

Ohne auf diese Vorschläge im einzelnen einzugehen, ist unter dem Vereinfachungsaspekt folgenden drei Punkten zuzustimmen:

Zum einen sollte der Sonderausgabenpauschbetrag unverändert bleiben, was im Ergebnis - wegen des Vorwegabzugsverfahrens für Sozialversicherungsbeiträge - eine Erhöhung dieser Pauschale bedeuten würde. Die Pauschale sollte der Abdeckung möglichst aller verbleibenden Sonderausgaben dienen (z.B. Steuerberatungskosten, Beiträge zur privaten Krankenversicherung und zur Haftpflichtversicherung).[2]

Zum anderen sollten Schuldzinsen nur noch im Rahmen der aussergewöhnlichen Belastungen abzugsfähig sein,[3] da die Förderungswürdigkeit von Darlehen, die in den privaten Konsum fliessen, bezweifelt werden muss. Durch diese Massnahme würden ceteris paribus die Lohnsteuerüberzahlungen um etwa 2 bis 3 Prozent vermindert

1) Vgl. z.B. STEUERREFORMKOMMISSION (1971): a.a.O., Bd. I, Abschnitt II, Tz. 228 ff; vgl. ferner PRESSE- UND INFORMATIONSAMT DER BUNDESREGIERUNG (Hrsg.): Eckwerte ..., a.a.O., S. 1017 f.; vgl. ferner KARL BRÄUER-INSTITUT: a.a.O., S. 151.
2) Vgl. z.B. STEUERREFORMKOMMISSION (1971): a.a.O., Bd. I, Abschnitt II, Tz. 766.
3) Vgl. DER BUNDESMINISTER FÜR WIRTSCHAFT UND FINANZEN (Hrsg.): Eckwerte ..., a.a.O., S. 7; vgl. ferner STEUERREFORMKOMMISSION (1971): a.a.O., Bd. I, Abschnitt II, Tz. 431.

werden können.[1]

Schliesslich sollte drittens die Höchstbetragsregelung dahingehend vereinfacht werden, dass sowohl der halbierte Abzug der über die festen Höchstbeträge hinausgehenden Aufwendungen als auch die Verdoppelung der Höchstbeträge für über 50-jährige Lohnsteuerpflichtige beseitigt werden. Der Höchstbetrag für beschränkt abzugsfähige Sonderausgaben würde sich dann nur noch am Familienstand und der Kinderzahl des Steuerpflichtigen ausrichten.[2] Es ist zu erwarten, dass die Realisierung dieses Vorschlags zu einer grösseren Transparenz steuerlicher Vergünstigungen, insbesondere für in diesem Bereich weniger versierte Lohnsteuerpflichtige, beitragen würde.

Gegen die Erhöhung des Pauschbetrages für Sonderausgaben könnte eingewendet werden, dass dies gegen den Grundsatz der Besteuerung nach der persönlich-individuellen Leistungsfähigkeit[3] verstösst. Durch die Erhöhung wären nämlich auch solche Steuerzahler begünstigt, deren Leistungsfähigkeit durch die Belastung mit Sonderausgaben nicht beeinträchtigt ist. Dem ist jedoch entgegenzuhalten, dass die Begünstigung weitgehend nur individueller Tatbestände zwangsläufig zu einer Komplizierung des Steuerrechts führt. Nach den Ergebnissen der vorliegenden Untersuchung ist daher die Möglichkeit einer Verbesserung der Steuerlastverteilung zugunsten der sozial schwachen Bevölkerungsschichten

---

1) Quelle: Berechnungen aufgrund der Befragungsergebnisse. Vgl. oben, Tabelle 9.

2) Vgl. z.B. PRESSE- UND INFORMATIONSAMT DER BUNDESREGIERUNG (Hrsg.): Eckwerte ..., a.a.O., S. 1017.

3) Vgl. dazu auch oben, S. 4 (Anmerkung).

durch Entindividualisierung nicht von der Hand zu weisen.[1] Die oft herausgestellte Antinomie zwischen dem Besteuerungsgrundsatz der persönlich-individuellen Leistungsfähigkeit und einer Vereinfachung des Steuerrechts[2] muss in Frage gestellt werden, wenn weniger leistungsfähige Steuerpflichtige ihre individuellen Absetzungsmöglichkeiten nicht ausnutzen.

a4) Zu einer besseren Transparenz über die Steuervergünstigungen und einer gleichmässigeren Begünstigung aller Steuerzahler würde auch die Massnahme beitragen, den Abzug einiger steuerlicher Vergünstigungen von der Bemessungsgrundlage durch den Abzug von der Steuerschuld in Höhe eines bestimmten einheitlichen Vomhundertsatzes der Aufwendungen (möglichst 20 Prozent) oder durch Prämien (Subventionen) zu ersetzen. Durch diese Massnahme würde insbesondere die "Merklichkeit" der Steuervergünstigungen erhöht und damit auch ihre Nachprüfbarkeit gewährleistet: Ähnlich wie bei der Arbeitnehmersparzulage nach dem neuen 624-DM-Gesetz hätte jeder Arbeitnehmer die Möglichkeit, anhand seines Lohnstreifens zu überprüfen, um welchen Betrag seine Steuerschuld gekürzt worden ist.[3] Zudem würde die "schichtenspezifi-

---

1) Vgl. auch NEUHOFF, H.-P.: Die Erhebungskosten der deutschen Lohnsteuer und die Problematik einer "Lohnsteuerprovision", Dissertation, Köln 1969, S. 91.

2) Vgl. dazu auch SCHULTE, H.: a.a.O., S. 147. Schulte stellt mit Recht heraus, dass dies eine Frage des Masses sei.

3) Diese Massnahme würde allerdings nicht die unteren Einkommensschichten steuerlich entlasten - auch bei dem derzeitigen Verfahren "spart" der steuerzahlende Arbeitnehmer (entsprechend dem proportionalen Eingangssteuersatz) 19 Prozent seiner steuerbegünstigten Aufwendungen -, sondern die höheren Einkommensschichten stärker belasten, so dass dies indirekt eine "Verschärfung" der Progression bedeuten würde.

sche" Wirkung des Abzugs von der Bemessungsgrundlage beseitigt, die aus der Progression des Einkommensteuertarifs resultiert und die sich darin auswirkt, dass der Steuervorteil umso grösser ist, je höher das Einkommen ist.

Die Frage, ob der Abzug von der Bemessungsgrundlage oder von der Steuerschuld vorgenommen werden soll, nimmt in der wissenschaftlichen und politischen Diskussion der letzten Jahre einen breiten Raum ein, wobei neben der Regelung des Familienlastenausgleichs der Sonderausgabenabzug im Vordergrund der Diskussion steht.[1] Die Befürworter des Abzugs von der Steuerbemessungsgrundlage betonen vor allem, dass Bezieher höherer Einkommen durch dieses Verfahren nicht ungerechtfertigt bevorzugt, sondern dass ungerechtfertigte Belastungen, die ihnen wegen der Progression des Einkommensteuertarifs auferlegt werden, verhindert werden.[2] Da bei diesen Verfassern der Grundsatz der Besteuerung nach der persönlichen Leistungsfähigkeit so definiert wird, dass die Leistungsfähigkeit

---

1) Vgl. z.B. HALLER,H.: Probleme der progressiven Besteuerung, in: Walter Eucken Institut: Vorträge und Aufsätze, Heft 27, ibs. S. 10; vgl. ferner KARL-BRÄUER-INSTITUT: a.a.O., S. 64 ff, S. 150; vgl. ferner SCHREIBER, W.: Kindergeld im sozioökonomischen Prozess, Kindergeld als Prozess zeitlicher Kaufkraft-Umschichtungen im Individualbereich, in: Sozialtheorie und Sozialpolitik, Band 1, Köln 1964; vgl. ferner ALBERS, W.: Probleme eines Familienlastenausgleichs, in: Sozialer Fortschritt, Jahrgang 16, 1967, S. 158 ff., ibs. S. 162; INSTITUT "FINANZEN UND STEUERN": Zur Reform der Einkommensteuer - Abzüge bei der Ermittlung der Steuerbemessungsgrundlage oder Abzüge von der Steuerschuld ? -, Brief 112, Bonn 1969; vgl. ferner LEHMANN, W.: Im Spannungsfeld zwischen Politik und Wissenschaft, in: Der Volkswirt, 18. Jg., Nr. 45, S. 2406 ff.; vgl. ferner JECHT, H.: Sparförderung..., a.a.O., S. 2403; vgl. ferner JECHT, H.: Probleme der Einkommensteuerreform, Göttingen 1948, ibs. S. 32; vgl. ferner KNIEF, P.: a.a.O., ibs. S. 170; vgl.ferner STEUERREFORMKOMMISSION (1971):a.a.O., Bd. I, Abschnitt II, Tz. 19 ff.

2) Vgl. KARL-BRÄUER-INSTITUT, a.a.O., S. 65.

"... in einer Nettogrösse zum Ausdruck kommt"[1], ist eine immanente Kritik dieser Auffassung nicht möglich, denn vor Anwendung der Steuertabelle müssen alle Aufwendungen, die die Leistungsfähigkeit des Steuerpflichtigen mindern - und dazu gehören nach Meinung dieser Verfasser auch Kinderfreibeträge und die meisten Sonderausgaben - von der Steuerbemessungsgrundlage abgezogen werden.

Die Befürworter des Abzugs von der Steuerschuld hingegen gehen von der unerwünschten Wirkung des Abzugs von der Bemessungsgrundlage aus. So schreibt NEUMARK: "Um den Sinn der Einkommensteuerprogression, soweit diese dem Leistungsfähigkeitspostulat genügen soll, nicht zu <u>verfälschen</u>, ist es notwendig, Abzüge aller Art, allenfalls mit der Ausnahme von persönlichen Freibeträgen, statt von der Bemessungsgrundlage, von der Steuerschuld vorzunehmen."[2][3] Dieser Argumentation wird auch hier der Vorzug gegeben: Insbesondere aus sozialpolitischen Gründen ist es höchst unerwünscht, dass Steuerpflichtige mit höheren Einkommen durch Absetzung von z.B.

- Kinderfreibeträgen
- Aufwendungen für die Lebensvorsorge oder
- Aufwendungen für die Berufsausbildung oder Weiterbildung in einem nicht ausgeübten Beruf

---

1) INSTITUT "FINANZEN UND STEUERN", a.a.O., S. 30 f.

2) NEUMARK, F.: a.a.O., S. 397.

3) Ähnlich argumentiert KNIEF in bezug auf die Abzugsfähigkeit von Freibeträgen: "Die absolute Gestaltung des Freibetrages für alle Besteuerungsmengen und der progressive Tarif widersprechen einander: die mit steigendem Einkommen sozialpolitisch motivierte absolute Steuerbelastung kann nicht mit einer bei steigendem Einkommen wachsenden absoluten Steuerentlastung parallel laufen, wenn das Sozialprinzip nicht in Zweifel gezogen werden soll." KNIEF, P.: a.a.O., S. 170.

eine grössere absolute Steuerersparnis erzielen als Steuerpflichtige mit niedrigeren Einkommen. "Sozialpolitik hat es mit der Angleichung der Startchancen in unserer Gesellschaft ... zu tun ..."[1], diese aber würde durch schichtenspezifisch wirkende Steuervergünstigungen beeinträchtigt.

Unter dem Aspekt einer Einkommens- und Steuerlastumverteilung sowie einer besseren Verständlichkeit und Nachprüfbarkeit steuerlicher Vergünstigungen wird daher der Vorschlag unterstützt, den Abzug aller[2] Sonderausgaben, statt von der Bemessungsgrundlage, von der Steuerschuld vorzunehmen.[3] - Bei den meisten Sonderausgaben handelt es sich um eine spezielle Form der Einkommensverwendung. Eine progressive Besteuerung der Einkommenserzielung erfordert aber keineswegs eine mit steigendem Einkommen zunehmende Steuerentlastung für derartige Aufwendungen; sondern das Ziel einer Einkommens- und Steuerlastumverteilung lässt eine Umwandlung progressiv wirkender Steuervergünstigungen in gleichmässige Steuerentlastungen geboten erscheinen.[4]

Das gleiche Verfahren (des Abzugs von der Steuerschuld) wird - entsprechend den Eckwerten der Bundes-

---

1) MOLITOR, B.: Zukünftige Sozialpolitik, in: Die Neue Gesellschaft, H. 5, 1970, S. 579.

2) Einschliesslich Arbeitnehmerbeitrag zur Sozialversicherung und Sonderausgabenpauschbetrag.

3) Vgl. z.B. auch DEUTSCHER GEWERKSCHAFTSBUND, BUNDESVORSTAND (Hrsg.): a.a.O., S. 8 u. S. 11. Nach den Eckwerten der Bundesregierung wird dieses Verfahren nur für einen Teil der Sonderausgaben vorgesehen, worin eine weitere Komplizierung zu sehen ist. Vgl. DER BUNDESMINISTER FÜR WIRTSCHAFT UND FINANZEN (Hrsg.): Eckwerte ..., a.a.O., S.6.

4) Vgl. DEUTSCHER GEWERKSCHAFTSBUND, BUNDESVORSTAND (Hrsg.): a.a.O., S. 8.

regierung[1] - auch für den Arbeitnehmerfreibetrag vorgeschlagen, der zum Ausgleich für die Ungleichmässigkeiten zwischen den verschiedenen Formen der Einkommensbesteuerung[2] gewährt wird. Aufwendungen für die Berufsausbildung oder Weiterbildung in einem nicht ausgeübten Beruf[3] sollten dagegen nicht mehr als Sonderausgaben berücksichtigt werden können, sondern gleichmässig prämiert werden, so dass davon auch Steuerpflichtige profitieren könnten, die keine Lohn- oder Einkommensteuer zahlen.

Die Auswirkungen der Vorschläge (a1) bis (a4) auf die Höhe der Lohnsteuerüberzahlungen lassen sich nur ungefähr quantifizieren, da die Folgen einer Erhöhung des Sonderausgabenpauschbetrages nicht genau geschätzt werden können und sich andere Massnahmen nur indirekt auf die Steuerüberzahlungen auswirken. Durch Einführung des Vorwegabzugsverfahrens für Arbeitnehmerbeiträge zur Sozialversicherung sowie Kirchensteuer und durch den Wegfall der Abzugsfähigkeit von Schuldzinsen als Sonderausgaben hätten die Lohnsteuerüberzahlungen der Steuerpflichtigen Nordrhein-Westfalens im Jahre 1970 um etwa 27 Prozent reduziert werden können. Durch die gleich-

1) Vgl. DER BUNDESMINISTER FÜR WIRTSCHAFT UND FINANZEN (Hrsg.): Eckwerte ..., a.a.O., S. 7.

2) Die Ungleichmässigkeiten ergeben sich vor allem aus dem Lohnabzugsverfahren für Lohnsteuerzahler einerseits und dem Gestaltungsprivileg veranlagter Einkommensteuerpflichtiger andererseits. So können veranlagte Einkommensteuerpflichtige ihren Gewinn durch verschiedene Bewertungsmöglichkeiten manipulieren, sie haben mehr Möglichkeiten zur Steuerhinterziehung (Steuerflucht, private Benutzung des Geschäftsautos) und sie zahlen Steuern, die nach dem Einkommen des Vorjahres bemessen sind (bei steigendem Einkommen: zinsloser Kredit des Fiskus). Zudem sind sie vertrauter mit den gesetzlichen Möglichkeiten bzw. bedienen sich eines Steuerberaters. Vgl. auch UPMEIER, W.: a.a.O., S. 74 ff.

3) Auch die STEUERREFORMKOMMISSION (1971): a.a.O., Bd. III, Abschnitt XII, S. 20) schlägt für diese Aufwendungen eine Regelung ausserhalb des Steuerrechts vor. Sie will die gegenwärtige Regelung nur noch für eine Übergangszeit (für Studenten mit eigenen Einkünften) beibehalten.

zeitige Erhöhung des Sonderausgabenpauschbetrages wäre dieser Prozentsatz mit sehr grosser Wahrscheinlichkeit auf über 50 Prozent[1)] angestiegen. Die restlichen Steuerüberzahlungen wären dann insbesondere auf

- unregelmässigen Arbeitslohn von Steuerpflichtigen, für die vom Arbeitgeber kein Lohnsteuer-Jahresausgleich durchgeführt wurde, 2)

---

1) Quelle: Schätzung aufgrund der Befragungsergebnisse. Vgl. oben, Tabelle 9.

2) Die daraus resultierenden Lohnsteuerüberzahlungen - nach den Untersucherungsergebnissen etwa 6 Prozent der gesamten Steuerüberzahlungen - würden bei Einführung des britischen P.A.Y.E.-Systems (pay-as-you-earn-System) als Erhebungsmethode der Lohnsteuer wegfallen. Dieses Verfahren hat sich zum Ziel gesetzt, den Quellenabzug soweit wie möglich zu einer endgültigen Erhebungsform auszubauen, sodass nachträgliche Korrekturen - wie beim Lohnsteuer-Jahresausgleich - unnötig werden. Das Verfahren ist so gestaltet, dass im Ergebnis der Arbeitgeber am Ende jeder Lohnzahlungsperiode (Monat, Woche) eine Art Lohnsteuer-Jahresausgleich für seine Beschäftigten durchführt. Dies wird durch das sogenannte "cumulative principle" erreicht, wobei die jeweils zustehenden Freibeträge als entsprechender Bruchteil der Jahresabzüge berücksichtigt werden. So addiert man z.B. die in der zehnten Woche erzielten Einkünfte eines Arbeitnehmers zu den bisherigen Jahresbezügen, zieht 10/52 des dem Steuerzahler zustehenden Freibetrages ab und berechnet aus dem verbleibenden "Netto-Einkommen" die Steuer in Höhe von 10/52 der Jahressteuer; die Differenz zwischen diesem Betrag und dem in der Vorwoche entsprechend bestimmten Teil der Jahressteuer ergibt die Steuerschuld der fehlenden Woche. Bei annähernd gleichbleibenden Bezügen des Arbeitnehmers im Verlauf des Jahres ergibt sich dabei immer die gleiche Differenz. Vermindert sich jedoch das Einkommen des Arbeitnehmers, so kann dies eine Steuerrückzahlung durch den Arbeitgeber bewirken, so dass sich ein Lohnsteuer-Jahresausgleich am Ende des Jahres erübrigt. Vgl. DAVITER, J., KÖNKE, J. und GRAF SCHWERIN, O.: Steuernorm und Steuerwirklichkeit, Bd. 1: Steuertechnik und Steuerpraxis in Frankreich, Grossbritannien, Italien und Deutschland, Forschungsberichte des Landes Nordrhein-Westfalen, Nr. 2040, Köln und Opladen 1969, S. 114 f. Nach dem deutschen Einkommensteuerrecht braucht der Arbeitgeber einen Ausgleich nur am Ende des Jahres durchzuführen und ist zudem noch von dieser Verpflichtung entbunden, wenn die Voraussetzungen von § 3 Abs. 2 JAV vorliegen, z.B. bei unständiger Beschäftigung des Lohnsteuerpflichtigen. Vgl. dazu oben, S. 10.

- nicht abgesetzte Werbungskosten
- nicht abgesetzte aussergewöhnliche Belastungen sowie
- nicht abgesetzte Kosten für den Umbau eines Hauses (§ 82a EStDV)

zurückzuführen. Eine Verminderung auch dieser Steuerüberzahlungen könnte möglicherweise erreicht werden, wenn die Bevölkerung besser über die Möglichkeiten, Steuern zu sparen, aufgeklärt wird und wenn das Steuerrecht entsprechend dem Vorschlag (a1) übersichtlicher und verständlicher gestaltet wird. Einer Erhöhung der Werbungskostenpauschale wird nicht zugestimmt, da diese einen erheblichen Steuerausfall verursachen würde,[1] ohne - im Gegensatz zur Erhöhung der Sonderausgabenpauschale - eine entscheidende Senkung der Steuerüberzahlungen zu bewirken.

Einige der hier vorgelegten sowie andere - hier nicht näher erläuterte - Steuerreformvorschläge könnten sich auf die Höhe der Steuerüberzahlungen auch indirekt auswirken. So ist zu erwarten, dass durch die Erhöhung des Grundfreibetrages für das Existenzminimum sowie des Arbeitnehmerfreibetrages[2] und der Sonderausgabenpauschale ein Teil der Lohnsteuerpflichtigen von der Lohnsteuer befreit wird, so dass infolgedessen auch die Lohnsteuerüberzahlungen dieser Steuerpflichtigen entfallen.

---

1) Zu grosse steuerliche Entlastungen im Bereich der Lohn- und Einkommensteuer führen zwangsläufig zu einer Erhöhung der sogenannten indirekten Steuern, deren regressive Wirkung jedoch unter sozialpolitischen Gesichtspunkten unerwünscht ist. Vgl. z.B. KARL-BRÄUER-INSTITUT: a.a.O., S. 67.

2) Eine Erhöhung des Grundfreibetrages sowie des Arbeitnehmerfreibetrages ist nach den Eckwerten der Bundesregierung vorgesehen. Vgl. DER BUNDESMINISTER FÜR WIRTSCHAFT UND FINANZEN (Hrsg.): a.a.O., S. 6 f.

a5) Im Hinblick auf eine Reform der Sparförderung ergeben sich unter dem Aspekt einer Vereinfachung die folgenden vier grundsätzlichen Forderungen:

Zum einen sollten die staatlichen Sparförderungsmassnahmen harmonisiert und ein einheitlicher Sparhöchstbetrag eingeführt werden, der lediglich nach Alleinstehenden und Verheirateten zu differenzieren wäre. Leistungen nach dem Dritten Vermögensbildungsgesetz sollten auf diese Beträge nicht angerechnet werden, so dass die Vermögensbildung der Arbeitnehmer neben der Steuerbegünstigung für die Lebensvorsorge und dem Spar-Prämiengesetz als dritte Säule der staatlichen Sparförderung bestehen bleibt.

Zum anderen sollte eine einheitliche Grundprämie gewährt werden, die durch einen Zuschlag für jedes Kind des Sparers zu ergänzen wäre.

Drittens sollte der Anlagekatalog des neuen Spar-Prämiengesetzes und des Vermögensbildungsgesetzes vereinheitlicht werden.

Schliesslich sollten viertens Einkommensgrenzen festgelegt werden, die jedoch - wenn das Ziel einer breiteren Förderung des Sparens in den einkommensschwächeren Schichten der Bevölkerung angestrebt wird - niedriger als die gegenwärtig (in den Eckwerten der Bundesregierung[1]) vorgesehenen Grenzen sein sollten. So ist z.B. davon auszugehen, dass verheiratete Sparer ohne Kinder mit einem zu versteuernden Jahreseinkommen von 30.000 bis 48.000 DM auch ohne staatliche Prämierung dazu in der Lage sind, Ersparnisse zu leisten,

1) DER BUNDESMINISTER FÜR WIRTSCHAFT UND FINANZEN (Hrsg.): a.a.O., S. 8.

so dass es hier einer "Förderung" des Sparens nicht bedarf. Die dadurch freiwerdenden Mittel könnten zugunsten einer Erhöhung der Sparprämie für die unteren Einkommensschichten eingesetzt werden.

Es ist zu erwarten, dass aus der Realisierung der vier Forderungen zu einer Reform der Sparförderung, die mit Ausnahme der angestrebten Einkommensgrenze im wesentlichen mit den Eckwerten der Bundesregierung[1] sowie den meisten Reformgutachten[2] übereinstimmen,eine bessere Überschaubarkeit der staatlichen Sparförderungsmassnahmen - auch bei den in diesem Bereich weniger versierten Bevölkerungsschichten - resultiert. Zudem dürfte die vorgesehene Einkommensgrenze dazu beitragen, dass die Sparprämien nur denjenigen Einkommensgruppen zugute kommen, bei denen eine Sparförderung besonders wünschenswert erscheint. Eine gestaffelte Sparprämie, wie sie der Deutsche Gewerkschaftsbund für die erste und zweite Hälfte des Sparhöchstbetrages[3] und die Steuerreformkommission für verschiedene Einkommensgruppen[4] vorschlagen, dürfte demgegenüber für die meisten Sparer schwieriger zu verstehen sein. Für den Fall einer Staffelung der Sparprämie wäre eher zu empfehlen, diese nach der Länge der Festlegungsfristen abzustufen. Eine Untersuchung des sozialpolitischen Seminars an der Universität zu Köln über die Verwendung von Lottogewinnen zeigt, dass Arbeitnehmer erst ab einer bestimmten

1) Vgl. DER BUNDESMINISTER FÜR WIRTSCHAFT UND FINANZEN (Hrsg.): Eckwerte ..., a.a.O., S. 8.

2) Vgl. z.B.: DEUTSCHER GEWERKSCHAFTSBUND, BUNDESVORSTAND (Hrsg.): a.a.O., S. 14 f; vgl. ferner STEUERREFORMKOMMISSION (1971):a.a.O., Bd. III, Abschnitt XII, S. 29 ff.

3) Vgl. DEUTSCHER GEWERKSCHAFTSBUND (Hrsg.): a.a.O., S. 14.

4) STEUERREFORMKOMMISSION (1971):a.a.O., Bd. III, Abschnitt XII, S. 31.

Gewinnsumme (kritische Masse)[1] von der konsumtiven Auflösung der Beträge absehen und zur Bildung von Produktivvermögen übergehen. Als Schlussfolgerung für eine auf die langfristige Bildung von Produktivvermögen ausgerichtete staatliche Vermögenspolitik würde dies bedeuten, dass das Anfangsvermögen der Arbeitnehmer nach Beendigung der Sperrfristen eine Höhe erreicht haben müsste, die in etwa dieser Summe entspricht. Dies aber müsste zwangsläufig eine Erhöhung der Sperrfristen oder eine Staffelung der Sparprämie nach der Länge der Festlegungsfrist zur Folge haben.

Einer Erhöhung der Sperrfristen ist jedoch entgegenzuhalten, dass sich dadurch viele Arbeitnehmer von der Anlage ihrer Geldmittel nach den Spar-Prämiengesetzen abwenden könnten. Rund 30 Prozent der im Rahmen der vorliegenden Untersuchung befragten Arbeitnehmer gaben als Begründung für die Nichtbeanspruchung der staatlichen Sparförderung im Jahre 1970 an, die Festlegungsfristen seien ihnen zu lang.[2] Dieser Nachteil, der mit grosser Wahrscheinlichkeit bei einer drastischen Erhöhung der Sperrfristen auf etwa 10 bis 15 Jahre[3] oder gar 20 bis 30 Jahre[4] zu erwarten wäre, würde durch die Staffelung der Sparprämie nach der Länge der Festlegungsfrist verhindert werden. Diese Massnahme

---

1) Vgl. ALLEKOTTE, H.: Sparneigung und Sparformen - Eine Analyse am Beispiel von Lottogewinnen, in: Beiträge des Deutschen Industrieinstituts, 9. Jg., Heft 2, S. 10.

2) Vgl. oben, S. 148 (Anmerkung).

3) Vgl. WILLGERODT, H., BARTEL, K. und SCHILLERT, U.: Vermögen für alle - Probleme der Bildung, Verteilung und Werterhaltung des Vermögens in der Marktwirtschaft, Düsseldorf u. Wien 1971, S.181.

4) Vgl. ALLEKOTTE, H.: a.a.O., S. 43.

würde einerseits die Sparer zu einer langfristigen Anlage ihrer Geldmittel anreizen, andererseits verhindern, dass viele Sparer, die ihre finanziellen Mittel (ex ante) nur mittelfristig (etwa 7 Jahre) festlegen wollen und die zunächst einmal für den Gedanken des Sparens gewonnen werden müssten, von einer vertraglichen Festlegung ihrer Gelder absehen.

Im Zusammenhang mit der Reform der Sparförderung sollte eine laufende Erfolgskontrolle eingeführt werden, die darauf ausgerichtet sein sollte, zu prüfen, ob das beabsichtigte Ziel der Sparförderung - die Gewinnung breiter Schichten für den Gedanken des Sparens und des Eigentumserwerbs -[1] erreicht worden ist. Kann dieses Ziel nicht erreicht werden, sollten die Politiker den Mut haben, die den Staatshaushalt stark belastende Sparförderung[2] auslaufen zu lassen und die dadurch freiwerdenden Mittel zur Finanzierung der dringend notwendigen Sozialinvestitionen einzusetzen. Auch wäre dann die Möglichkeit gegeben, einen Teil der freiwerdenden Mittel für eine weitere Aufstockung des Vermögensbildungsgesetzes einzusetzen, durch das dann auch Kleingewerbetreibende und freiberuflich Tätige in entsprechenden Einkommensverhältnissen begünstigt werden sollten.

---

1) Vgl. Vogel, A.: a.a.O., S. 81 ff.

2) Im Jahre 1969 betrug die Belastung des Staatshaushalts durch Sparprämien, Wohnungsbauprämien und Steuervergünstigungen für das Bausparen etwa 3 Mrd. DM. Vgl. PRESSE- UND INFORMATIONSAMT DER BUNDESREGIERUNG (Hrsg.): Eckwerte ..., a.a.O., S. 1025. Dieser Betrag kann für 1970 auf 3,7 Mrd. DM und für 1971 auf 4,4 Mrd. DM geschätzt werden. Vgl. BUNDESMINISTERIUM FÜR ARBEIT UND SOZIALORDNUNG (Hrsg.): Sparförderungsbericht 1972, Unveröffentlichtes Manuskript, S. 5. Die volle Inanspruchnahme des 624-DM-Gesetzes durch die Arbeitnehmer (25 Mill.) würde den Staatshaushalt mit etwa 4 Mrd. DM belasten. Vgl. auch HANDELSBLATT vom 13./14.11.1970, S. 25 ("Vereinfachung der Sparförderung").

Neben einer Vereinfachung des Lohnsteuerrechts und der Sparförderung war oben als prinzipielle Forderung eine bessere Aufklärung der Lohnsteuerpflichtigen über die steuerlichen und vermögenspolitischen Vergünstigungen erhoben worden. Besteht der Wille, die einkommensschwachen Schichten der Bevölkerung steuerlich zu entlasten und an der Sparförderung stärker zu beteiligen, muss auch die Bereitschaft gezeigt werden, sie über die gesetzlichen Begünstigungen zu informieren und aufzuklären.[1] Im einzelnen können dazu folgende Vorschläge skizziert werden:

b1) Das Beratungsblatt für Lohnsteuerzahler, das den Steuerpflichtigen auch weiterhin zusammen mit ihrer Lohnsteuerkarte zugeschickt werden sollte, müsste äusserlich und inhaltlich völlig neugestaltet werden. Zum einen sollte an die Stelle des unübersichtlichen Faltblatts eine Broschüre treten, wie sie zum Beispiel auch zur Aufklärung der Bevölkerung über das neue 624-DM-Gesetz sowie das neue Mietrecht[2] entwickelt wurde; zum anderen sollten die vorhandenen Steuervergünstigungen möglichst vollständig und katalogartig aufgeführt - und soweit erforderlich - in allgemeinverständlicher Sprache erläutert werden. Als Muster bietet sich das oben zitierte Buch von SCHNEIDEWIND[3] an, der seinen Erläuterungen zur Lohnsteuer einen didaktisch günstig gestalteten Fragenkatalog voranstellt, in dem die meisten steuerlichen Abzugsmöglichkeiten in Beispielsform aufgeführt werden. Durch die Vereinfachung des Lohnsteuerrechts, wie sie in den Punkten a1 bis a4

1) Vgl. auch ZECH, J.: a.a.O., S. 53.

2) Vgl. DER BUNDESMINISTER FÜR ARBEIT UND SOZIALORDNUNG (Hrsg.): Das neue 624-DM-Gesetz ..., a.a.O.; vgl. PRESSE- UND INFORMATIONSAMT DER BUNDESREGIERUNG (Hrsg.): Unser neues Mietrecht, a.a.O.,

3) Vgl. oben, S. 77 f.

vorgeschlagen wurde, würde diese Neugestaltung des Merkblatts zur Lohnsteuer erleichtert. Der Katalog der steuerlichen Abzugsmöglichkeiten sollte auf den in Punkt a1 vorgeschlagenen Stichwortkatalog zur Lohnsteuer-Durchführungsverordnung abgestimmt werden und auch für das Antragsformular für den Lohnsteuer-Jahresausgleich vorgesehen werden.

b2) Unter dem Aspekt einer besseren Aufklärung der Bevölkerung über die Lohnsteuer wird ferner vorgeschlagen, in allen Finanzämtern <u>Beratungsbüros</u> einzurichten. - Da die Finanzämter durch die Einführung des Vorwegabzugsverfahrens sowie die weitgehende Beseitigung des Lohnsteuer-Ermässigungsverfahrens in starkem Umfang entlastet würden[1], könnten die freiwerdenden Kapazitäten zur Einrichtung solcher Beratungsbüros verwendet werden.[2] Neben ihrer Beratungstätigkeit sollten die Bediensteten in diesen Büros vor allem solchen Steuerpflichtigen helfen, die Schwierigkeiten in der Erstellung der Formulare haben. Zu den Beratungsfunktionen der Finanzämter sollte es auch gehören, dass der Steuerbescheid, den jeder Lohnsteuerpflichtige nach Durchführung seines Lohnsteuer-Jahresausgleichs vom Finanzamt erhält,[3] eine Rechtsmittelbelehrung enthält.

b3) Zu einer besseren Aufklärung der Bevölkerung sowohl über die Lohnsteuer als auch über die Sparförderung können insbesondere solche Institutionen beitragen, mit denen der Steuerzahler häufiger als mit dem Finanzamt in Berührung kommt. Hier sind in erster Linie Presse, Rundfunk und Fernsehen, aber auch Gewerkschaften, Betriebsräte, Arbeitgeber, Banken und Sparkassen zu nennen. Für die Finanzverwaltung sowie für die mit der Spar-

---

1) Vgl. dazu auch oben, S. 191 f.

2) Auch für die nicht in die Untersuchung einbezogenen ausländischen Arbeitnehmer sollten derartige Beratungsmöglichkeiten geschaffen werden.

3) Vgl. oben, S. 192.

förderung befassten staatlichen Gremien kommt es daher besonders darauf an, diese "Multiplikatoren" mit Informationsmaterial zur Lohnsteuer und zur Sparförderung auszustatten.

b4) Schliesslich wird vorgeschlagen, den Gemeinschafts- oder Sozialkundeunterricht an Schulen auf die Themen "Lohnsteuer" und "Sparen" auszudehnen. Die Schüler sollten sowohl über ihre Rechte und Pflichten als Steuerzahler als auch über die Massnahmen der staatlichen Sparförderung und Vermögenspolitik aufgeklärt werden. Hierdurch könnten die "inneren" Voraussetzungen dafür geschaffen werden,dass grössere Teile der Bevölkerung an dem untersuchten Themenbereich mehr Interesse zeigen. Solide Grundkenntnisse, beispielsweise über die staatliche Sparförderung und deren Ziele, könnten auch dazu beitragen, dass sich die Sparer zunehmend anderen Sparformen, wie z.B. dem Wertpapiersparen, zuwenden. -

Mit den vorstehenden Vorschlägen sollte nicht der Eindruck erweckt werden, als sei es möglich, durch ihre Realisierung eine grundlegende Änderung der Einkommens- und Vermögensverteilung[1] zu erreichen. Es sollten lediglich einige

1) Nach den Ergebnissen von SIEBKE hat sich insbesondere die Konzentration der Produktivvermögensverteilung in den letzten Jahren weiter verschärft: Anfang 1960 verfügten 1,7 Prozent der privaten Haushalte über 70 Prozent des gesamten Produktivvermögens (vgl. KRELLE, W., SCHUNCK, J. und SIEBKE, J.: Überbetriebliche Ertragsbeteiligung der Arbeitnehmer, Forschungsauftrag des Bundesministeriums für Arbeit und Sozialordnung, Tübingen 1968, Bd. II, S. 381), Anfang 1966 war dieser Anteil auf etwa 74 Prozent angestiegen (vgl. SIEBKE, J.: Die Vermögensbildung der privaten Haushalte in der Bundesrepublik Deutschland, Forschungsauftrag des Bundesministeriums für Arbeit und Sozialordnung, als Manuskript vervielfältigt, Bonn 1971, S. 42. Dagegen hat die Konzentration des gesamten privaten Vermögens nach den Berechnungen, von SIEBKE abgenommen. 1960 verfügten 1,7 Prozent der privaten Haushalte über 35 Prozent, 1966 dagegen über 31 Prozent der privaten Vermögenswerte. Vgl. ebd., S. 39.

Punkte erörtert werden, die zu einer stärkeren Ausnutzung der gegebenen Vergünstigungen beitragen könnten.

Durch grössere Übersichtlichkeit der gesetzlichen Regelungen sowie durch bessere Aufklärung der Bevölkerung über die in Angriff genommenen staatlichen Massnahmen und deren Ziele könnten insbesondere die sozial schwächeren Schichten der Bevölkerung an den vom Gesetzgeber eingeräumten Möglichkeiten der Steuerersparnis stärker partizipieren und trotz des "pausenlosen Trommelfeuers der Verbrauchsgüterreklame"[1] auch für den Gedanken der Vermögensbildung gewonnen werden. - Der Erfolg des neuen 624-DM-Gesetzes ist ein Beweis dafür, dass unkomplizierte, nachprüfbare staatliche Vergünstigungen erfolgreicher sein können als komplizierte - angeblich auf den Einzelnen zugeschnittene - Regelungen.

---

1) SCHMÖLDERS, G.: Zur Psychologie der Vermögensbildung in Arbeiterhand, a.a.O., S. 180.

A N H A N G

A 1 Zur Auswahl der Befragten

A 1.1 Stichprobenplan

Grundgesamtheit der Stichprobe sind die Lohnsteuerpflichtigen Nordrhein-Westfalens, die im Jahre 1970 (vor Lohnsteuer-Jahresausgleich) mit Lohnsteuer belastet waren und die nicht zur Einkommensteuer veranlagt wurden. Die Grundgesamtheit setzt sich damit zusammen aus:

(a) allen Lohnsteuerpflichtigen, für die ein Lohnsteuer-Jahresausgleich (1970) vom Finanzamt vorgenommen wurde und

(b) allen nicht zur Einkommensteuer veranlagten belasteten Lohnsteuerpflichtigen, für die kein Lohnsteuer-Jahresausgleich (1970) vom Finanzamt durchgeführt wurde.

Bei der Aufstellung des Stichprobenplans wurde von der Lohnsteuerstatistik 1968 des Statistischen Landesamtes Nordrhein-Westfalen, die auszugsweise am 22. März 1971 veröffentlicht wurde, ausgegangen.[1] Nach dieser Statistik gab es 1968 in Nordrhein-Westfalen 5.144.199 Lohnsteuerpflichtige. Dabei wurden Ehepartner, die beide in einem lohnsteuerpflichtigen Arbeitsverhältnis standen, als ein Steuerpflichtiger nachgewiesen.[2] Diese "Definition" des Steuerpflichtigen wird daher im folgenden auch hier zugrunde gelegt.

Als statistisches Verfahren wurde eine mehrstufige Stichprobe angewendet, die mit hinreichender Genauigkeit für alle Lohnsteuerpflichtigen Nordrhein-Westfalens die gleiche

---

1) Vgl. STATISTISCHES LANDESAMT NORDRHEIN-WESTFALEN: Das lohnsteuerpflichtige Einkommen in Nordrhein-Westfalen 1968, in: Statistische Berichte des Statistischen Landesamtes Nordrhein-Westfalen, L II 4 - j/68, ausgegeben am 22. März 1971.

2) Vgl. STATISTISCHES LANDESAMT NORDRHEIN-WESTFALEN: a.a.O., S. 5.

Auswahlwahrscheinlichkeit ergibt und die in ihren Grundzügen dem bei Gemeindestichproben angewendeten Verfahren entspricht.[1] Die mehrstufige Stichprobe umfasst sowohl das Konzept der geschichteten Stichprobe als auch das Konzept der Klumpenstichprobe.[2]

Durch den Schichtungseffekt wird die Standardabweichung und damit der "maximale Zufallsfehler" des Mittelwerts der Stichprobe verkleinert. Der Genauigkeitsgewinn ist um so grösser, je homogener die einzelnen Schichten und je grösser die Unterschiede zwischen den einzelnen Schichten sind.[3]

Durch den Klumpeneffekt wird die Standardabweichung gegenüber einer reinen Zufallsauswahl vergrössert. Der Genauigkeitsverlust ist um so kleiner, je inhomogener die einzelnen Klumpen und je kleiner die Unterschiede zwischen den einzelnen Klumpen sind.[4] Der (unerwünschte) Klumpeneffekt wird in Kauf genommen, da die Klumpenauswahl eine organisatorische Vereinfachung der Stichprobe bedeutet und somit erhebliche Kosten- und Zeitersparnisse[5] bewirkt.

---

1) Vgl. dazu HEYN, W.: Stichprobenverfahren in der Marktforschung, Würzburg 1960, S. 72 ff.

2) Vgl. PFANZAGL, J.: Allgemeine Methodenlehre der Statistik, Band 1: Elementare Methoden unter besonderer Berücksichtigung der Anwendung in den Wirtschafts- und Sozialwissenschaften, 2. Aufl., Berlin 1964, S. 175.

3) Vgl. PFANZAGL, J.: a.a.O., S. 174

4) Vgl. PFANZAGL, J.: a.a.O., S. 174

5) Vgl. KELLERER, H.: a.a.O., S. 139

Zunächst wurde eine Liste aller Verwaltungsbezirke Nordrhein-Westfalens (kreisfreie Städte und Kreise) mit der Anzahl der 1968 dort wohnenden Lohnsteuerpflichtigen angelegt.[1] Die einzelnen Verwaltungsbezirke wurden auf der Basis des Landesentwicklungsplans Nordrhein-Westfalen [2] drei Schichten[3] zugeordnet. Die Zuordnung richtete sich danach, ob der Wohnsitz (§ 7 LStDV) des Steuerpflichtigen in

1. Ballungskernen
2. Ballungsrandzonen oder
3. Ländlichen Zonen

liegt (erster Schichtungseffekt). Wie Tabelle 38 zeigt, wohnen in den Ballungskernen 46,6 Prozent, in den Ballungsrandzonen 22,1 Prozent und in den Ländlichen Zonen 31,3 Prozent der Lohnsteuerpflichtigen Nordrhein-Westfalens.[4]

---

1) Vgl. STATISTISCHES LANDESAMT NORDRHEIN-WESTFALEN:a.a.O., S. 16 ff.

2) Vgl. LAND NORDRHEIN-WESTFALEN: Erläuterungsbericht zum Landesentwicklungsplan I (mit Skizze), in: Ministerialblatt für das Land Nordrhein-Westfalen, Ausgabe A, 19. Jahrgang, Nr. 186, Düsseldorf 1966, S. 2260 ff.

3) Zur Methodik der Schichtenbildung vgl. LINDNER, H.: Die Bildung von Schichten, Diplomarbeit, angefertigt am Seminar für Wirtschafts- und Sozialstatistik der Universität zu Köln, Wintersemester 1965/66, S. 6 ff., S. 76 ff.

4) Die Anteile entsprechen ungefähr den Anteilen der Einwohnerzahlen, die im Landesentwicklungsplan mit 48,7 Prozent (Ballungskerne), 18,3 Prozent (Ballungsrandzonen) und 33,0 Prozent (Ländliche Zonen) angegeben werden. Vgl. LAND NORDRHEIN-WESTFALEN: a.a.O., S. 2264. Die geringfügigen Differenzen ergeben sich teils dadurch, dass unterschiedliche Gesamtheiten miteinander verglichen werden (Einwohner, Lohnsteuerpflichtige), teils dadurch, dass die Verwaltungsgrenzen aus der Lohnsteuerstatistik nicht genau mit der räumlichen Abgrenzung der drei Zonen im Landesentwicklungsplan übereinstimmen. So wurde beispielsweise der Siegkreis der Schicht 2 (Ballungsrandzonen) zugeordnet, obwohl der östliche Teil des Siegkreises zu den ländlichen Zonen gehört.

Tabelle 38: Schichtung der Lohnsteuerpflichtigen Nordrhein-Westfalens nach Regionen unterschiedlicher Bevölkerungsdichte

Schicht	Verwaltungsbezirke		Lohnsteuerpflichtige		Arbeitsquanten
	Anzahl	Prozent	Anzahl	Prozent	(gerundet)
1. Ballungskerne	30	31,9	2.397.048	46,6	5
2. Ballungsrandzonen	17	18,1	1.138.090	22,1	2
3. Ländliche Zonen	47	50,0	1.609.061	31,3	3
Insgesamt	94	100,0	5.144.199	100,0	10

Um die zu befragenden Personen nicht regellos über alle Verwaltungsbezirke zu streuen, wurden zehn "Arbeitsquanten"[1] gebildet, die proportinal der Zahl der Lohnsteuerpflichtigen auf die drei Schichten verteilt wurden (Tabelle 38). Bei diesem Verfahren hat ein Verwaltungsbezirk mit 100.000 Lohnsteuerpflichtigen die doppelte Auswahlwahrscheinlichkeit wie ein Verwaltungsbezirk mit 50.000 Lohnsteuerpflichtigen.

Da der Umfang der Stichprobe auf insgesamt 700 auszuwählende Lohnsteuerpflichtige festgelegt worden war, mussten also 10 Arbeitsquanten mit je 70 Lohnsteuerpflichtigen gebildet werden (Tabelle 38). Die sich ergebenden Arbeitsquanten je Schicht (erste Schicht: 5, zweite Schicht:2 und dritte Schicht:3 wurden den einzelnen Verwaltungsbezirken zugeordnet. Dazu wurden für jede der drei

1) Auch "spots" genannt. Vgl. dazu HEYN, W.: a.a.O., S. 74.

Schichten die Lohnsteuerpflichtigen der jeweiligen Verwaltungsbezirke kumuliert[1] und daraus die Verwaltungsbezirke mit Hilfe von Zufallszahlen ausgewählt (erster Klumpeneffekt).

Die ausgewählten Verwaltungsbezirke sind:

1. Ballungskerne:	1.1 Kreisfreie Stadt Bielefeld
	1.2 Kreisfreie Stadt Essen
	1.3 Kreisfreie Stadt Dortmund
	1.4 Kreisfreie Stadt Köln
	1.5 Kreisfreie Stadt Bochum
2. Ballungsrandzonen:	2.1 Kreisfreie Stadt und Landkreis Iserlohn
	2.2 Landkreis Aachen
3. Ländliche Zonen:	3.1 Landkreis Paderborn
	3.2 Landkreis Steinfurt
	3.3 Landkreis Lemgo

Nach dieser Auswahl wurde der Anteil der nicht-veranlagten, belasteten Lohnsteuerpflichtigen, für die vom Finanzamt kein Lohnsteuer-Jahresausgleich durchgeführt wurde, je Verwaltungsbezirk errechnet. Dazu wurde vom Statistischen Landesamt nicht-veröffentlichtes Zahlenmaterial zur Verfügung gestellt. Ausgangswert für die in Tabelle 39 dargestellten Berechnungen sind die Anteile der Lohnsteuerpflichtigen je Verwaltungsbezirk, für die vom Finanzamt kein Lohnsteuer-Jahresausgleich durchgeführt wurde.[2] Sie liegen in den zehn ausgewählten Verwaltungsbezirken zwischen 34,4 und 46,6 Prozent

1) Die Verwaltungsbezirke wurden dazu entsprechend der Reihenfolge in der Lohnsteuerstatistik geordnet. Vgl. STATISTISCHES LANDESAMT NORDRHEIN-WESTFALEN: a.a.O., S. 16 ff.

2) Für den Landesdurchschnitt vgl.: STATISTISCHES LANDESAMT NORDRHEIN-WESTFALEN: a.a.O., S. 12/13.

(Spalte 1). Von diesen Werten müssen erstens die Anteile der Lohnsteuerpflichtigen, die zur Einkommensteuer veranlagt wurden, und zweitens die Anteile der Lohnsteuerpflichtigen, die (vor Lohnsteuer-Jahresausgleich) nicht mit Lohnsteuer belastet waren, abgezogen werden.

Zu 1.: Der Anteil der zur Einkommensteuer veranlagten Lohnsteuerpflichtigen in den einzelnen Verwaltungsbezirken wurde auf der Basis der entsprechenden, für ganz Nordrhein-Westfalen geltenden Prozentzahl geschätzt. Nach Angaben des Statistischen Landesamtes Nordrhein-Westfalen beläuft sich dieser Anteil im Landesdurchschnitt auf etwa 9,6 Prozent (1968). Um von dieser Zahl auf den Anteil der zur Einkommensteuer veranlagten Lohnsteuerpflichtigen in den Verwaltungsbezirken schliessen zu können, wurden für die einzelnen Verwaltungsbezirke Faktoren (F) errechnet.

Diese ergeben sich aus den Quotienten

$$F = \frac{\text{Anteil der Lohnsteuerpflichtigen mit Einkommen über 25000 DM im Verwaltungsbezirk}}{\text{Anteil der Lohnsteuerpflichtigen mit Einkommen über 25000 DM im Landesdurchschnitt}}$$

Der Quotient bringt zum Ausdruck, ob in einem Verwaltungsbezirk der Anteil der Lohnsteuerpflichtigen mit hohen Einkommen (über 25000 DM) im Vergleich zum Landesdurchschnitt gross oder klein ist. Es wird unterstellt, dass dieser Quotient mit dem Anteil der Lohnsteuerpflichtigen, die zur Einkommensteuer veranlagt werden, korreliert.[1)]

1) Der Anteil der zur Einkommensteuer veranlagten Lohnsteuerpflichtigen hängt u.a. auch noch ab von dem Anteil der Ehepartner, die beide in einem lohnsteuerpflichtigen Arbeitsverhältnis stehen, sowie von dem Anteil der Lohnsteuerpflichtigen, die neben ihren Einkünften aus unselbständiger Arbeit noch andere Einkünfte haben. Vgl. dazu auch oben, S. 11 (Anmerkung).

Tabelle 39: Berechnung des Anteils der auszuwählenden Lohnsteuerpflichtigen, für die vom Finanzamt ein Lohnsteuer-Jahresausgleich durchgeführt wurde, an der Grundgesamtheit je Verwaltungsbezirk

Verwaltungsbezirk	(1)	(2)	(3)	(4)=(1)-(2)-(3)	(5)=100-(1)	(6)=(5)+(4)	(7)=(4):(6).70	(8)=(5):(6). 70
	Lohnsteuerpflichtige, für die vom Finanzamt kein Lohnsteuer-Jahresausgleich vorgenommen wurde	Lohnsteuerpflichtige, die (vor Lohnsteuer-Jahresausgleich) nicht mit Lohnsteuer belastet waren	Lohnsteuerpflichtige, die zur Einkommensteuer veranlagt wurden - Schätzung -	Nicht veranlagte, belastete Lohnsteuerpflichtige, für die vom Finanzamt kein Lohnsteuer-Jahresausgleich vorgenommen wurde	Lohnsteuerpflichtige, für die vom Finanzamt ein Lohnsteuer-Jahresausgleich vorgenommen wurde	Nicht veranlagte, belastete Lohnsteuerpflichtige (Grundgesamtheit)	Anzahl der auszuwählenden nicht veranlagten, belasteten Lohnsteuerpflichtigen je Verwaltungsbezirk, für die vom Finanzamt kein Lohnsteuer-Jahresausgleich durchgeführt wurde	ein Lohnsteuer-Jahresausgleich durchgeführt wurde
	In Prozent der Lohnsteuerpflichtigen je Verwaltungsbezirk						Anzahl	
1.1 Kreisfreie Stadt Bielefeld	41,3	8,8	7,0	25,5	58,7	84,2	21	49
1.2 Kreisfreie Stadt Essen	45,2	10,6	10,5	24,1	54,8	78,9	21	49
1.3 Kreisfreie Stadt Dortmund	46,3	11,0	8,4	26,9	53,7	80,6	23	47
1.4 Kreisfreie Stadt Köln	42,6	4,7	14,6	23,3	57,4	80,7	20	50
1.5 Kreisfreie Stadt Bochum	43,8	8,1	7,5	28,2	56,2	84,4	23	47
2.1 Kreisfreie Stadt und Landkreis Iserlohn	46,6	10,0	7,2	29,4	53,4	82,8	25	45
2.2 Landkreis Aachen	45,9	9,7	6,6	29,6	54,1	83,7	25	45
3.1 Landkreis Paderborn	34,4	5,2	6,0	23,2	65,6	88,8	18	52
3.2 Landkreis Steinfurt	38,4	3,8	4,7	29,9	61,6	91,5	23	47
3.3 Landkreis Lemgo	43,1	7,0	6,0	30,1	56,9	87,0	24	46
Gewogener Durchschnitt	43,8	8,2	9,4	26,2	56,2	82,4	22	48

Quelle: **Eigene Berechnungen auf der Grundlage** von Angaben des Statistischen Landesamtes Nordrhein-Westfalen, **die zum Teil nicht veröffentlicht wurden.**

Durch Multiplikation des je Verwaltungsbezirk errechneten Faktors F mit dem Anteil der zur Veranlagung herangezogenen Lohnsteuerpflichtigen Nordrhein-Westfalens ergibt sich damit eine Schätzung für den Anteil der zur Einkommensteuer veranlagten Lohnsteuerpflichtigen in den einzelnen Verwaltungsbezirken (Tabelle 39, Spalte 3).

Zu 2.: Die Anteile der Lohnsteuerpflichtigen, die (vor Lohnsteuer-Jahresausgleich) nicht mit Lohnsteuer belastet waren, liessen sich auf der Grundlage der Lohnsteuerstatistik ermitteln. Dazu wurden in jedem Verwaltungsbezirk die Differenzen:

$$D = \begin{array}{l}\text{Nichtsteuerbelastete} \\ \text{insgesamt (in v.H.)}\end{array} \;./.\; \begin{array}{l}\text{durch den Jahresausgleich} \\ \text{Nichtsteuerbelastete (in v.H.)}\end{array}$$

errechnet. D ergibt also den Anteil der Lohnsteuerpflichtigen, die vor Lohnsteuer-Jahresausgleich mit Lohnsteuer nicht belastet waren (Spalte 2). Da diese Steuerpflichtigen in der Stichprobenauswahl nicht berücksichtigt werden sollten, wurden sie zusammen mit den zur Einkommensteuer veranlagten Lohnsteuerpflichtigen von den Lohnsteuerpflichtigen, für die vom Finanzamt kein Lohnsteuer-Jahresausgleich durchgeführt wurde, abgezogen (Spalte 4).

Da der Stichprobenumfang auf 700 festgelegt wurde, lässt sich nach den vorstehend beschriebenen Berechnungen der Anteil der Lohnsteuerpflichtigen mit bzw. ohne Lohnsteuer-Jahresausgleich an der Grundgesamtheit je Verwaltungsbezirk ermitteln (Spalten 5 bis 8). Diese - auf der Basis der jüngsten Lohnsteuerstatistik (1968) ermittelten - Anteile wurden für die Ziehung der Stichprobe (Lohnsteuerkarten 1970) zugrunde gelegt.[1]

1) Der durch die unterschiedlichen Erhebungszeiträume (1968, 1970) entstehende Fehler musste in Kauf genommen werden.

Insgesamt sollten also 223 nicht veranlagte, belastete Lohnsteuerpflichtige, für die vom Finanzamt kein Lohnsteuer-Jahresausgleich vorgenommen wurde, und 477 Lohnsteuerpflichtige, für die ein Lohnsteuer-Jahresausgleich vom Finanzamt durchgeführt wurde, ausgewählt werden. Das entspricht 31,9[1] bzw. 68,1 Prozent des gesamten Stichprobenumfangs (zweiter Schichtungseffekt).

Um die Lohnsteuerpflichtigen, die beim Finanzamt einen Lohnsteuer-Jahresausgleich beantragt hatten und die dort in Buchstabengruppen (auch Buchstabenbezirke oder Sachbearbeitergruppe genannt) eingeteilt sind, mit möglichst geringem Arbeits- und Zeitaufwand auswählen zu können, wurde für jedes Finanzamt nach dem Zufallsprinzip eine Buchstabengruppe festgelegt[2], so dass für die Ziehung der Stichprobe nur immer die Lohnsteuerkarten (bzw. Anträge auf Lohnsteuer-Jahresausgleich) e i n e s Sachbearbeiters im Finanzamt herangezogen wurden (zweiter Klumpeneffekt)[3]. Eine Sachbearbeitergruppe enthält zwischen 9000 (Bielefeld) und 12000 (Burgsteinfurt) Lohnsteuerpflichtige. Die Auswahl der einzelnen Lohnsteuer-

---

1) In diesem Anteil sind Steuerpflichtige enthalten, denen ein Freibetrag auf der Steuerkarte eingetragen wurde.
2) Zunächst wurde je Verwaltungsbezirk ein Anfangsbuchstabe (für die Familiennamen) festgelegt. Die Stichprobe wurde dann in d e r Buchstabengruppe gezogen, in die dieser Anfangsbuchstabe hineinfiel. Wurde beispielsweise für einen Verwaltungsbezirk der Anfangsbuchstabe B festgelegt, so wurde die Stichprobe im Bereich des Sachbearbeiters gezogen, der den Anfangsbuchstaben B bearbeitete, so dass ausser den Lohnsteuerpflichtigen mit den Anfangsbuchstaben B auch die anderen - von diesem Sachbearbeiter bearbeiteten - Anfangsbuchstaben ausgewählt wurden. Dabei ergaben sich folgende Buchstabengruppen:Bielefeld: Kr bis P, Essen: W bis Z, Dortmund G bis L, Köln: L bis R, Bochum: A,J und T bis Z, Iserlohn: C bis G und L, Aachen S und Sch, Paderborn: A bis F, Steinfurt: K und Lemgo: A bis K.
3) Ein dritter Klumpeneffekt entstand dadurch,dass in den drei Verwaltungsbezirken Essen,Dortmund und Köln jeweils mehrere Finanzämter sind, so dass auch hier eine Vor-Auswahl getroffen werden musste: Dabei wurden die Finanzämter Essen-Nord, Dortmund-Hörde und Köln-Altstadt ausgewählt.

pflichtigen (der Lohnsteuervorgänge[1]) sollte durch ein systematisches Auswahlverfahren erfolgen.

A 1.2 Die Ziehung der Stichprobe in den Finanzämtern

Mit dem Finanzministerium Nordrhein-Westfalen war vereinbart worden, dass die Stichprobenziehung im Mai 1971, die Abschlussermittlungen, d.h. die Einsichtnahme der Anträge auf Lohnsteuer-Jahresausgleich[2], aber erst nach Abschluss der Lohnsteuer-Jahresausgleichs-Arbeiten in den Finanzämtern (Ende August 1971) durchgeführt werden können.[3]

Die Ziehung der Stichprobe in den Finanzämtern erfolgte reibungslos. Alle Finanzämter waren rechtzeitig von ihrer Oberfinanzdirektion über den Besuchstermin und über den Anteil der zu ziehenden Lohnsteuerkarten mit bzw. ohne Lohnsteuer-Jahresausgleich informiert worden.

Die Lohnsteuerkarten lagen in den Finanzämtern in zwei voneinander getrennten Karteien vor: zum einen die Karten von Steuerzahlern <u>mit</u> Lohnsteuer-Jahresausgleich, zum anderen die Karten von Steuerpflichtigen <u>ohne</u> Lohnsteuer-Jahresausgleich. Die Ziehung der Stichprobe konnte daher entsprechend der vorherigen Schichtung in zwei sinnvollen Arbeitsgängen erfolgen. Die Lohnsteuerkarten der Steuerpflichtigen mit Lohnsteuer-Jahresausgleich

---

1) Vgl. oben, S. 36.

2) Bei Vorlage einer entsprechenden Vollmacht des Lohnsteuerpflichtigen.

3) Für die Durchführung der Stichprobenziehung stellte das Finanzministerium einen vom Vorsteher des jeweiligen Finanzamtes benannten Bediensteten der Lohnsteuerstelle zur Verfügung, der dem Verfasser bei der Ziehung der Stichprobe und den Abschlussermittlungen behilflich war.

waren alphabetisch, diejenigen der Steuerpflichtigen ohne Lohnsteuer-Jahresausgleich in der Reihenfolge ihres Eingangsdatums geordnet. Da die Lohnsteuerkartei der Steuerpflichtigen mit Lohnsteuer-Jahresausgleich nur solche Karten enthielt, bei denen der Vorgang des Lohnsteuer-Jahresausgleichs schon abgeschlossen war, wurde entsprechend den Angaben des Finanzamtes ein bestimmter Anteil noch nicht bearbeiteter Anträge auf Lohnsteuer-Jahresausgleich ausgewählt.[1] Auch die Auswahl dieser unbearbeiteten, in der Reihenfolge ihres Eingangsdatums geordneten Anträge, erfolgte nach einem systematischen Auswahlverfahren.

Lohnsteuerkarten von Steuerpflichtigen, die 1970 keine Lohnsteuer gezahlt hatten oder denen ihre volle Lohnsteuer vom Arbeitgeber zurückerstattet worden war, wurden in die Kartei zurückgesteckt und durch neue Karten ersetzt. Das gleiche galt für Lohnsteuerkarten von ausländischen Arbeitnehmern, sowie für Anträge auf Lohnsteuer-Jahresausgleich von Steuerpflichtigen, die zur Einkommensteuer zu veranlagen waren.[3]

---

1) Andernfalls wäre die Stichprobe zugunsten solcher Lohnsteuerpflichtiger verzerrt worden, die ihren Antrag auf Lohnsteuer-Jahresausgleich schon frühzeitig im Finanzamt eingereicht hatten. Auch wäre dadurch eine Verzerrung eingetreten, dass ein Teil der Sachbearbeiter im Finanzamt die Bearbeitung der Anträge weitgehend abgeschlossen hatte, während andere Sachbearbeiter noch grosse Rückstände zu bearbeiten hatten.

2) Als "abgeschlossen" wird hier ein Lohnsteuervorgang dann angesehen, wenn die Lohnsteuerkarte in die Kartei eingeordnet wird.

3) Lohnsteuerpflichtige, die erstmals zur Einkommensteuer zu veranlagen sind, stellen sehr häufig zunächst einen Antrag auf Lohnsteuer-Jahresausgleich.

Nach Ziehung der Stichprobe wurden die wichtigsten Daten von der Lohnsteuerkarte in eine Kladde übertragen. Anschliessend wurden die Namen und Adressen der zu befragenden Lohnsteuerpflichtigen auf die Fragebogen und - weil alle Lohnsteuerpflichtigen von dem Besuch des Interviewers vorher schriftlich informiert werden sollten - auf die dazu vorbereiteten Briefe übertragen.

A 1.3 Fehler bei der Stichprobenziehung

Es wurde schon darauf hingewiesen, dass bei der Ziehung der Stichprobe auch solche Lohnsteuerpflichtige Berücksichtigung fanden, deren Anträge auf Lohnsteuer-Jahresausgleich vom Finanzamt noch nicht bearbeitet und deren Steuerkarten also auch noch nicht in die Kartei der Lohnsteuerkarten eingeordnet worden waren. Hierdurch sollte eine Verzerrung der Stichprobe verhindert werden, die immer dann entstehen kann, wenn die Kartei, aus der die Stichprobe gezogen wird, nicht oder noch nicht vollständig ist.

Zwei Fehler bei der Stichprobenziehung mussten jedoch in Kauf genommen werden. Beide Fehler ergaben sich aus der Unvollständigkeit der Kartei der Lohnsteuerkarten zu Beginn des Monats Mai 1971.

1. In der Kartei der Lohnsteuerpflichtigen mit Lohnsteuer-Jahresausgleich fehlte ein Teil der Lohnsteuerkarten derjenigen Steuerpflichtigen, für die - bei gemeinsamem bzw. gesondertem Jahresausgleich - der Ablauf der Frist für die Einkommensteuererklärung 1970 gilt. Da jedoch erfahrungsgemäss die weitaus meisten gemeinsamen Anträge auf Lohnsteuer-Jahresaus-

gleich bis zum 30. April 1971 abgegeben werden, ist die Zahl der Anfang Mai noch ausstehenden Anträge so gering, dass dieser Fehler vernachlässigt werden kann.

2. Weitreichender jedoch ist der Fehler, der dadurch entstand, dass die Lohnsteuerkarten der Steuerpflichtigen ohne Antrag auf Lohnsteuer-Jahresausgleich erst bis zum 15. Juni 1971 von den Arbeitgebern an die Finanzämter abgeschickt werden mussten. Da die Stichprobenziehung vom 3. bis 14. Mai 1971 stattfand, musste die Stichprobe der Steuerpflichtigen ohne Lohnsteuer-Jahresausgleich also aus einer unvollständigen Kartei gezogen werden. Die Frage jedoch, ob aus diesem Grund eine Verschiebung der Stichprobenziehung auf Ende Juni zweckmässig gewesen wäre, musste verneint werden. Abgesehen von der Ende Juni einsetzenden Urlaubszeit hätten viele Lohnsteuerpflichtige in den Monaten Juli und August keine genauen Angaben mehr über ihre steuerbegünstigten Aufwendungen sowie ihre Ersparnisse im Jahre 1970 machen können: die Nachteile einer um zwei Monate verschobenen Befragung wären wahrscheinlich grösser gewesen, als die Nachteile, die durch die Unvollständigkeit der Kartei entstanden sind. Da ausserdem der zeitliche Eingang der Lohnsteuerkarten im Finanzamt nicht von den zu befragenden Arbeitnehmern, sondern von den Arbeitgebern abhängig ist, kann eine ähnliche Verzerrung wie sie bei Nichtberücksichtigung der unbearbeiteten Anträge auf Lohnsteuer-Jahresausgleich aufgetreten wäre, ausgeschlossen werden.

A 1.4 Der Stichprobenumfang und das Problem der Nichtbeantwortung

Der Stichprobenumfang wurde - wie schon im Stichprobenplan erwähnt - auf 700 auszuwählende Lohnsteuerpflichtige festgelegt und die Befragung auf das Bundesland Nordrhein-Westfalen begrenzt.

Die Antwort auf die Frage, ob die Auswahl von 700 Lohnsteuerpflichtigen ausreicht, um repräsentative Aussagen für die Lohnsteuerpflichtigen Nordrhein-Westfalens vorlegen zu können, kann nicht allein von der Grösse des Stichprobenumfangs abhängig gemacht werden: sowohl das Auswahlverfahren als auch die Beantwortungsquote[1] sind dafür mit ausschlaggebend. KELLERER beispielsweise spricht davon, dass der Umfang einer Stichprobe mindestens 100 Untersuchungseinheiten umfassen soll.[2] Für die Güte einer solchen Stichprobe ist entscheidend, "... dass jedes Auswahlelement die gleiche Chance hat, in die Teilerhebung einbezogen zu werden".[3] Da der Stichprobenplan der vorliegenden Untersuchung so angelegt ist, dass diese Grundbedingung mit hinreichender Wahrscheinlichkeit erfüllt ist, wird davon ausgegangen, dass die Ergebnisse der Befragung Rückschlüsse auf die Grundgesamtheit zulassen, zumindest aber - z.B. wenn es sich um kleinere Untergruppen handelt - einen Trend erkennen lassen. Die Ergebnisse der Untersuchung wurden zudem mit Hilfe eines Chi-Quadrat-Tests statistisch gesichert. In die mathematische Formel für Chi-Quadrat geht aber der Stichprobenumfang mit ein.[4]

Die Höhe der Beantwortungsquote ist bei der vorliegenden Untersuchung von besonderer Wichtigkeit. Bei vielen Befragungen wird von vornherein von einer bestimmten Ausfall-

---

1) Die Beantwortungsquote wird definiert als der Anteil der Beantworter an den insgesamt ausgewählten Lohnsteuerpflichtigen.

2) Vgl. KELLERER, H.: a.a.O., S. 16. KELLERER spricht dabei von einer "groben Regel" (ebd., S. 16).

3) KELLERER, H.: a.a.O., S. 13.

4) Vgl. oben, S. 49 ff.

quote[1] ausgegangen: weiss man z.B. aus Erfahrung, dass die Ausfallquote zwischen 40 und 50 Prozent liegt[2], wird eine entsprechende Anzahl von Ersatzadressen gezogen, die die Ausfallquote abdecken soll.[3]

Diese Methode wird jedoch für die vorliegende Untersuchung abgelehnt. Die Gefahr, dass sich die Nichtbeantworter strukturell von den Beantwortern unterscheiden[4], ist bei einer Untersuchung über Lohnsteuerfragen und Sparförderung besonders gross.

Befragt man nämlich diejenigen Lohnsteuerpflichtigen nicht, bei denen der Grund für die Nichtbeantwortung des Fragebogens mit ganz bestimmten steuerlichen Tatbeständen in Zusammenhang steht, so ergibt sich eine eindeutige Verzerrung der Stichprobe. So erfüllen zum Beispiel Arbeitnehmer, die wochenlang auf Montage sind oder die täglich mehr als 12 Stunden oder auch am Wochenende arbeiten, ganz bestimmte steuerlich relevante Tatbestände, wie zum Beispiel berufsbedingte mehr als zwölfstündige Abwesenheit von der Wohnung. Diese Arbeitnehmer können jedoch bei einer Untersuchung über die Lohnsteuer nicht ausser acht gelassen werden. Auch auf die Befragung solcher Arbeitnehmer, die zur Zeit der Befragung krank sind oder an einen entfernten Ort verzogen sind, kann nicht ohne weiteres verzichtet werden, weil bei ihnen steuermindernde Aufwendungen - wie Krankheitskosten oder Umzugskosten - vorliegen.

---

1) Die Ausfallquote wird definiert als der Anteil der Nichtbeantworter an den insgesamt ausgewählten Lohnsteuerpflichtigen. Beantwortungsquote (vgl. oben, S. 225) und Ausfallquote addieren sich zu 100.
2) Bekannte Meinungsforschungsinstitute in der Bundesrepublik gehen im ungünstigsten Fall von einer Ausfallquote zwischen 40 und 50 Prozent aus.
3) Vgl. auch die Stellungnahme von KELLERER,H.:a.a.O.,S.80.
4) Vgl.dazu auch die grundsätzlichen Betrachtungen von SCHEUCH, E.K.: Auswahlverfahren in der Sozialforschung, in: KÖNIG,R.(Hrsg.): Handbuch der empirischen Sozialforschung, a.a.O., S. 333 ff; vgl. ferner MAYNTZ,R., HOLM, K. und HÜBNER, P.: Einführung in die Methoden der empirischen Soziologie, Köln und Opladen 1969, S. 76 ff.

Wegen der mit hoher Wahrscheinlichkeit vorliegenden Strukturunterschiede zwischen Beantwortern und Nichtbeantwortern[1)] empfahl es sich daher bei dieser Untersuchung, eine möglichst hohe Beantwortungsquote zu erzielen. Dies sollte insbesondere dadurch erreicht werden, dass die "Verweigerer" und die nur selten zu erreichenden Lohnsteuerpflichtigen in einer dreiphasigen Befragungsaktion[2)] mehrmals aufgesucht werden sollten.

Da die Kosten bei einer derartigen mehrphasigen Befragung sehr hoch sind, wurde der Stichprobenumfang relativ gering gehalten. Dabei wird davon ausgegangen, dass die Ergebnisse bei einem Stichprobenumfang von 700 Lohnsteuerpflichtigen und einer hohen Beantwortungsquote gesicherter sind als bei einem grösseren Stichprobenumfang, aber einer nur 50 - bis 60-prozentigen Beantwortungsquote.

---

1) Um diese Hypothese zu überprüfen, wurden die Befragungsergebnisse der letzten Befragungsphase gesondert ausgewertet. Dabei zeigte sich, dass - entsprechend den Erwartungen - Lohnsteuerpflichtige, die sich (nach mehrmaligen vergeblichen Versuchen in der ersten Befragungsphase) erst gegen Ende des Befragungszeitraums für ein Interview zur Verfügung gestellt hatten, im Hinblick auf den untersuchten Themenbereich schlechter abschnitten als die übrigen Befragten. Insbesondere lagen bei dieser Befragtengruppe Lohnsteuerüberzahlungen häufiger als bei anderen Befragten vor. Dieser Sachverhalt wird zum einen darauf zurückgeführt, dass sich die betroffenen Lohnsteuerpflichtigen für die Bearbeitung ihrer Anträge auf Lohnsteuer-Jahresausgleich keine oder nur wenig Zeit nehmen (aus den gleichen Gründen, deretwegen sie für die Befragung zunächst nicht zur Verfügung standen), zum anderen darauf, dass sie häufiger als andere Befragte in Lohnsteuerangelegenheiten nur geringe Kenntnisse besitzen, daher der Untersuchung mit Misstrauen gegenüberstanden und das Interview zunächst ablehnten.

2) Vgl. oben, S. 39.

A 2 FRAGEBOGEN FÜR DIE HAUPTBEFRAGUNG

1. In welchem Jahr sind Sie geboren? Nennen Sie bitte einfach Ihr Geburtsjahr!

07
- vor 1906 .... ☐ y
- von 1906 bis 1920 ..... ☐ x
- von 1921 bis 1940 ..... ☐ 0
- nach 1940 .... ☐ 1

2. Waren Sie im Jahre 1970 verheiratet?

- Ja .... ☐ 2
- Nein .... ☐ 3

<u>Falls ja</u>: In welchem Jahr ist Ihr Ehegatte geboren? Nennen Sie bitte einfach das Geburtsjahr!

- vor 1906 .... ☐ 4
- von 1906 bis 1920 ..... ☐ 5
- von 1921 bis 1940 ..... ☐ 6
- nach 1940 .... ☐ 7

3. a) Wie hoch war im Jahre 1970 ungefähr Ihr <u>monatliches</u> Nettoeinkommen? Zählen Sie einmal alles zusammen, was <u>Sie persönlich</u> monatlich ausbezahlt bekommen haben (Lohn, Rente, Mieten)! Ich gebe Ihnen dazu eine Liste mit Einkommensgruppen. Nennen Sie bitte <u>die</u> Einkommensgruppe, die für Sie zutrifft! Sie brauchen nur den Buchstaben zu nennen! (Interviewer: Liste 1 übergeben!)

08
- a) bis 600 DM .... ☐ y
- b) 601 bis 800 DM .... ☐ x
- c) 801 bis 1000 DM .... ☐ 0
- d) 1001 bis 1200 DM .... ☐ 1
- e) 1201 bis 1400 DM .... ☐ 2
- f) 1401 bis 1600 DM .... ☐ 3
- g) mehr als 1600 DM .... ☐ 4
- h) keine Angabe .... ☐ 5

b) Haben Sie 1970 Wohngeld erhalten?

- Ja .... ☐ 6
- Nein .... ☐ 7

<u>Falls ja</u>: Wieviel DM waren das monatlich?

- DM ....

c) Haben Sie 1970 Kindergeld erhalten?

- Ja .... ☐ 8
- Nein .... ☐ 9

<u>Falls ja</u>: Wieviel DM waren das monatlich?

- DM ....

<u>Falls Ehegatte mitverdient:</u>
d) Wie hoch war im Jahre 1970 ungefähr das <u>monatliche</u> Nettoeinkommen Ihres Ehegatten? Wir haben hier wieder einige Antworten aufgeführt. Nennen Sie bitte die Einkommensgruppe, die für Ihren Ehegatten zutrifft! Sie brauchen nur den Buchstaben zu nennen! (Interviewer: Liste 1 übergeben!)

09
- a) bis 600 DM .... ☐ y
- b) 601 bis 800 DM .... ☐ x
- c) 801 bis 1000 DM .... ☐ 0
- d) 1001 bis 1200 DM .... ☐ 1
- e) 1201 bis 1400 DM .... ☐ 2
- f) 1401 bis 1600 DM .... ☐ 3
- f) mehr als 1600 DM .... ☐ 4
- h) keine Angabe .... ☐ 5

4. Wieviel Kinder haben Sie?

- keine Kinder .... ☐ 11 y
- 1 Kind .... ☐ x
- 2 Kinder .... ☐ 0
- 3 Kinder .... ☐ 1
- 4 Kinder .... ☐ 2
- 5 Kinder .... ☐ 3
- mehr als 5 Kinder ..... ☐ 4

<u>Falls Kinder vorhanden sind:</u>

a) Wieviel Ihrer Kinder lebten 1970 mit Ihnen zusammen in einem Haushalt oder wurden überwiegend von Ihnen unterhalten?

- keine Kinder .... ☐ 12 y
- 1 Kind .... ☐ x
- 2 Kinder .... ☐ 0
- 3 Kinder .... ☐ 1
- 4 Kinder .... ☐ 2
- 5 Kinder .... ☐ 3
- mehr als 5 Kinder ..... ☐ 4

b) Wieviel Ihrer Kinder sind nach 1951 geboren?

- kein Kind .... ☐ 13 y
- 1 Kind .... ☐ x
- 2 Kinder .... ☐ 0
- 3 Kinder .... ☐ 1
- 4 Kinder .... ☐ 2
- 5 Kinder .... ☐ 3
- mehr als 5 Kinder ..... ☐ 4

c) Wieviel Ihrer Kinder waren 1970 berufstätig und hatten schon eigene Einkünfte?

- kein Kind .... ☐ 14 y
- 1 Kind .... ☐ x
- 2 Kinder .... ☐ 0
- 3 Kinder .... ☐ 1
- 4 Kinder .... ☐ 2
- 5 Kinder .... ☐ 3
- mehr als 5 Kinder ..... ☐ 4

5. Lesen Sie persönlich regelmäßig eine Tageszeitung?

- Ja .... ☐ 15 y
- Nein .... ☐ x

<u>Falls ja:</u> a) Welche?

- ....

6. Sind Sie Mitglied einer Gewerkschaft?

- Ja .... ☐ 0
- Nein .... ☐ 1

<u>Falls ja:</u>

a) In welcher Gewerkschaft sind Sie?

- ....

b) Wie oft lesen Sie in einer Gewerkschaftszeitung? Regelmäßig, öfter, ab und zu oder nie?

- regelmäßig .... ☐ 2
- öfter .... ☐ 3
- ab und zu .... ☐ 4
- nie .... ☐ 5

7. Wie oft sehen oder hören Sie im Fernsehen oder Rundfunk die Nachrichten? Regelmäßig, öfter, ab und zu oder nie?	- regelmäßig	☐ 15 6
	- öfter	☐ 7
	- ab und zu	☐ 8
	- nie	☐ 9
8. Wie oft sehen oder hören Sie im Fernsehen oder Rundfunk politische Informationssendungen? Regelmäßig, öfter, ab und zu oder nie?	- regelmäßig	☐ 16 y
	- öfter	☐ x
	- ab und zu	☐ 0
	- nie	☐ 1
9. Sind Sie Arbeiter, Angestellter oder Beamter?	- Arbeiter	☐ 17 y
	- Angestellter	☐ x
	- Beamter	☐ 0
10. Haben Sie eine Lehre gemacht?	- Ja, Lehre abgeschlossen	☐ 1
	- Ja, Lehre z.T. gemacht	☐ 2
	- Nein, keine Lehre	☐ 3
<u>Falls ja:</u> Was für eine Lehre war das?	-	
11. Haben Sie eine andere berufliche Ausbildung mitgemacht?	- Ja	☐ 4
	- Nein	☐ 5
<u>Falls ja:</u> Was für eine Ausbildung war das?	-	
12. Haben Sie vielleicht schon einmal einen Kursus zur beruflichen Weiterbildung mitgemacht?	- Ja	☐ 6
	- Nein	☐ 7
<u>Falls ja:</u> Was für ein Kursus war das?	- 1)	
	- 2)	
13. Wir haben hier auf einer Liste ganz allgemeine Beschreibungen verschiedener Arbeitstätigkeiten aufgeschrieben. Welche dieser Bezeichnungen trifft auf <u>Ihre</u> Berufstätigkeit am ehesten zu? Geben Sie bitte einfach den Buchstaben an! (Interviewer: Liste 2 übergeben!)	- a) vorwiegend Büro- oder Schreibtischarbeit	☐ 18 y
	- b) vorwiegend körperliche Arbeit	☐ x
	- c) vorwiegend beaufsichtigende Arbeit	☐ 0
	- d) sonstiges	☐ 1
	- e) weiß nicht, keine Angabe	☐ 2

14. **Was für einen Schulabschluß (Hochschulabschluß) haben Sie?**

- **Sonderschulabschluß** .... ☐ 19 y
- **Volksschulabschluß** .... ☐ x
- **mittlere Reife** .... ☐ 0
- **Abitur** .... ☐ 1
- **Hochschulabschluß** .... ☐ 2
- **kein Schulabschluß** .... ☐ 3
- **weiß nicht, keine Angabe** .. ☐ 4

15. Jetzt mal eine ganz andere Frage:

Sie wissen ja, daß viele Menschen in der Bundesrepublik mit ihrer persönlichen Situation unzufrieden sind. Wir haben hier einige Probleme, von denen man häufig hört, aufgeschrieben. Würden Sie bitte sagen, welchen Antworten Sie persönlich am meisten zustimmen! Bitte lesen Sie zunächst die Sätze durch und geben Sie dann die zutreffenden Buchstaben an. Nennen Sie bitte höchstens drei Buchstaben!

(Interviewer: Liste 3 übergeben!)

- a) die Löhne und Gehälter sind zu niedrig .... ☐ 20 y
- b) die Sozialversicherungsbeiträge sind zu hoch .. ☐ x
- c) die Steuern sind zu hoch .... ☐ 0
- d) die Luftverschmutzung ist unerträglich .... ☐ 1
- e) am Arbeitsplatz kann man nicht mitbestimmen ..... ☐ 2
- f) es studieren zu wenig Arbeiterkinder .... ☐ 3
- g) wenn man nichts erbt, kommt man zu keinem Vermögen .... ☐ 4
- h) die Straßen sind zu sehr verstopft .... ☐ 5
- i) die Preise laufen einem davon .... ☐ 6
- j) ich weiß nicht, keine Angabe .... ☐ 7

Und nun ein paar Fragen zum Sparen! - Zu einigen Fragen sind auch mehrere Antworten möglich. Geben Sie bitte immer alle Antworten an, denen Sie Ihre Zustimmung geben:

16. **In der Bundesrepublik wird in** letzter Zeit viel über die "Vermögensverteilung" gesprochen. Würden Sie sagen, daß die Vermögensverteilung in der Bundesrepublik im großen und ganzen gerecht oder ungerecht ist?

- im großen und ganzen gerecht .... ☐ 21 y
- im großen und ganzen ungerecht .... ☐ x
- weiß nicht, keine Angabe .... ☐ 0

17. Finden Sie es richtig, daß bei uns in der Bundesrepublik die Bildung von Sparvermögen in Arbeitnehmerhand gefördert wird?

- Ja, richtig .... ☐ 1
- Nein, falsch .... ☐ 2
- weiß nicht, keine Angabe .... ☐ 3

<u>Falls ja:</u> Wer sollte sich nach Ihrer Ansicht um die Förderung des Sparens in Arbeitnehmerhand kümmern? Der Staat, die Regierung, die Unternehmer oder die Gewerkschaften?

- der Staat, die Regierung .... ☐ 4
- die Unternehmer .... ☐ 5
- die Gewerkschaften .... ☐ 6
- weiß nicht, keine Angabe .... ☐ 7

18. In der Bundesrepublik gibt es viele Vergünstigungen zur Förderung des Sparens und der Vermögensbildung.

Wir haben hier auf einer Liste einige Vergünstigungen aufgeschrieben. Welche der Vergünstigungen sind Ihnen bekannt? - Nennen Sie bitte nur <u>die</u> Vergünstigungen, von denen Sie <u>genau</u> wissen, daß es sie gibt! Es genügt, wenn Sie die Buchstaben angeben.

(Interviewer: Liste 4 übergeben!)

- a) Bausparprämie, wenn man Geld auf einen Bausparvertrag einzahlt .... ☐ 22 y
- b) Steuervergünstigungen, wenn man Geld auf einen Bausparvertrag einzahlt .. ☐ x
- c) Steuervergünstigung für Lebensversicherungsbeiträge .... ☐ 0
- d) Sparprämie für Lebensversicherungsbeiträge .... ☐ 1
- e) Sparprämie, wenn man Geld auf ein Konto einzahlt und dort einige Jahre festlegt ☐ 2
- f) Sparprämie, wenn man Wertpapiere (Aktien, Anleihen ...) bei einer Bank oder Sparkasse kauft und dort einige Jahre festlegt .... ☐ 3
- g) Steuervergünstigungen, wenn man ein Eigenheim gebaut hat .... ☐ 4
- h) Arbeitnehmersparzulagen, wenn man Teile seines Lohns vermögenswirksam anlegt .... ☐ 5
- i) Steuervergünstigung, wenn man Geld auf einen Ratensparvertrag einzahlt ..... ☐ 6

19. Haben Sie im Jahre 1970 nach dem 624-DM-Gesetz vermögenswirksam gespart ?	- Ja	☐ 23 y
	- Nein	☐ x
	- weiß nicht, keine Angabe	☐ 0

<u>Falls ja:</u>

a) Wieviel Mark haben Sie 1970 nach dem-624 DM-Gesetz gespart (einschließlich Leistungen des Arbeitgebers)?	- DM	
b) Wieviel Mark davon hat Ihr Arbeitgeber für Sie vermögenswirksam angelegt?	- DM	
c) Wie haben Sie die vermögenswirksamen Beträge 1970 angelegt?	- auf einem prämienbegünstigten Sparkonto	☐ 24 y
	- auf einem Wertpapiersparvertrag	☐ x
	- auf einem Bausparvertrag	☐ 0
	- auf einem Lebensversicherungsvertrag	☐ 1
	- zum Bau, zum Erwerb oder zur Erweiterung eines Wohngebäudes oder einer Eigentumswohnung oder zur Erfüllung von Verpflichtungen, die sich in Zusammenhang damit ergeben	☐ 2
	- auf andere Art	☐ 3
d) In welchen zeitlichen Abständen haben Sie 1970 vermögenswirksam gespart? Monatlich, vierteljährlich, einmalig oder in anderen Abständen ?	- monatlich	☐ 4
	- vierteljährlich	☐ 5
	- einmalig im Jahre 1970	☐ 6
	- sonstiges	☐ 7
	- weiß nicht, keine Angabe	☐ 8

20. Haben Sie - abgesehen von der vermögenswirksamen Anlage von Teilen des Arbeitslohnes - 1970 (noch) irgendwelche Beträge gespart, für die der Staat Steuervergünstigungen oder Prämien gewährt (einschließlich Lebensversicherungsbeiträge)?

- Ja .... ☐ 25 y
- Nein .... ☐ x
- weiß nicht, keine Angabe .... ☐ 0

<u>Falls ja:</u>

a) Wieviel Mark waren das im Jahre 1970?

- DM ....

b) In welchen zeitlichen Abständen haben Sie dieses Geld gespart? Monatlich, vierteljährlich, einmalig oder in anderen Abständen?

- monatlich .... ☐ 26 y
- vierteljährlich .... ☐ x
- einmalig im Jahre 1970 ...... ☐ 0
- sonstiges .... ☐ 1
- weiß nicht, keine Angabe .... ☐ 2

c) Welche Vergünstigungen haben Sie dafür beantragt oder werden Sie dafür beantragen?

(Interviewer: ggf. vorlesen!)

- Sparprämie für Einzahlungen auf ein Sparkonto .... * ☐ 27 y
- Bausparprämie für Einzahlungen auf einen Bausparvertrag .... * ☐ x
- Steuervergünstigung für Einzahlungen auf einen Bausparvertrag .... ☐ 0
- Steuervergünstigung für Lebensversicherungsbeiträge ... ☐ 1
- Sparprämie für den Kauf von Wertpapieren .... * ☐ 2
- Steuervergünstigung, weil ich ein Eigenheim gebaut habe ... ☐ 3
- weiß nicht, keine Angabe .... ☐ 4

<u>Falls Antwort mit Sternchen:</u>

d) Haben Sie auch die Zusatzprämie beantragt oder werden Sie sie beantragen?

- Ja .... ☐ 5
- Nein .... ☐ 6
- weiß nicht, keine Angabe .... ☐ 7

21. Haben Sie im Jahre 1970 (noch) irgendwelche Beträge gespart, für die Sie <u>keine</u> Steuervergünstigungen oder Prämien erhalten?

- Ja .... ☐ 28 y
- Nein .... ☐ x

<u>Falls ja:</u> Wieviel Mark waren das im Jahre 1970

- DM ....

Und nun zwei Fragen zur Prämienhöhe und zur Zusatzprämie. Wenn Sie keine Antwort wissen, sagen Sie einfach "weiß nicht"!

22. Nehmen wir einmal an, Sie sparen monatlich 50,-- DM und legen das Geld auf einem prämienbegünstigten Sparkonto für mehrere Jahre fest! Wie hoch ist Ihrer Meinung nach die staatliche Sparprämie ohne Zusatzprämie, auf die Sie persönlich dann Anspruch hätten? Geben Sie Ihre Antwort bitte in Prozent der Sparsumme!

- 10 Prozent .... ☐ 29
- 20 Prozent .... ☐
- 22 Prozent .... ☐
- 25 Prozent .... ☐
- 30 Prozent .... ☐
- 50 Prozent .... ☐
- weiß nicht .... ☐

23. Bezieher niedriger Einkommen können außer der Sparprämie noch eine Zusatzprämie beantragen. Was glauben Sie: Welchen Betrag dürfte Ihr zu versteuerndes Jahreseinkommen nicht überschreiten, wenn Sie persönlich diese Zusatzprämie beantragen? Sie brauchen nur den ungefähren Betrag zu nennen!

- 5000 DM .... ☐ 29
- 6000 DM .... ☐
- 10000 DM .... ☐
- 12000 DM .... ☐
- 14000 DM .... ☐
- 16000 DM .... ☐
- 18000 DM .... ☐
- 20000 DM .... ☐
- weiß nicht, keine Angabe .. ☐

24. Sollte der Staat nach Ihrer Meinung nur das Sparen der Bezieher niedriger Einkommen fördern oder sollten auch die Bezieher höherer Einkommen eingeschlossen werden?

- nur Bezieher niedriger Einkommen .... * ☐ 30 y
- auch Bezieher höherer Einkommen .... ☐ x
- weiß nicht, keine Angabe .. ☐ 0

Falls Antwort mit Sternchen:

Bei welchem monatlichen Nettoeinkommen sollte Ihrer Meinung nach die Grenze liegen, wenn man einmal eine vierköpfige Familie mit zwei schulpflichtigen Kindern unterstellt? Nennen Sie bitte den Betrag, der Ihrer Meinung am nächsten kommt!
(Interviewer: Bitte vorlesen!)

- monatlich 500 DM .... ☐ 1
- monatlich 1000 DM .... ☐ 2
- monatlich 1500 DM .... ☐ 3
- monatlich 2000 DM .... ☐ 4
- monatlich 3000 DM .... ☐ 5
- monatlich 4000 DM .... ☐ 6
- weiß nicht, keine Angabe .. ☐ 7

25. Seit Anfang 1971 zahlt der Staat nach dem 624-DM-Gesetz eine Arbeitnehmersparzulage, wenn man Teile seines Arbeitslohns vermögenswirksam anlegt. Wie ist Ihre Meinung dazu: Bringt Ihnen die Arbeitnehmersparzulage Vor- oder Nachteile, ist sie Ihnen überhaupt bekannt oder interessiert Sie die Zulage nicht, weil Sie nicht sparen?

- interessiert mich nicht, ich spare nicht .... ☐ 31 y
- ist mir nicht bekannt ..... ☐ x
- bringt mir Vorteile .... ☐ 0
- bringt mir Nachteile ...... ☐ 1
- bringt mir weder Vor- noch Nachteile .... ☐ 2
- weiß nicht, keine Angabe .. ☐ 3

26. Die Summe der Sparbeträge, die der Staat steuerlich oder durch Prämien begünstigt, ist in ihrer Höhe nach oben begrenzt. Was glauben Sie, in welchem Ausmaß haben Sie persönlich im Jahre 1970 die staatlichen Vergünstigungen ausgenutzt?
Wir haben hier einige Antworten aufgeschrieben. Sagen Sie bitte, welche Antwort für Sie zutrifft! Sie brauchen nur den Buchstaben zu nennen.

(Interviewer: Liste 5 übergeben!)

- a) ich habe 1970 überhaupt nicht gespart, also auch keine Vergünstigungen beantragt ...... ☐ 32 y
- b) ich habe 1970 zwar gespart, nehme aber keine Vergünstigung in Anspruch .... ☐ x
- c) ich nehme nur einen Teil der Vergünstigungen in Anspruch . ☐ 0
- d) ich nehme alle Vergünstigungen in Anspruch .... ☐ 1
- e) ich weiß nicht, keine Angabe .... ☐ 2

<u>Falls Antwort a oder b:</u>

Warum haben Sie 1970 nicht gespart bzw. warum nehmen Sie die staatlichen Vergünstigungen nicht in Anspruch?

Wir haben auch zu dieser Frage einige Antworten aufgeschrieben. Würden Sie bitte sagen, welche Antworten auf Sie zutreffen?

(Interviewer: Liste 6 übergeben!)

- a) ich konnte 1970 nicht sparen, weil das Geld einfach nicht reichte .... ☐ 33 y
- b) ich habe Schulden und muß meine Schulden abzahlen ..... ☐ x
- c) mir war die gesamte Sparförderung bisher unbekannt .. ☐ 0
- d) bei den heutigen Preissteigerungen halte ich Sparen einfach für sinnlos .... ☐ 1
- e) ich habe versäumt, meine Ersparnisse entsprechend den Förderungsbedingungen anzulegen .... ☐ 2
- f) mir reichen die Vergünstigungen nicht aus .... ☐ 3
- g) ich will das Geld nicht so lange festlegen, ich brauche es vielleicht .... ☐ 4
- h) mir ist es zuwider, Anträge auszufüllen. Diesen ganzen Schriftkram mag ich nicht ... ☐ 5
- i) ich kaufe mir lieber etwas für mein Geld .... ☐ 6
- j) ich habe es nicht nötig zu sparen, ich habe genug Geld und Vermögen .... ☐ 7
- k) ich spare zwar, habe aber kein Interesse an den staatlichen Vergünstigungen ...... ☐ 8
- l) weiß nicht, keine Angabe, sonstiges .... ☐ 9

Falls Antwort c:

Warum nehmen Sie für 1970 nur einen Teil der staatlichen Vergünstigungen in Anspruch?

Wir haben auch zu dieser Frage einige Antworten aufgeschrieben. Würden Sie bitte sagen, welche Antworten auf Sie zutreffen?

(Interviewer: Liste 7 übergeben!)

- a) ich konnte 1970 nicht mehr Geld sparen, weil das Geld einfach nicht reichte .... ☐ 34 y
- b) ich habe Schulden und muß meine Schulden abzahlen .... ☐ x
- c) bei den heutigen Preissteigerungen halte ich es einfach für sinnlos, noch mehr Geld zu sparen .... ☐ 0
- d) ich will das Geld nicht so lange festlegen, ich brauche es vielleicht .... ☐ 1
- e) ich habe es nicht nötig, noch mehr Geld zu sparen, ich habe genug Geld und Vermögen .... ☐ 2
- f) ich finde, ich habe genug gespart, ich kaufe mir lieber etwas für mein übriges Geld .... ☐ 3
- g) mir reichen die Vergünstigungen nicht aus .... ☐ 4
- h) weiß nicht, keine Angabe, sonstiges .... ☐ 5

Falls Antwort c oder d:

Was haben Sie mit den Ersparnissen vor, wenn das Geld einmal frei wird?

Wir haben hier wieder einige Antworten aufgeschrieben. Sagen Sie bitte, welche Antwort auf Sie zutrifft!

(Interviewer: Liste 8 übergeben!)

- a) ich weiß noch nicht, was ich damit machen werde .... ☐ 35 y
- b) ich betrachte die Ersparnisse als Rücklage für Notfälle und werde sie daher wahrscheinlich auf einem Konto stehenlassen ... ☐ x
- c) die Ersparnisse dienen vor allem meiner Altersvorsorge ...... ☐ 0
- d) ich plane, ein Haus, ein Grundstück oder eine Eigentumswohnung zu bauen oder zu kaufen ... ☐ 1
- e) ich werde mir etwas dafür kaufen, z.B. Möbel, ein Auto oder eine Reise .... ☐ 2
- f) ich spare für meine Familie (Kinder, Enkel ...) .... ☐ 3
- g) sonstiges, keine Angabe .... ☐ 4

27. In der Öffentlichkeit hört man neben Lob auch immer wieder Kritik an der Sparförderung und der Förderung der Vermögensbildung. Wie ist Ihre Meinung dazu?

Wir haben hier einige Auffassungen, die man häufig hört, aufgeschrieben. Sagen Sie bitte, welchen Antworten Sie zustimmen! Sie brauchen nur die Buchstaben zu nennen!

(Interviewer: Liste 9 übergeben!)

- a) Die ganze Sparförderung nützt überhaupt nichts. Bei den heutigen Mieten und Preisen bleibt bei Leuten mit niedrigen Einkommen doch kein Geld mehr zum Sparen übrig .... ☐ 36 y
- b) Die Vergünstigungen der staatlichen Sparförderung kommen vor allem den Reichen zugute, so daß die Unterschiede zwischen "arm" und "reich" noch immer größer werden .... ☐ x
- c) Die Sparförderung ist abzulehnen, weil damit die Unterschiede zwischen Lohnabhängigen und Besitzenden verdeckt werden sollen .... ☐ 0
- d) Die Regelungen zur Sparförderung und zur Förderung der Vermögensbildung sind so kompliziert, daß man sich nur sehr schwer darin zurechtfinden kann........ ☐ 1
- e) Die Sparförderung kostet den Staat viel zu viel Geld. Der Staat sollte sein Geld besser für andere Zwecke ausgeben ..... ☐ 2
- f) Die meisten Leute geben das Geld nach Ablauf der Sperrfristen ja doch für Autos, Reisen und andere Konsumgüter aus, so daß sie im Endeffekt gar kein Vermögen haben .... ☐ 3
- g) Die Sperrfristen sind viel zu kurz: Erst nach etwa 15 Jahren hat man soviel Geld gespart, dass man wirklich von einem "Vermögen" sprechen kann .... ☐ 4
- h) Die Vergünstigungen kommen vor allem solchen Leuten zugute, die schon Sparvermögen haben und daher das Geld von anderen Sparkonten abheben. Sie sparen also gar nicht von ihrem laufenden Einkommen ...... ☐ 5
- i) Ich stimme keinem der Kritikpunkte zu .... ☐ 6

<u>Falls Zustimmung zu einem der Kritikpunkte</u>:

Würden Sie trotz dieser Kritik die Sparförderung im grossen und ganzen positiv beurteilen?

- Ja .... ☐ 7
- Nein .... ☐ 8
- Weiss nicht, keine Angabe .... ☐ 9

28. Einmal angenommen, in Ihrem Betrieb stünde in den nächsten Wochen eine Erhöhung der Bezüge um ca. 10 Prozent zur Diskussion. Jeder Arbeitnehmer könnte zwischen zwei Möglichkeiten wählen:

 a) einer 10-prozentigen Erhöhung des Barlohns oder

 b) einer 8-prozentigen Erhöhung des Barlohns in Verbindung mit einer <u>2-prozentigen</u> vermögenswirksamen Zuwendung des Arbeitgebers, für die man die staatlichen Vergünstigungen erhält.

 Wofür würden Sie sich entscheiden?

- für Möglichkeit a .... ☐ 37 y
- für Möglichkeit b .... ☐ x
- weiß nicht, keine Angabe ... ☐ 0

<u>Falls Antwort a</u>:

29. Wie würden Sie sich entscheiden, wenn Sie zwischen den beiden folgenden Möglichkeiten wählen könnten:

 a) einer 10-prozentigen Erhöhung des Barlohns oder

 b) einer 8-prozentigen Erhöhung des Barlohns in Verbindung mit einer <u>4-prozentigen</u> vermögenswirksamen Zuwendung des Arbeitgebers, für die man die staatlichen Vergünstigungen erhält?

- für Möglichkeit a .... ☐ 1
- für Möglichkeit b .... ☐ 2
- weiß nicht, keine Angabe ... ☐ 3

30. Einmal angenommen, Sie würden einen bestimmten Geldbetrag vermögenswirksam sparen wollen und brauchten dazu genaue Informationen oder einen Ratschlag. Wo würden Sie sich diese Informationen bzw. Ratschläge holen?

 Wir haben hier wieder einige Antworten aufgeschrieben. Sagen Sie bitte, welche Antwort auf Sie zutrifft!

 (Interviewer: Liste 10 übergeben!)

- a) bei Freunden, Bekannten oder Verwandten .... ☐ 38 y
- b) bei der Bank, Sparkasse oder Bausparkasse .... ☐ x
- c) bei der Gewerkschaft .... ☐ 0
- d) bei meinem Arbeitgeber oder im Lohnbüro unserer Firma .... ☐ 1
- e) beim Betriebsrat .... ☐ 2
- f) ich würde ein Fachbuch kaufen oder ausleihen ... ☐ 3
- g) weiß nicht, keine Angabe ☐ 4

Und nun zwei Fragen zu Ihrem persönlichen Vermögen:

31. Wie hoch ist zur Zeit ungefähr Ihr gesamtes erspartes Geldvermögen, wenn Sie mal zusammenrechnen, was Sie in den letzten Jahren so alles auf Sparkonten, Bausparkonten und Lebensversicherungsverträgen eingezahlt haben oder was Sie sonst noch erspart haben?

    Wir haben hier wieder einige Antworten aufgeschrieben. Würden Sie bitte sagen, welche Gruppe auf Sie zutrifft! Nennen Sie bitte einfach den Buchstaben!

    (Interviewer: Liste 11 übergeben!)

- a) unter 1000 DM ... ☐ 39 y
- b) 1000 bis unter 3000 DM ... ☐ x
- c) 3000 bis unter 5000 DM ... ☐ 0
- d) 5000 bis unter 10000 DM ... ☐ 1
- e) mehr als 10000 DM ... ☐ 2
- f) weiß nicht, keine Angabe .. ☐ 3

32. Versuchen Sie einmal eine Voraussage: Wie hoch wird Ihr gesamtes erspartes Geldvermögen in etwa 10 Jahren sein?

    Wir haben hier noch einmal dieselben Antworten wie bei der vorigen Frage vorgesehen. Würden Sie bitte sagen, welche Gruppe auf Sie zutrifft! Nennen Sie wieder einfach den Buchstaben!

    (Interviewer: Liste 11 übergeben!)

- a) unter 1000 DM ... ☐ 4
- b) 1000 bis unter 3000 DM ... ☐ 5
- c) 3000 bis unter 5000 DM ... ☐ 6
- d) 5000 bis unter 10000 DM ... ☐ 7
- e) mehr als 10000 DM ... ☐ 8
- f) weiß nicht, keine Angabe .. ☐ 9

33. In welchem Ausmaß wird sich in den nächsten Jahren nach Ihrer Meinung Ihr Einkommen verändern? Wird es stark ansteigen, normal ansteigen, unverändert bleiben oder sinken?

- wird stark ansteigen .... ☐ 40 y
- wird normal ansteigen .... ☐ x
- wird unverändert bleiben ..... ☐ 0
- wird sinken .... ☐ 1
- weiß nicht, keine Angabe ..... ☐ 2

34. Jeder hat ja eine andere Einstellung zum Staat. - Hier ist ein Thermometer aufgezeichnet: Unter O Grad bedeutet ein kühles Verhältnis zum Staat, das bis zu -20 Grad gehen kann. Über O Grad bedeutet Zuneigung zum Staat, die bis zu +20 Grad gehen kann. Unter dem Thermometer haben wir einige Gruppen aufgeschrieben. Können Sie bitte sagen, welche Gruppe dem Grad Ihrer Zuneigung bzw. Abneigung zum Staat entspricht. Nennen Sie bitte einfach den Buchstaben!

(Interviewer: Liste 12 übergeben!)

- a) von -11 bis -20 Grad .... ☐ 41 y
- b) von - 1 bis -10 Grad .... ☐ x
- c) genau O Grad .... ☐ 0
- d) von + 1 bis +10 Grad .... ☐ 1
- e) von +11 bis +20 Grad .... ☐ 2
- f) weiß nicht, keine Angabe ☐ 3

35. In der Sprache anderer Länder hat das Wort "Steuer" teilweise folgende Bedeutung: "Mir wird etwas weggenommen". "ich trage etwas bei", "ich muß etwas abgeben". Welcher dieser drei Bedeutungen würden Sie Ihre Zustimmung geben?

- mir wird etwas weggenommen . ☐ 4
- ich muß etwas abgeben ...... ☐ 5
- ich trage etwas bei .... ☐ 6
- weiß nicht, keine Angabe ... ☐ 7

36. Würden Sie sagen, daß die Steuern in der Bundesrepublik im großen und ganzen gerecht oder ungerecht verteilt sind?

- im großen und ganzen gerecht .... ☐ 42 y
- im großen und ganzen ungerecht .... ☐ x
- weiß nicht, keine Angabe ... ☐ 0

37. Wenn Sie einmal die von Ihnen gezahlte Lohnsteuer betrachten und mit Ihrem Einkommen vergleichen, würden Sie sagen, daß die Höhe Ihrer Steuerzahlung im großen und ganzen gerecht oder ungerecht ist?

- im großen und ganzen gerecht .... ☐ 1
- im großen und ganzen ungerecht .... ☐ 2
- weiß nicht, keine Angabe ... ☐ 3

38. Wie würden Sie die Handlungsweise eines Steuerpflichtigen beurteilen, der absichtlich in seinem Lohnsteuer-Jahresausgleich weniger Einkommen angibt als er in Wirklichkeit hat oder der mehr steuerbegünstigte Aufwendungen absetzt als er tatsächlich hat? Würden Sie sagen, er ist ein "Ehrenmann", ein "Kavaliersünder", eine "raffinierte Person", ein "Betrüger", ein "Dieb" oder ein "Verbrecher"?

Ich würde sagen, er ist:
- ein Ehrenmann .... ☐ 4
- ein Kavaliersünder .... ☐ 5
- eine raffinierte Person .... ☐ 6
- ein Betrüger, ein Dieb ..... ☐ 7
- ein Verbrecher .... ☐ 8
- weiß nicht, keine Angabe ... ☐ 9

39. Was sollte der Staat Ihrer Meinung nach tun, wenn er festgestellt hat, dass ein Steuerpflichtiger durch geschickte Manipulationen weniger Steuern gezahlt hat als er eigentlich müsste: sollte er nur die zu wenig gezahlte Steuer nachfordern; sollte er zusätzlich eine Geldstrafe auferlegen; oder sollte er mit Haft oder Gefängnis bestrafen?

- nur die zu wenig gezahlte Steuer nachfordern .... ☐ 43 y
- zusätzlich eine Geldstrafe ... ☐ x
- Gefängnis, Haft .... ☐ 0
- weiss nicht, keine Angabe .... ☐ 1

40. In der Bundesrepublik gibt es für Lohnsteuerpflichtige einige Möglichkeiten der Steuerersparnis.

Wir haben hier einige Möglichkeiten der Steuerersparnis aufgeschrieben. Welche dieser Möglichkeiten sind Ihnen bekannt? Nennen Sie bitte nur <u>die</u> Steuerersparnismöglichkeiten, von denen Sie <u>genau</u> wissen, dass es sie gibt! Sie brauchen nur den Buchstaben zu nennen!

(Interviewer: Liste 13 übergeben!)

- a) Aufwendungen für Fahrten zwischen Wohnung und Arbeitsstätte .... ☐ 44 y
- b) Lebensversicherungsbeiträge .... ☐ x
- c) Krankenhauskosten, die man nicht erstattet bekommt ... ☐ 0
- d) Mehraufwendungen bei doppelter Haushaltführung .... ☐ 1
- e) Gewerkschaftsbeiträge ..... ☐ 2
- f) Parteibeiträge .... ☐ 3
- g) Kirchensteuer .... ☐ 4
- h) Aufwendungen für Fachbücher .... ☐ 5
- i) Paket in die DDR .... ☐ 6
- j) Schuldzinsen wegen Kauf eines Autos .... ☐ 7
- k) Schuldzinsen wegen Kauf einer Campingausrüstung ... ☐ 8
- l) Kosten für Steuerberater .. ☐ 9
- m) Arbeitnehmerbeitrag zur Sozialversicherung .... ☐ 45 y
- n) Kraftfahrzeughaftpflichtversicherung .... ☐ x
- o) Beschäftigung einer Haushaltshilfe .... ☐ 0

41. Sind Sie der Auffassung, dass man über die Lohnsteuer gut Bescheid wissen sollte?

- Ja .... ☐ 1
- Nein .... ☐ 2
- weiss nicht, keine Angabe .... ☐ 3

42. Unterhalten Sie sich schon mal mit Ihren Arbeitskollegen über die Lohnsteuer?

- Ja .... ☐ 45 4
- Nein .... ☐ 5
- weiß nicht, keine Angabe .. ☐ 6

43. Haben Sie in den letzten Monaten Zeitungsartikel gelesen, die Informationen darüber enthielten, wie man Lohnsteuer sparen kann?

- Ja .... ☐ 7
- Nein .... ☐ 8
- weiß nicht, keine Angabe .. ☐ 9

44. Haben Sie in der genannten Zeit in einem Buch oder einer Broschüre nachgelesen, wie man Lohnsteuer sparen kann?

- Ja .... ☐ 46 y
- Nein .... ☐ x
- weiß nicht, keine Angabe .. ☐ 0

45. Besitzen Sie ein Buch oder eine Broschüre mit solchen Ratschlägen zur Lohnsteuer?

- Ja .... ☐ 1
- Nein .... ☐ 2
- weiß nicht, keine Angabe .. ☐ 3

Falls ja: Welches?

- ....

46. Haben Sie das amtliche Merkblatt gelesen, das Ihnen zusammen mit Ihrer Lohnsteuerkarte für 1971 zugeschickt wurde?

- Ja .... ☐ 4
- Nein .... ☐ 5
- weiß nicht, keine Angabe .. ☐ 6

47. Haben Sie schon davon gehört, daß im Zuge der Steuerreform ab 1974 auch die Lohnsteuer wesentlich geändert werden soll?

- Ja .... ☐ 7
- Nein .... ☐ 8
- weiß nicht, keine Angabe .. ☐ 9

48. Wenn Sie einmal voraussagen sollten, wie sich die geplante Lohnsteuerreform auf die Höhe Ihrer persönlichen Lohnsteuerzahlung auswirken wird, würden Sie sagen, daß Sie "mehr", "weniger" oder "gleich viel" Lohnsteuer zahlen müssen?

- mehr Lohnsteuer .... ☐ 47 y
- weniger Lohnsteuer .... ☐ x
- gleich viel Lohnsteuer .... ☐ 0
- weiß nicht, keine Angabe .. ☐ 1

49. Finden Sie es richtig, daß es für Familien mit Kindern steuerliche Ermäßigungen gibt?

- Ja .... ☐ 2
- Nein .... ☐ 3
- weiß nicht, keine Angabe .. ☐ 4

Falls ja: Finden Sie, daß die steuerlichen Ermäßigungen für Familien mit Kindern ausreichen?

- Ja .... ☐ 5
- Nein .... ☐ 6
- weiß nicht, keine Angabe .. ☐ 7

50. Wissen Sie, was "Splitting" ist?	- Ja	☐ 48 y
	- Nein	☐ x
	- weiß nicht, keine Angabe .	☐ 0
<u>Falls ja:</u> Halten Sie das Splitting für gerecht?	- Ja	☐ 1
	- Nein	☐ 2
	- weiß nicht, keine Angabe .	☐ 3
51. Nehmen wir einmal an: Zwei Steuerpflichtige - einer mit relativ hohem Einkommen, der andere mit niedrigem Einkommen - haben jeweils ein Kind und erhalten dafür einen Kinderfreibetrag. Welcher der drei folgenden Ansichten zu diesem Thema würden Sie Ihre Zustimmung geben?	- Ansicht 1: Der Bezieher des höheren Einkommens sollte einen höheren Steuerbetrag sparen können, da er ja auch mehr Steuern zahlt	☐ 4
	- Ansicht 2: Der Bezieher des höheren Einkommens sollte einen höheren Steuerbetrag sparen können, da er höhere Aufwendungen für sein Kind hat	☐ 5
	- Ansicht 3: Die beiden Steuerpflichtigen sollten genau den gleichen Steuerbetrag sparen	☐ 6
	- weiß nicht, keine Angabe .	☐ 7
52. Glauben Sie, daß Sie gegenüber Steuerpflichtigen, die ein wesentlich höheres Einkommen haben als Sie, steuerlich benachteiligt sind?	- Ja	☐ 49 y
	- Nein	☐ x
	- weiß nicht, keine Angabe .	☐ 0
53. Sind Sie der Ansicht, daß die ausländischen Arbeitnehmer, die in der Bundesrepublik arbeiten, im Vergleich zu Ihnen steuerlich besser gestellt sind?	- Ja	☐ 1
	- Nein	☐ 2
	- weiß nicht, keine Angabe .	☐ 3
54. Stimmt es nach Ihrer Ansicht eigentlich, daß jeder Lohnsteuerpflichtige jährlich 800 DM nebenbei verdienen kann, ohne dafür Steuern zahlen zu müssen?	- Ja	☐ 4
	- Nein	☐ 5
	- weiß nicht, keine Angabe .	☐ 6

Und nun ein paar einfache Fragen zu Ihren steuerbegünstigen Aufwendungen im Jahre 1970. Die Fragen zum Ehegatten brauchen Sie nur zu beantworten, wenn dieser 1970 mitverdient hat.

55. Hatten Sie (und ggf. Ihr mitverdienender Ehegatte) im Jahre 1970 Aufwendungen für Fahrten zwischen Wohnung und Arbeitsstätte, die Ihnen von Ihrem Arbeitgeber nicht erstattet wurden?

Befragter:
- Ja .... ☐ 50 y
- Nein .... ☐ x

ggf. Ehegatte:
- Ja .... ☐ 0
- Nein .... ☐ 1

Falls ja: Haben Sie diese Aufwendungen in Ihrem Antrag auf Lohnsteuer-Jahresausgleich oder Ihrem "Antrag auf Lohnsteuerermässigung 1970" angegeben?

(Interviewer: Falls nur Ermässigungsantrag, bitte ein "E" vor das Kästchen schreiben!)

Befragter:
- Ja .... ☐ 2
- Nein .... ☐ 3

ggf. Ehegatte:
- Ja .... ☐ 4
- Nein .... ☐ 5

Falls Aufwendungen:

a) Hatten Sie (oder ggf. Ihr mitverdienender Ehegatte) 1970 Aufwendungen für Fahrten zwischen Wohnung und Arbeitsstätte mit öffentlichen Verkehrsmitteln?
- Ja .... ☐ 6
- Nein .... ☐ 7

Falls ja: Wieviel?
- Befragter: DM ....
- Ehegatte : DM ....

b) Hatten Sie (oder ggf. Ihr mitverdienender Ehegatte) 1970 Aufwendungen für Fahrten zwischen Wohnung und Arbeitsstätte mit dem eigenen Kraftfahrzeug?
- Ja .... ☐ 8
- Nein .... ☐ 9

Falls ja:
aa) Wie groß ist die einfache Entfernung zwischen Wohnung und Arbeitsstätte?
bb) An wieviel Tagen haben Sie (oder ggf. Ihr Ehegatte) 1970 gearbeitet? (Interviewer: Richtsatz 240)
cc) Sind Sie (oder ggf. Ihr Ehegatte) mit einem Kraftwagen oder Motorrad zur Arbeit gefahren?

(Interviewer: aa bis cc in die Tabelle eintragen)

	einfache Entfernung(aa)	Arbeitstage 1970 (bb)	Art des Kfz. (cc)		
Befragter	........km	.... Tage			
ggf. Ehegatte	........km	........Tage			

dd) Sind Sie körperbehindert und zu 70 % erwerbsunfähig oder zu 50 % erwerbsunfähig und zugleich erheblich gehbehindert?
- Ja .... ☐
- Nein .... ☐

Frage 56:	Befragter	Mitverdienender Ehegatte
a) Waren Sie 1970 aus <u>beruflichen Gründen regelmässig</u> mehr als 12 Stunden täglich von Ihrer Wohnung entfernt?	Nein ☐ 51 y Ja ☐ x	Nein ☐ 52 y Ja ☐ x
<u>Falls ja</u>: An wieviel Tagen?	Tage	Tage ......
<u>Falls Aufwendungen</u>: Haben Sie dies in Ihrem Antrag auf Lohnsteuer-Jahresausgleich angegeben? (Ermässigungsantrag:"E"!)	Nein ☐ 51 0 Ja ☐ 1	Nein ☐ 52 0 Ja ☐ 1
b) Hatten Sie 1970 Umzugskosten für einen beruflich veranlassten Umzug, die Ihnen der Arbeitgeber nicht ersetzt hat?	Nein ☐ 51 2 Ja ☐ 3	Nein ☐ 52 2 Ja ☐ 3
<u>Falls ja</u>: Wie hoch waren Ihre Aufwendungen?	DM	DM ....
<u>Falls Aufwendungen</u>:Haben Sie dies in Ihrem Antrag auf Lohnsteuer-Jahresausgleich angegeben? (Ermässigungsantrag:"E"!)	Nein ☐ 51 4 Ja ☐ 5	Nein ☐ 52 4 Ja ☐ 5
c) Hatten Sie 1970 zusätzliche Kosten für doppelte Haushaltsführung?	Nein ☐ 51 6 Ja ☐ 7	Nein ☐ 52 6 Ja ☐ 7
<u>Falls ja</u>: Wie hoch waren die Kosten? (bitte folgende Punkte beachten:)		
1. Verpflegungsmehraufwand (Interviewer: Rechnen Sie pro Tag 10 DM!)	DM	DM ....
2. Mietkosten am Beschäftigungsort:	DM	DM ....
3. Kosten für wöchentliche Familienheimfahrt (Interviewer: bei Kraftwagen je km einfache Entfernung 0,36 DM rechnen!)	DM	DM ....
<u>Falls Aufwendungen</u>: Haben Sie dies in Ihrem Antrag auf Lohnsteuer-Jahresausgleich angegeben? (Ermässigungsantrag:"E"!)	Nein ☐ 51 8 Ja ☐ 9	Nein ☐ 52 8 Ja ☐ 9
d) Hatten Sie 1970 Kosten für typische Arbeitskleidung (z.B. Arbeitskittel), die Ihnen von Ihrem Arbeitgeber nicht ersetzt wurden?	Nein ☐ 53 y Ja ☐ x	Nein ☐ 54 y Ja ☐ x
<u>Falls ja</u>: Wieviel ?	DM	DM ....
<u>Falls Aufwendungen</u>: Haben Sie dies in Ihrem Antrag auf Lohnsteuer-Jahresausgleich angegeben? (Ermässigungsantrag:"E"!)	Nein ☐ 53 0 Ja ☐ 1	Nein ☐ 54 0 Ja ☐ 1

Frage 56: (Fortsetzung)	Befragter	Mitverdienender Ehegatte
e) Haben Sie 1970 Fachbücher oder Fachzeitschriften gekauft?	Nein ☐ 53/2 Ja ☐ 3	Nein ☐ 54/2 Ja ☐ 3
<u>Falls ja:</u> Wie hoch waren die Aufwendungen?	DM	DM ....
<u>Falls Aufwendungen:</u> Haben Sie dies in Ihrem Antrag auf Lohnsteuer-Jahresausgleich angegeben?(Ermässigungsantrag:"E"!)	Nein ☐ 53/4 Ja ☐ 5	Nein ☐ 54/4 Ja ☐ 5
f) Haben Sie 1970 Beiträge an die Gewerkschaft oder andere Berufsverbände gezahlt?	Nein ☐ 53/6 Ja ☐ 7	Nein ☐ 54/6 Ja ☐ 7
<u>Falls ja:</u> Wieviel?	DM	DM ....
<u>Falls Aufwendungen:</u> Haben Sie dies in Ihrem Antrag auf Lohnsteuer-Jahresausgleich angegeben?(Ermässigungsantrag:"E"!)	Nein ☐ 53/8 Ja ☐ 9	Nein ☐ 54/8 Ja ☐ 9
g) Hatten Sie 1970 Aufwendungen für Ihre berufliche Fortbildung (Gebühren, Fahrtkosten, Lehrmaterial ...)?	Nein ☐ 55/y Ja ☐ x	Nein ☐ 56/y Ja ☐ x
<u>Falls ja:</u> Wieviel?	DM	DM ....
<u>Falls Aufwendungen:</u> Haben Sie dies in Ihrem Antrag auf Lohnsteuer-Jahresausgleich angegeben?(Ermässigungsantrag:"E"!)	Nein ☐ 55/0 Ja ☐ 1	Nein ☐ 56/0 Ja ☐ 1
h) Hatten Sie 1970 Aufwendungen zur Beseitigung eines Unfallschadens an Ihrem Kraftwagen infolge eines Unfalls auf dem Weg zwischen Wohnung und Arbeitsstätte?	Nein ☐ 55/2 Ja ☐ 3	Nein ☐ 56/2 Ja ☐ 3
<u>Falls ja:</u> Wieviel (abzüglich Versicherungsleistungen)?	DM	DM ....
<u>Falls Aufwendungen:</u> Haben Sie dies in Ihrem Antrag auf Lohnsteuer-Jahresausgleich angegeben?(Ermässigungsantrag:"E"!)	Nein ☐ 55/4 Ja ☐ 5	Nein ☐ 56/4 Ja ☐ 5

Frage 56: (Fortsetzung)	Befragter	Mitverdienender Ehegatte
i) Hatten Sie 1970 Aufwendungen für Arbeitsmittel, die Sie zur Ausübung Ihres Berufes gebraucht haben (u.a. Schreibmaschine, Werkzeug ...) und die Ihnen von Ihrem Arbeitgeber nicht ersetzt wurden?	55 Nein ☐ 6 Ja ☐ 7	56 Nein ☐ 6 Ja ☐ 7
Falls ja: Wieviel?	DM	DM ....
Falls Aufwendungen: Haben Sie dies in Ihrem Antrag auf Lohnsteuer-Jahresausgleich angegeben? (Ermässigungsantrag: "E"!)	55 Nein ☐ 8 Ja ☐ 9	56 Nein ☐ 8 Ja ☐ 9
j) Fallen Ihnen für 1970 noch andere Aufwendungen ein, die mit Ihrer Erwerbstätigkeit im Zusammenhang stehen?	57 Nein ☐ y Ja ☐ x	57 Nein ☐ 2 Ja ☐ 3
Falls ja: Welche und wieviel DM?	DM	DM ....
Falls Aufwendungen: Haben Sie dies in Ihrem Antrag auf Lohnsteuer-Jahresausgleich angegeben? (Ermässigungsantrag: "E"!)	57 Nein ☐ 0 Ja ☐ 1	57 Nein ☐ 4 Ja ☐ 5
Bitte freilassen!		

57. **Wir haben jetzt einige einfache Fragen zu Ihren Sonderausgaben und außergewöhnlichen Belastungen. Falls Sie 1970 verheiratet waren, geben Sie bitte den DM-Betrag an, den Sie <u>zusammen mit Ihrem Ehegatten</u> hatten, auch wenn dieser nicht mitverdiente.**

Frage 57:	Antwort
a) **Wurde Ihnen (und ggf. Ihrem Ehegatten) 1970 vom Arbeitgeber Beiträge zur gesetzlichen Sozialversicherung einbehalten?**	58 Nein ☐ y Ja ☐ x
<u>Falls ja:</u> Wieviel (nur Arbeitnehmeranteil)?	DM ....
<u>Falls Aufwendungen:</u> Haben Sie dies in Ihrem Antrag auf Lohnsteuer-Jahresausgleich angegeben? (Ermässigungsantrag: "E"!)	Nein ☐ 0 Ja ☐ 1
b) Haben Sie (und ggf. Ihr Ehegatte) 1970 freiwillig Beiträge zu einer privaten oder gesetzlichen Krankenversicherung gezahlt?	Nein ☐ 2 Ja ☐ 3
<u>Falls ja:</u> Wieviel? (Bitte nur Arbeitnehmeranteile, die nicht schon bei Frage a) angegeben wurden!)	DM ....
<u>Falls Aufwendungen:</u> Haben Sie dies in Ihrem Antrag auf Lohnsteuer-Jahresausgleich angegeben? (Ermässigungsantrag: "E"!)	Nein ☐ 4 Ja ☐ 5
c) **Haben Sie (und ggf. Ihr Ehegatte 1970 Beiträge zu einer privaten Lebensversicherung, einer Aussteuerversicherung, einer Ausbildungsversicherung oder freiwillige Beiträge an die gesetzliche Rentenversicherung gezahlt?**	Nein ☐ 6 Ja ☐ 7
<u>Falls ja:</u> Wieviel?	DM ....
<u>Falls Aufwendungen:</u> Haben Sie dies in Ihrem Antrag auf Lohnsteuer-Jahresausgleich angegeben? (Ermässigungsantrag: "E"!)	Nein ☐ 8 Ja ☐ 9
d) **Haben Sie (und ggf. Ihr Ehegatte) 1970 Beiträge zu einer Witwen-, Waisen-, Versorgungs- oder Sterbekasse gezahlt?**	59 Nein ☐ y Ja ☐ x
<u>Falls ja:</u> Wieviel?	DM ....
<u>Falls Aufwendungen:</u> Haben Sie dies in Ihrem Antrag auf Lohnsteuer-Jahresausgleich angegeben? (Ermässigungsantrag: "E"!)	Nein ☐ 0 Ja ☐ 1

Frage 57:	Antwort
e) Haben Sie (und ggf. Ihr Ehegatte) 1970 Prämien für eine Kfz-Haftpflichtversicherung gezahlt?	Nein ☐ 59 2 Ja ☐ 3
Falls ja: Wieviel?	DM ....
Falls Aufwendungen: Haben Sie dies in Ihrem Antrag auf Lohnsteuer-Jahresausgleich angegeben? (Ermässigungsantrag: "E"!)	Nein ☐ 4 Ja ☐ 5
f) Haben Sie (und ggf. Ihr Ehegatte) 1970 Prämien für eine andere Haftpflichtversicherung oder eine Unfallversicherung gezahlt?	Nein ☐ 6 Ja ☐ 7
Falls ja: Wieviel?	DM ....
Falls Aufwendungen: Haben Sie dies in Ihrem Antrag auf Lohnsteuer-Jahresausgleich angegeben? (Ermässigungsantrag: "E"!)	Nein ☐ 8 Ja ☐ 9
g) Haben Sie (und ggf. Ihr Ehegatte) 1970 Beiträge an eine Bausparkasse gezahlt und dafür anstatt der staatlichen Prämie den Sonderausgabenabzug in Anspruch genommen?	Nein ☐ 60 y Ja ☐ x
Falls ja: Wieviel?	DM ....
Falls Aufwendungen: Haben Sie dies in Ihrem Antrag auf Lohnsteuer-Jahresausgleich angegeben? (Ermässigungsantrag: "E"!)	Nein ☐ 0 Ja ☐ 1
Bitte freilassen!	
h) Haben Sie 1970 eine Unterhaltsrente an den geschiedenen Ehegatten, eine dauernde Last oder eine sonstige Rente gezahlt?	Nein ☐ 2 Ja ☐ 3
Falls ja: Wieviel?	DM ....
Falls Aufwendungen: Haben Sie dies in Ihrem Antrag auf Lohnsteuer-Jahresausgleich angegeben? (Ermässigungsantrag: "E"!)	Nein ☐ 4 Ja ☐ 5

Frage 57:	Antwort
i) Haben Sie (und ggf. Ihr Ehegatte) 1970 irgendwelche Schuldzinsen gezahlt?	Nein ☐ 60 6 Ja ☐ 7
Falls ja: Wieviel?	DM ....
Falls Aufwendungen: Haben Sie dies in Ihrem Antrag auf Lohnsteuer-Jahresausgleich angegeben? (Ermässigungsantrag: "E"!)	Nein ☐ 8 Ja ☐ 9
j) Haben Sie (und ggf. Ihr Ehegatte) 1970 Kirchensteuern gezahlt?	Nein ☐ 61 y Ja ☐ x
Falls ja: Wieviel?	DM ....
Falls Aufwendungen: Haben Sie dies in Ihrem Antrag auf Lohnsteuer-Jahresausgleich angegeben? (Ermässigungsantrag: "E"!)	Nein ☐ 0 Ja ☐ 1
k) Haben Sie im Jahre 1970 Vermögensteuer gezahlt?	Nein ☐ 2 Ja ☐ 3
Falls ja: Wieviel?	DM ....
Falls Aufwendungen: Haben Sie dies in Ihrem Antrag auf Lohnsteuer-Jahresausgleich angegeben? (Ermässigungsantrag: "E"!)	Nein ☐ 4 Ja ☐ 5
l) Haben Sie (und ggf. Ihr Ehegatte) 1970 für gemeinnützige Zwecke gespendet oder Beiträge an politische Parteien gezahlt?	Nein ☐ 6 Ja ☐ 7
Falls ja: Wieviel	DM ....
Falls Aufwendungen: Haben Sie dies in Ihrem Antrag auf Lohnsteuer-Jahresausgleich angegeben? (Ermässigungsantrag: "E"!)	Nein ☐ 8 Ja ☐ 9
m) Hatten Sie 1970 Aufwendungen für einen Steuerberater?	Nein ☐ 62 y Ja ☐ x
Falls ja: Wieviel?	DM ....
Falls Aufwendungen: Haben Sie dies in Ihrem Antrag auf Lohnsteuer-Jahresausgleich angegeben? (Ermässigungsantrag: "E"!)	Nein ☐ 0 Ja ☐ 1
n) Hatten Sie (oder ggf. Ihr Ehegatte) 1970 Aufwendungen für eine Berufsausbildung oder für eine hauswirtschaftliche Aus- und Weiterbildung?	Nein ☐ 2 Ja ☐ 3
Falls ja: Wieviel?	DM ....
Falls Aufwendungen: Haben Sie dies in Ihrem Antrag auf Lohnsteuer-Jahresausgleich angegeben? (Ermässigungsantrag: "E"!)	Nein ☐ 4 Ja ☐ 5

Frage 57:	Antwort
o) Haben Sie 1970 ein Päckchen oder Paket an Verwandte in der DDR geschickt?	Nein ☐ 63 y Ja ☐ x
Falls ja: Welchen Wert hatte der Inhalt ungefähr?	DM ....
Falls Aufwendungen: Haben Sie dies in Ihrem Antrag auf Lohnsteuer-Jahresausgleich angegeben?(Ermässigungsantrag:"E"!)	Nein ☐ 0 Ja ☐ 1
p) Hatten Sie im Jahre 1970 Aufwendungen, die mit einer Entbindung, Krankheit, Kur, Zahnbehandlung u. ähnl. in Verbindung stehen und die Ihnen nicht erstattet wurden?	Nein ☐ 2 Ja ☐ 3
Falls ja: Wieviel?	DM ....
Falls Aufwendungen: Haben Sie dies in Ihrem Antrag auf Lohnsteuer-Jahresausgleich angegeben? (Ermässigungsantrag:"E"!)	Nein ☐ 4 Ja ☐ 5
q) Haben Sie 1970 eine Person unterstützt, für die Sie keinen Kinderfreibetrag erhalten (z.B.Eltern, Grosseltern, Verwandte)?	Nein ☐ 6 Ja ☐ 7
Falls ja: Welches Einkommen hatte die Person? .... DM und wie hoch waren die Aufwendungen?	DM ....
Falls Aufwendungen: Haben Sie dies in Ihrem Antrag auf Lohnsteuer-Jahresausgleich angegeben? (Ermässigungsantrag:"E"!)	Nein ☐ 8 Ja ☐ 9
r) Hatten Sie 1970 die Person, die Sie unterstützen oder ein Kind, für das Sie einen Kinderfreibetrag erhalten, zur Berufsausbildung auswärts untergebracht?	Nein ☐ 64 y Ja ☐ x
Falls ja: Wie hoch waren die Aufwendungen für die auswärtige Unterbringung?	DM ....
Falls Aufwendungen: Haben Sie dies in Ihrem Antrag auf Lohnsteuer-Jahresausgleich angegeben? (Ermässigungsantrag: "E"!)	Nein ☐ 0 Ja ☐ 1
s) Haben Sie 1970 eine Hausgehilfin oder stundenweise eine Haushaltshilfe beschäftigt?	Nein ☐ 2 Ja ☐ 3
Falls ja: Wie hoch waren die Aufwendungen dafür? Bitte angeben ob stundenweise:	DM ....
Falls Aufwendungen: Haben Sie dies in Ihrem Antrag auf Lohnsteuer-Jahresausgleich angegeben? (Ermässigungsantrag:"E"!)	Nein ☐ 4 Ja ☐ 5

Frage 57:	Antwort
t) Hatten Sie (und ggf. Ihr Ehegatte) 1970 noch andere Aufwendungen, die Sie als außergewöhnliche Belastungen auffassen würden?	Nein ☐ 64 6 Ja ☐ 7
Falls ja: Wofür waren die Aufwendungen und wie hoch waren sie?	
1.	DM .....
2.	DM .....
Falls Aufwendungen: Haben Sie dies in Ihrem Antrag auf Lohnsteuer-Jahresausgleich angegeben? (Ermässigungsantrag: "E"!)	Nein ☐ 8 Ja ☐ 9
58. Waren Sie (oder Ihr Ehegatte oder Ihr Kind) 1970 körperbehindert?	Nein ☐ 65 2 Ja ☐ 3
Falls ja: a) Wie hoch war der Grad der Erwerbsunfähigkeit? ....Prozent	
b) Haben Sie dies in Ihrem Antrag auf Lohnsteuer-Jahresausgleich angegeben? (Ermässigungsantrag: "E"!)	Nein ☐ 4 Ja ☐ 5
59. Hatten Sie 1970 Abschreibungen für ein Haus oder eine Eigentumswohnung oder haben Sie in den letzten 10 Jahren ein älteres Haus, das vor 1948 fertiggestellt wurde, umgebaut ? (sanitäre Anlagen, Zentralheizung, Wohnungsabschluß?)	Nein ☐ 6 Ja ☐ 7
Falls ja: Wieviel DM hat Sie das gekostet?	DM .....
Falls neues Haus oder Eigentumswohnung: **Wann haben Sie den Antrag auf Baugenehmigung gestellt?**	am ....
60. Waren Sie 1970 während des ganzen Jahres berufstätig?	Nein ☐ 8 Ja ☐ 9
Falls nein: Wieviel Monate waren Sie nicht berufstätig?	Monate ....

Abschliessend haben wir noch einige Fragen zum Lohnsteuerjahresausgleich: 67

61. Haben Sie für das Jahr 1970 einen Antrag auf Lohnsteuerjahresausgleich gestellt?
- Ja .... ☐ y
- Nein .... ☐ x

Falls ja:

a) Wie lange haben Sie an Ihrem Antrag auf Lohnsteuer-Jahresausgleich 1970 gearbeitet! Rechnen Sie einmal alle Stunden zusammen! 67
- unter 1 Stunde .... ☐ 0
- 1 bis unter 3 Stunden .... ☐ 1
- 3 bis unter 6 Stunden .... ☐ 2
- mehr als 6 Stunden .... ☐ 3
- weiss nicht, keine Angabe .... ☐ 4

b) Haben Sie im Lauf des Jahres 1970 Belege (Quittungen,Rechnungen) für Ihren Lohnsteuer-Jahresausgleich gesammelt?
- Ja .... ☐ 5
- Nein .... ☐ 6

c) Sind Sie persönlich (od.ggf.Ihr Ehegatte) zur Abgabe Ihres Antrages auf Lohnsteuer-Jahresausgleich im Finanzamt gewesen?
- Ja .... ☐ 7
- Nein .... ☐ 8

Falls ja:

1) Wieviel Zeit haben Sie dafür ungefähr gebraucht (einschl. Fahrten)? 68
- unter 1 Stunde .... ☐ y
- 1 bis unter 3 Stunden .... ☐ x
- 3 bis unter 6 Stunden .... ☐ 0
- über 6 Stunden .... ☐ 1
- weiss nicht, keine Angabe .... ☐ 2

2) Haben Sie beim Finanzamt alles durchgesetzt,was Sie in Ihrem Antrag auf Lohnsteuer-Jahresausgleich angegeben hatten?
- Ja .... ☐ 3
- Nein .... ☐ 4

Falls nein: Haben Sie die Gründe für die Ablehnung eingesehen oder wurden Ihnen vom Finanzbeamten überhaupt keine Gründe genannt?
- habe die Gründe eingesehen ☐ 5
- habe die Gründe nicht eingesehen .... ☐ 6
- mir wurden keine Gründe genannt .... ☐ 7
- weiss nicht,keine Angabe . ☐ 8

Falls nein:

i) Warum haben Sie keinen Antrag auf Lohnsteuer-Jahresausgleich gestellt? Welche der folgenden Punkte waren für Sie ausschlaggebend?
Wir haben hier einige Antworten aufgeschrieben. Sagen Sie bitte, welche Antworten für Sie zutreffen! Sie brauchen nur die Buchstaben zu nennen!

(Interviewer:Liste **14** übergeben)

- a) ich habe mir genau errechnet, dass sich ein Antrag für mich finanziell nicht gelohnt hätte .... ☐ 69 y
- b) ich bin - ohne derartige Berechnungen durchzuführen - zu der Auffassung gekommen, dass sich für mich ein **Antrag nicht lohnt** ..... ☐ x
- c) ich stelle keinen Antrag auf Lohnsteuer-Jahresausgleich, weil ich mir im vergangenen Jahr einen Freibetrag auf der Steuerkarte habe eintragen lassen .... ☐ 0
- d) ich habe kein Interesse an diesen Dingen und daher keinen Antrag gestellt .... ☐ 1
- e) ich finde mich in diesen Dingen nicht zurecht; mir ist das ganze Verfahren zu kompliziert .... ☐ 2
- f) ich hasse es, einen Antrag auszufüllen. Dieses ganze Antragsverfahren ist mir zuwider .... ☐ 3
- g) mir ist es zu viel Arbeit, und es kostet zu viel Zeit, Belege zu sammeln, den Antrag auszufüllen und zum Finanzamt zu gehen .... ☐ 4
- h) ich habe den Termin versäumt .... ☐ 5
- i) weiss nicht, keine Angabe .... ☐ 6

Falls Frage 61 mit "Ja" beantwortet wurde:

d) Glauben Sie, dass der Steuerbeamte bei der Durchsicht Ihres Antrages einen Ermessensspielraum hat?

- Ja ☐ 70 y
- Nein ☐ x
- Weiss nicht, keine Angabe ☐ 0

e) Würden Sie es als Vorteil ansehen, wenn Sie zu dem Steuerbeamten gute persönliche Beziehungen hätten?

- Ja ☐ 1
- Nein ☐ 2
- weiss nicht, keine Angabe ☐ 3

f) Würden Sie gegen den Bescheid des Finanzamtes Einspruch erheben, wenn die Lohnsteuerrückzahlung unter Ihren Erwartungen bleibt?

- Ja ☐ 4
- Nein ☐ 5
- weiss nicht, keine Angabe ☐ 6

g) Wer hat Ihnen bei Ihrem Antrag auf Lohnsteuer-Jahresausgleich geholfen?

- Steuerberater ☐ 71 y
- Verwandte, Bekannte, Kollegen ☐ x
- Lohnsteuerverein ☐ 0
- Gewerkschaft ☐ 1
- keiner ☐ 2
- weiss nicht, keine Angabe ☐ 3

h) Welcher der folgenden Empfindungen zum Ausfüllen des Antrages auf Lohnsteuer-Jahresausgleich würden Sie am ehesten Ihre Zustimmung geben?

(Interviewer: Bitte vorlesen!)

- macht mir Spass ☐ 4
- fülle ich einigermassen gern aus ☐ 5
- mache ich weder gern noch ungern ☐ 6
- fülle ich ungern aus ☐ 7
- ich hasse das Ausfüllen ☐ 8
- weiss nicht, keine Angabe ☐ 9

Falls Frage 61 mit "Nein" beantwortet wurde:

j) Hatten Sie für das Jahr 1969 einen Antrag auf Lohnsteuer-Jahresausgleich gestellt?

- Ja ☐ 72 y
- Nein ☐ x
- weiss nicht, keine Angabe ☐ 0

k) Würden Sie für das Jahr 1970 einen Antrag auf Lohnsteuer-Jahresausgleich gestellt haben, wenn Ihnen dazu kostenlos ein Steuerberater zur Verfügung gestanden hätte, der alle Formalitäten für Sie erledigt?

- Ja ☐ 1
- Nein ☐ 2
- weiss nicht, keine Angabe ☐ 3

Falls ja: Auch wenn Sie dafür eine geringe Gebühr bezahlen müssten?

- Ja ☐ 4
- Nein ☐ 5
- weiss nicht, keine Angabe ☐ 6

l) Welche Steuerklasse war 1970 für Sie (und ggf. Ihren Ehegatten) auf der Steuerkarte eingetragen?

Befragter: Steuerklasse...

ggf.Ehegatte:Steuerklasse...

62.	Hatten Sie sich für das Jahr 1970 einen Freibetrag auf Ihrer Lohnsteuerkarte eintragen lassen?	- Ja .... ☐ 73 y - Nein .... ☐ x - weiss nicht, keine Angabe .. ☐ 0
	Falls ja: Wie hoch war dieser Freibetrag monatlich?	- DM .... - weiss nicht, keine Angabe .. ☐ 1
63.	Wissen Sie, wo das für Sie zuständige Finanzamt ist ?	- Ja .... ☐ 2 - Nein .... ☐ 3
	Falls ja: Wieviel km ist das Finanzamt ungefähr von Ihrer Wohnung entfernt?	- weniger als 3 km .... ☐ 4 - 3 bis unter 6 km .... ☐ 5 - 6 bis unter 1o km .... ☐ 6 - 1o bis unter 2o km .... ☐ 7 - mehr als 2o km .... ☐ 8
64.	Einige Leute unterhalten sich und kommen dabei auf die Beamten im Finanzamt zu sprechen. Wir haben einige der in diesem Gespräch geäusserten Meinungen aufgeschrieben. Welcher Meinung über Finanzbeamte würden Sie Ihre Zustimmung geben? Sie brauchen nur den Buchstaben zu nennen! (Interviewer: Liste 15 übergeben!)	- a) ... da bekommt man Ratschläge, wie man noch zusätzlich Steuern sparen kann ..... ☐ 74 y - b) ... da geht man am besten hin, dann kann man mit denen persönlich reden und weiss, woran man ist .... ☐ x - c) ... unsereinem können die alles weismachen .... ☐ 0 - d) ... wenn man dahin kommt, dann kann einem schon angst und bange werden .. ☐ 1 - e) ... das sind für mich ganz normale Menschen, die einen bestimmten Beruf ausüben .... ☐ 2
65.	Und jetzt mal eine ganz andere Frage: Haben Sie im Jahre 1970 irgendwelche Ausgaben gehabt, die Sie vor allem mit dem Ziel der Steuerersparnis gemacht haben?	- Ja .... ☐ 3 - Nein .... ☐ 4

Und zuletzt vier Fragen, die sich auf diesen Fragebogen beziehen!

66. Haben Sie diesen Fragebogen gern beantwortet?	- Ja .... ☐	75 y
	- Nein .... ☐	x
	- Weiss nicht, keine Angabe .... ☐	0
67. Hat Ihnen die Beantwortung der Fragen zu lange gedauert?	- Ja .... ☐	1
	- Nein .... ☐	2
	- Weiss nicht, keine Angabe .... ☐	3
68. Glauben Sie, dass Sie von der Beantwortung unseres Fragebogens einen Nutzen haben?	- Ja .... ☐	4
	- Nein .... ☐	5
	- Weiss nicht, keine Angabe .... ☐	6
69. Würden Sie uns zu einem späteren Zeitpunkt noch weitere Fragen beantworten, wenn wir Sie deshalb anschreiben?	- Ja .... ☐	7
	- Nein .... ☐	8
	- Weiss nicht, - keine Angabe .... ☐	9

<u>**Nr. des Fragebogens:**</u>

A 3 FRAGEBOGEN FÜR DIE ERHEBUNG IN DEN FINANZÄMTERN

I Aus der Lohnsteuerkarte 1970 sind zu erheben:

(Falls mitverdienender Ehegatte, bitte die Angaben zum Hauptverdiener machen!)

1. Name, Vorname: - ....
   Wohnort: - ....
   Straße, Haus-Nr.: - ....

2. Finanzamt:
   - Gemeinde 1 .... ☐
   - Gemeinde 2 .... ☐
   - Gemeinde 3 .... ☐
   - Gemeinde 4 .... ☐
   - Gemeinde 5 .... ☐
   - Gemeinde 6 .... ☐
   - Gemeinde 7 .... ☐
   - Gemeinde 8 .... ☐
   - Gemeinde 9 .... ☐
   - Gemeinde 10 .... ☐

3. Ortsgrößenklasse: 02
   - Größenklasse 1 .... ☐ y
   - Größenklasse 2 .... ☐ x
   - Größenklasse 3 .... ☐ 0

4. Geschlecht:
   - weiblich .... ☐ 1
   - männlich .... ☐ 2

5. Geburtsjahrgang:
   - vor 1906 .... ☐
   - von 1906 bis 1920 .... ☐
   - von 1921 bis 1940 .... ☐
   - nach 1940 .... ☐

6. Steuerklasse:
   - Steuerklasse 1 .... ☐ 3
   - Steuerklasse 2 .... ☐ 4
   - Steuerklasse 3 .... ☐ 5
   - Steuerklasse 4 .... ☐ 6
   - Steuerklasse 5 .... ☐ 7

7. Kinderfreibeträge: - Anzahl ....

8. Familienstand:
- ledig .... ☐ 03 y
- verheiratet .... ☐ x
- verwitwet .... ☐ 0
- geschieden .... ☐ 1

<u>Falls verheiratet:</u>
Liegt für den Ehegatten des Steuerpflichtigen eine Lohnsteuerkarte vor <u>und</u> hat dieser 1970 mitverdient?
- Ja .... ☐ 2
- Nein .... ☐ 3

9. Liegt eine zweite Lohnsteuerkarte vor und wurde auf dieser ein Verdienst bescheinigt?
- Ja .... ☐ 4
- Nein .... ☐ 5

<u>Falls ja:</u> Bitte bei den folgenden Fragen die Beträge immer zusammenrechnen!

10. Wurde auf (einer) der Steuerkarte(n) ein steuerfreier Abzugsbetrag eingetragen (IV)?
- Ja .... ☐ 6
- Nein .... ☐ 7

<u>Falls ja:</u> a) Wie hoch ist der Jahresbetrag? - DM ....
ggf. Ehegatte: - DM ....

11. Jahresarbeitslohn (Summe aus VI, 3): - DM 04
ggf. Ehegatte: - DM ....

12. Jahreslohnsteuer (Summe aus VI, 4): - DM ....
ggf. Ehegatte: - DM ....

13. Kirchensteuer (Summe aus VI,5): - DM ....
ggf. Ehegatte: - DM ....

14. Vermögenswirksame Leistungen (Summe aus VI, 7): - DM 04
ggf. Ehegatte: - DM ....

15. Arbeitnehmerbeiträge zur gesetzlichen Sozialversicherung (Summe aus VI, 8): - DM ....
ggf. Ehegatte: - DM ....

II Aus dem Antrag auf Lohnsteuer-Jahresausgleich 1970 sind zu erheben:

16. Ausgeübter Beruf (I, 7): - ....
ggf. Ehegatte: - ....

17. Hat sich bei der Steuerklasse oder der Zahl der Kinder etwas geändert (II)?
- Ja .... ☐
- Nein .... ☐

Falls ja: Bitte kurz erläutern - ....
....
....

18. Bruttoarbeitslohn (Summe bei III, 1, 17): - DM ....
ggf. Ehegatte (III, 1, 18): - DM ....

19. Lohnsteuer (Summe bei III, 1, 50): - DM ....
ggf. Ehegatte (III, 1, 51): - DM ....

20. Kirchensteuer (Summe bei III, 1, 52): - DM .... 05 y
ggf. Ehegatte (III, 1, 53): - DM ....

21. Vermögenswirksame Leistungen (Summe bei III, 3, 31): - DM ....
ggf. Ehegatte (III, 3, 32): - DM x

22. Außergewöhnliche Belastungen allgemeiner Art (Betrag bei III, 11): - DM 0

23. Unterstützung bedürftiger Personen (Betrag bei III, 45): - DM 1

24. Auswärtige Unterbringung, Beschäftigung einer Haushaltshilfe, Hausgehilfin (Betrag bei III, 12): - DM 2

25. Arbeitnehmerbeiträge zur gesetzlichen Sozialversicherung (Betrag bei VI, 1, 27): - DM 3

26. Summe der Versicherungsbeiträge (Betrag bei VI, 3-5, 05): - DM 05 4

27. Beiträge an Bausparkassen (Betrag bei VI, 6, 07): - DM 5

28. Summe der bei VI, 7-12, 08 angegebenen Sonderausgaben: - DM 6

29. Ausgaben für steuerbegünstigte Zwecke (Summe der Beträge bei VI, 13 a-c, 09, 10, 37): - DM 7

30. Aufwendungen für Fahrten zwischen Wohnung und Arbeitsstätte mit eigenem Kraftfahrzeug (Angabe zu VII, 1):

km einfache Entfernung	Arbeitstage 1970	km-Geld 0,36 od. 0,16	Jahresbetrag	
....	....	....	DM	8
ggf. Ehegatte:				
....	....	....	DM	9

<u>Falls verschiedene Entfernungen:</u>

Summe des Jahresbetrages: - DM ....

ggf. Ehegatte: - DM ....

31. Aufwendungen für Fahrten zwischen Wohnung und Arbeitsstätte mit öffentlichen Verkehrsmitteln (Betrag unter VII, 2): - DM .... 06 y

ggf. Ehegatte: - DM x

32. Summe der Werbungskosten (Summe der Beträge unter VII, 2-7): - DM 0

ggf. Ehegatte: - DM 1

33. Besonderer Pauschalbetrag für bestimmte Berufsgruppe (Betrag unter VII, 8): - DM 06 2

Berufsgruppe: ....

ggf. Ehegatte: - DM 3

Berufsgruppe: ....

34. Sonstiges (Freibetrag für Schwerbeschädigte, für Flüchtlinge oder Vertriebene)

.... 4

....

Literaturverzeichnis

Albers, W. — Probleme eines Familienlastenausgleichs, in: Sozialer Fortschritt, Jahrgang 16, 1967, S. 158 ff.

Das deutsche Steuersystem in der Diskussion, in: Wirtschaftswoche Nr. 27, 2.7.71, S. 33 ff.

Allekotte, H. — Sparneigung und Sparformen - Eine Analyse am Beispiel von Lottogewinnen, in: Beiträge des Deutschen Industrieinstituts, 9. Jg., Heft 2

Beichelt, B., Biervert, B., Daviter, J., Schmölders, G. und Strümpel, B. — Steuernorm und Steuerwirklichkeit, Bd. 2: Steuermentalität und Steuermoral in Großbritannien, Frankreich, Italien und Spanien, in: Forschungsberichte des Landes Nordrhein-Westfalen, Nr. 2041, Köln und Opladen 1969

Blume, O. — Sparmotive und Spartätigkeit sozialer Gruppen, in: Sparkasse, Zeitschrift des Deutschen Sparkassen- und Giroverbandes e.V., Heft 7, Bonn 1959, S. 139 ff.

Blümich, W. und Falk, L. — Einkommensteuergesetz, 2. Bde., 10. Aufl., Berlin 1971

Bohlen, W. — Die volkswirtschaftlichen Auswirkungen von Vermögensbildungs-Plänen, Schriftenreihe des Forschungsinstituts der Friedrich-Ebert-Stiftung, Hannover 1966

Braun, S. — Zur Soziologie der Angestellten, Sammlung "res novae", Bd. 25, Frankfurt 1964

Der Bundesminister für Arbeit und Sozialordnung (Hrsg.) — Sozialbericht 1970, Bonn 1970

Das neue 624-DM-Gesetz - Sozial gerechtere Sparförderung, Bonn 1970

Sparförderungsbericht 1972, Unveröffentlichtes Manuskript, Bonn, d. 29. Februar 1972

Der Bundesminister für Familie und Jugend (Hrsg.) — Bericht über die Lage der Familien in der Bundesrepublik Deutschland - Familienbericht -, Bad Godesberg 1968

Der Bundesminister für Wirtschaft und Finanzen (Hrsg.) — Dokumentation über die Beschlüsse der Bundesregierung vom 11. Juni und 28./29. Oktober 1971 über Eckwerte und Grundsätze zur Steuerreform 1974, Bonn, November 1971

Die Steuereinnahmen des Bundes und der Länder im Dezember 1971 und im Rechnungsjahr 1971, Dokumentation Nr. F/19, 31. Januar 1972

Daviter, J., Könke, J., Graf Schwerin, O. — Steuernorm und Steuerwirklichkeit, Bd. 1: Steuertechnik und Steuerpraxis in Frankreich, Großbritannien, Italien und Deutschland, Köln und Opladen 1969

Deutscher Gewerkschaftsbund, Bundesvorstand (Hrsg.) — Vorschläge des DGB zur Steuerreform, Düsseldorf, 12.5.1971

Deutsches Wissenschaftliches Steuerinstitut der Steuerbevollmächtigten (Hrsg.) — Handbuch zur Lohnsteuer 1970, München 1970

Ehmcke, R. — Einkommensbesteuerung, Einkommensverteilung und Wirtschaftsablauf, Analyse der privaten Haushalte in der Bundesrepublik Deutschland seit 1950, Hamburg 1970

Einkommensteuerkommission — Untersuchung zum Einkommensteuerrecht unter besonderer Berücksichtigung textkritischer, rechtssystematischer und verfassungsrechtlicher Gesichtspunkte - Bericht der Einkommensteuerkommission, in: Schriftenreihe des Bundesministeriums der Finanzen, Heft 7, Bonn 1964

Engelhardt, G. — Verhaltenslenkende Wirkungen der Einkommensteuer - Ein Beitrag zum Problem der wirtschaftspolitischen Beratung, in: Finanzwissenschaftliche Forschungsarbeiten (Hrsg.: G. Schmölders), Köln 1968

Der Beitrag der Finanzpsychologie zu einer rationalen Steuerpolitik, in: Wirtschaftstheorie als Verhaltenstheorie. Ein Symposion der Forschungsstelle für empirische Sozialökonomik, in: Beiträge zur Verhaltensforschung (Hrsg.: G. Schmölders), Berlin 1969, S. 85 ff.

Erhard, U. — Zusätzliche Kapitalbildung durch Sparprämien? - Eine statistische Analyse, Marburger Rechts- und Staatswissenschaftliche Abhandlungen, Reihe B, Staatswissenschaftliche Abhandlungen, Bd. 3, Marburg 1968

Exo, R. — Die Entwicklung der sozialen und ökonomischen Struktur der Ersparnisbildung in der Bundesrepublik Deutschland, Untersuchungen über das Spar-, Giro- und Kreditwesen (Hrsg.: F. Voigt), Bd. 31, Berlin 1967

Fitting, K., Hentrich, U. und Schwedes, R. — Zweites Vermögensbildungsgesetz (Erläuterungen), 4. Auflage, Frankfurt 1969

Flume, W. — Die reformbedürftige Reform - Vorschläge zu den neuen Steuergesetzen, in: Handelsblatt vom 25./26.6.71

Steuerreform benachteiligt auch Nichtunternehmer, in: Handelsblatt vom 26.1.1972

Föhl, C. und Hennies, M. — Vermögensbildung in Arbeitnehmerhand, in: Politik in unserer Zeit, Bd. 2

Fricke, D. — Das Sparen im Spannungsfeld der Bedürfnisse. Eine Kritik der Sparfunktion, in: Wirtschaftstheorie als Verhaltenstheorie. Ein Symposion der Forschungsstelle für empirische Sozialökonomik, in: Beiträge zur Verhaltensforschung (Hrsg.: G. Schmölders, Köln), H. 11, Berlin 1969, S. 41 ff.

Haller, H. — Probleme der progressiven Besteuerung (Walter Eucken-Institut, Vorträge und Aufsätze, Nr. 27), Tübingen 1970

Hartmann, J. — Reform des Veranlagungsverfahrens durch Selbstberechnung der Steuer. Dargestellt an den Versuchen zur Selbstberechnung im Lande Niedersachsen, in: Finanzwissenschaftliche Forschungsarbeiten, NF., H. 35 (Hrsg.: G. Schmölders), Berlin 1967

Hartz, W. — Möglichkeiten und Grenzen der Vereinfachung des Steuerrechts - Überlegungen zur Denkschrift einer Sachverständigenkommission, in: Steuer-Kongress-Report, München und Berlin 1964, S. 98 ff.

Heyn, W. — Stichprobenverfahren in der Marktforschung, Würzburg 1960

Hoffmann, G. — Steuervorteile durch Freibeträge, Freigrenzen, Höchstbeträge, Pauschalierungen, 2. Aufl., Freiburg 1970

Hofstätter, P.R. (Hrsg.) — Psychologie, Fischer Lexikon, Bd. 6, Frankfurt 1957

Hofstätter, P.R. — Einführung in die Sozialpsychologie , 4. Aufl., Stuttgart 1966

Hofstätter, P.R. und Wendt, D. — Quantitative Methoden der Psychologie, München 1966

Ifo-Institut für Wirtschaftsforschung — 58 Mrd. Lohnsteueraufkommen im Jahre 1974, in: Ifo-Schnelldienst, Nr. 45, vom 9.11.1970

Informationsdienst der Sparkassen und Girozentralen — Vermögensbildung der Arbeitnehmer - Das neue 312-DM-Gesetz -, Stuttgart 1969

Ratgeber für die Einkommensteuer 1970, Stuttgart 1970

Steuervergünstigungen für Lohnsteuerzahler, Ausgabe 1970, Stuttgart 1970

Institut "Finanzen und Steuern" — Der Fiskus als Sozialpolitiker, (Heft 77), Bonn 1965

Einschränkung des Ehegatten-Splitting? - Eine kritische Betrachtung -, Brief 109, Bonn 1968

Zur Reform der Einkommensteuer - Abzüge bei der Ermittlung der Steuerbemessungsgrundlage oder Abzüge von der Steuerschuld? -, Brief 112, Bonn 1969

Institut für angewandte Sozialwissenschaft — SYNTRO-Programm zur Kontrastgruppenanalyse, Manual für Benutzer, Unveröffentlichtes Manuskript, Bad Godesberg 1970

Spezielle Probleme der Frauenerwerbstätigkeit in Nordrhein-Westfalen - Berufsrückkehr und Motivation -, Bonn-Bad Godesberg 1971

Irle, M. — Eine Analyse von Beziehungen von verwandten Einstellungen und Kenntnissen über den Gegenstand, in: Zeitschrift für experimentelle und angewandte Psychologie, 1960, S. 547 ff.

Jecht, H. — Probleme der Einkommensteuerreform, Göttingen 1948

Der Schwerpunkt Sparförderung, Harmonisierung oder Reform?, in: Der Volkswirt, 18. Jg., Nr. 45, S. 2401 ff.

de Jouvenel, B. — The Ethics of Redistribution, Cambridge 1951

Kaiser, W. und Zerwas, A. — Die Struktur des Sparens in der Bundesrepublik Deutschland von 1950 bis 1967, in: Untersuchungen über das Spar-, Giro- und Kreditwesen (Hrsg.: F. Voigt), Bd. 50, Berlin 1970

Karl-Bräuer-Institut des Bundes der Steuerzahler (Hrsg.) — Der Weg zu einem zeitgemäßen Steuersystem, Diskussionsbeiträge zur Reform des materiellen Steuerrechts, Heft 20, Wiesbaden 1971

Kellerer, H. — Theorie und Technik des Stichprobenverfahrens, Einzelschriften der Deutschen Statistischen Gesellschaft, Nr. 5, 3. Aufl., München 1963

Kern, H. und Schumann, M. — Wirtschaftliche und soziale Aspekte des technischen Wandels in der Bundesrepublik Deutschland, Bd. 1: "Sieben Berichte", Teil A, Soziologischer Untersuchungsteil, Forschungsprojekt des Rationalisierungskuratoriums der Deutschen Wirtschaft (RKW) e.V. (Hrsg.), Frankfurt 1970

Knief, P. — Steuerfreibeträge als Instrumente der Finanzpolitik, in: Abhandlungen zur Mittelstandsforschung, Nr. 34, Köln und Opladen 1968 (Kölner Dissertation 1967)

König, R. (Hrsg.) — Das Interview - Formen, Technik, Auswertung -, Berlin 1965

Konz, F. — "Erfolgreiche Steuertips für Angestellte, Arbeiter, Beamte", Karlsruhe 1970

Krelle, W., Schunck, J. und Siebke, J. — Überbetriebliche Ertragsbeteiligung der Arbeitnehmer. Mit einer Untersuchung über die Vermögensstruktur der Bundesrepublik Deutschland, Forschungsauftrag des Bundesministeriums für Arbeit und Sozialordnung, in zwei Bänden, Tübingen 1968

Lassig, R. — So spart man Lohnsteuer, Ausgabe 1969, München 1969

Land Nordrhein-Westfalen (Hrsg.) — Erläuterungsbericht zum Landesentwicklungsplan I (mit Skizze), in: Ministerialblatt für das Land Nordrhein-Westfalen, Ausgabe A, 19. Jg., Nr. 186, Düsseldorf 1966, S. 2260 ff.

Laux, H. — Das Dritte Vermögensbildungsgesetz. Die Neuerungen des 624-DM-Gesetzes und ihre Auswirkungen, 2. Aufl. (Sonderveröffentlichung des Betriebs-Beraters), Heidelberg 1970

Lehmann, H. — Lohnsteuer-Jahresausgleich - Notwendigkeit und Vorteile -, München 1969

Lehmann, W. — Im Spannungsfeld zwischen Politik und Wissenschaft, in: Der Volkswirt, 18. Jg., Nr. 45, S. 2406 ff.

Liefmann-Keil, E. — Ökonomische Theorie der Sozialpolitik (Enzyklopädie der Rechts- und Staatswissenschaften, Abteilung Staatswissenschaft), Berlin - Göttingen - Heidelberg, 1961

Lienert, G.A. — Verteilungsfreie Methoden in der Biostatistik, Meisenheim am Glan 1962

Lindner, H. — Die Bildung von Schichten, Diplomarbeit, angefertigt am Seminar für Wirtschafts- und Sozialstatistik der Universität zu Köln, Wintersemester 1965/66

Littmann, K. — Kritische Marginalien zur Kontroverse "Individuelle Veranlagung oder Haushaltsbesteuerung", in: Finanzarchiv, NF, Bd. 27 (1968), S. 174 ff.

Ein Valet dem Leistungsfähigkeitsprinzip, in: Haller, H. u.a. (Hrsg.): Theorie und Praxis des finanzpolitischen Interventionismus, Tübingen 1970, S. 113 ff.

Lompe, K. — Wissenschaftliche Beratung der Politik. Ein Beitrag zur Theorie anwendender Sozialwissenschaften, in: Wirtschaft und Gesellschaft, Schriften des Forschungsinstituts für Gesellschaftspolitik und beratende Sozialwissenschaft (Hrsg.: G. Weisser), Bd. 2, Göttingen 1966

Mayntz, R., Holm, K. und Hübner, P. — Einführung in die Methoden der empirischen Soziologie, Köln und Opladen 1969

Mittenecker, E. — Planung und statistische Auswertung von Experimenten, 7. Aufl., Wien 1968

Molitor, B. — Zukünftige Sozialpolitik, in: Die Neue Gesellschaft, H. 5, 1970, S. 579 ff.

Muthesius, P. — Die Sparprämie - ein überflüssiges Übel, in: Zeitschrift für das gesamte Kreditwesen, 19. Jg. 1966, H. 8, S. 319

Neuhoff, H.-P. — Die Erhebungskosten der deutschen Lohnsteuer und die Problematik einer "Lohnsteuerprovision", Dissertation, Köln 1969

Neuloh, O. — Die weisse Automation - Die Zukunft der Angestelltenschaft -, in: Sozialforschung und Sozialordnung, Bd. 1, Köln 1966

Neumark, F. — Grundsätze gerechter und ökonomisch rationaler Steuerpolitik, Tübingen 1970

Neurath, P. — Grundbegriffe und Rechenmethoden der Statistik für Sozialwissenschaftler, in: König R. (Hrsg.): Handbuch der empirischen Sozialforschung, Bd. 1, Stuttgart 1962, S. 241 ff.

Statistik für Sozialwissenschaftler. Eine Einführung in das statistische Denken, Stuttgart 1966

Noelle, E. — Umfragen in der Massengesellschaft - Einführung in die Methoden der Demoskopie -, Reinbek bei Hamburg 1963

Noelle-Neumann, E. und Schmidtchen, G. — Eigentumsbildung in Arbeitnehmerhand - Sozialpolitische Projekte aus der Sicht der Bevölkerung -, in: Bundesarbeitsblatt, Jg. 1965, Nr. 12, S. 518 ff.

o. Verf. — CDU-Sozialausschüsse fordern eine "Negativsteuer", in: Handelsblatt vom 2.2.1971

o. Verf. — Vereinfachung der Sparförderung, in: Handelsblatt vom 13./14.11.1970, S. 25

o. Verf. — Von Reformideen zur Konfiskation, Handelsblatt-Sonderausgabe vom 15.12.1971, S. II

Pehl, G. — "Veredeltes Splitting" als künftige Grundlage der Ehegattenbesteuerung, in: Wirtschaftswissenschaftliche Mitteilungen, H. 9 (1957)

Pehl, G. Steuerpolitik in der Bundesrepublik Deutschland, Köln 1962

Pfanzagl, J. Allgemeine Methodenlehre der Statistik, Bd. 1, Elementare Methoden unter besonderer Berücksichtigung der Anwendung in den Wirtschafts- und Sozialwissenschaften, 2. Aufl., Berlin 1964

Bd. 2, Höhere Methoden unter besonderer Berücksichtigung der Anwendungen in Naturwissenschaften, Medizin und Technik, 2. Aufl., Berlin 1966

Piel, W. D. Zur sozialen Bedingtheit und politischen Bestimmbarkeit des sozialen Existenzminimums, Dissertation, Köln 1968

Pohmer, D. Leistungsfähigkeitsprinzip und Einkommensverteilung, in: Haller, H. u.a. (Hrsg.): Theorie und Praxis des finanzpolitischen Interventionismus, Tübingen 1970, S. 135 ff.

Presse- und Informationsamt der Bundesregierung (Hrsg.) Steuerreform 1974 - Die Beschlüsse der Bundesregierung vom 11. Juni 1971 über Eckwerte und Grundsätze, Bulletin Nr. 95/S. 993 (Sonderausgabe), Bonn, d. 23. Juni 1971

Unser neues Mietrecht, Bonn 1972

Räuschel, J. Lohnsteuer sparen 1970, Ratgeber zum neuen Formular, Düsseldorf 1970

Scharfenstein, H. Zur Problematik der aussergewöhnlichen Belastungen im deutschen Einkommensteuerrecht, Dissertation, Köln 1964

Schelde, K. Soll der Staat das Sparen fördern?, in: Zeitschrift für das gesamte Kreditwesen, 18. Jg., 1965, H. 12, S. 553

Scherhorn, G. und Fricke, D. Hängt die Spartätigkeit vom Einkommen ab?, in: Blätter für Genossenschaftswesen, Jg. 107, Nr. 16, Bonn 1961, S. 277 ff.

Scherhorn, G. und Strümpel, B. Sparfähigkeit und Spartätigkeit in den unteren Einkommensschichten, in: Bundesarbeitsblatt, Jg. 1961, Nr. 1, S. 27 ff.

Scheuch, E. K. Auswahlverfahren in der Sozialforschung, in: König, R. (Hrsg.): Handbuch der empirischen Sozialforschung, Bd. 1, Stuttgart, 1962, S. 309 ff.

Das Interview in der Sozialforschung, in: König, R. (Hrsg.): Handbuch der empirischen Sozialforschung, Bd. 1, Stuttgart 1962, S. 136 ff.

Schmidt, K. Die Steuerprogression, Veröffentlichungen der List Gesellschaft e.V., Bd. 20, Bonn 1959

Schmölders, G. Das Irrationale in der öffentlichen Finanzwirtschaft (Rowohlts Deutsche Enzyklopädie, Bd. 100), Hamburg 1962

Zur Psychologie der Vermögensbildung in Arbeiterhand, in: Kyklos, Bd. 15 (1962), S. 165 ff.

Das Gerechtigkeitspostulat in der Besteuerung, in: Steuer-Kongress-Report, München und Berlin 1964, S. 25 ff.

Allgemeine Steuerlehre, 4. Aufl., Berlin 1965

Schneidewind, G. 1971 noch mehr Lohnsteuer sparen durch ein verblüffend einfaches System (Lohnsteuer-Jahresausgleich 1970, Lohnsteuerermäßigung 1971), Gütersloh, Berlin und Wien 1971

Schreiber, W. Kindergeld im sozioökonomischen Prozess, Kindergeld als Prozess zeitlicher Kaufkraft-Umschichtungen im Individualbereich, in: Sozialtheorie und Sozialpolitik, Bd. 1, Köln 1964

Sozialpolitik heute und morgen, ein Vortrag am 18.7.64 vor der Rheinischen Braunkohlenbergschule in Frechen-Bachem, unveröffentlichtes Manuskript

Schulte, H. Schätzung und Pauschalierung in der deutschen Einkommensteuer, Dissertation, Köln 1966

Sebiger, H. Grenzen der Typisierung in der Einkommensbesteuerung, dargestellt am Beispiel des § 33 a EStG, in: Steuer-Kongress-Report, München und Berlin 1964, S. 120 ff.

Sheatsley, P. B. Die Kunst des Interviewens, in: König, R. (Hrsg.): Das Interview, Formen - Technik - Auswertung, Praktische Sozialforschung I, Köln und Berlin 1965

Siebke, J. Die Vermögensbildung der privaten Haushalte in der Bundesrepublik Deutschland, Forschungsauftrag des Bundesministeriums für Arbeit und Sozialordnung, als Manuskript vervielfältigt, Bonn 1971

Statistisches Bundesamt (Hrsg.) — Stichproben in der amtlichen Statistik, Stuttgart und Mainz 1960

Sparmotive, Sparziele und Sparneigung privater Haushalte (Ergebnis der Einkommens- und Verbrauchsstichprobe 1969), in: Wirtschaft und Statistik, H. 2, 1971, S. 137 ff.

Bruttolohn und Lohnsteuer, Ergebnisse der Lohnsteuerstatistik 1968, in: Wirtschaft und Statistik, H. 3, 1971, S. 153 ff.

Statistisches Landesamt Nordrhein-Westfalen — Das lohnsteuerpflichtige Einkommen in Nordrhein-Westfalen 1968, in: Statistische Berichte des Statistischen Landesamtes Nordrhein-Westfalen, L II 4 - j/68, ausgegeben am 22. März 1971

Steuerreform-Kommission (Eberhard-Kommission) — Gutachten der Steuerreformkommission, Loseblattausgabe in 3 Bänden, Bonn 1971

Stollfuß-Tabellen — Jahreslohnsteuer-Tabellen 1970, 27. Aufl. (mit Erläuterungen), Bonn 1970

Lohnabzugs-Tabelle-Monat-, 51. Aufl. (mit Erläuterungen), gültig ab 1. Januar 1971, Bonn 1970

Strümpel, B. — Steuersystem und wirtschaftliche Entwicklung. Funktion und Technik der Personalbesteuerung im sozioökonomischen Wandel, Tübingen 1968

Upmeier, W. — - Die neue "Klassensteuer" - Die Verselbständigung der Besteuerung nach Einkommensarten, dargestellt an der gesonderten Besteuerung der Einkünfte aus nichtselbständiger Arbeit. - Zum Postulat der Gleichmässigkeit der Einkommensbesteuerung -, Dissertation, Köln 1970

Vogel, A. — Spar-Prämiengesetz (mit Durchführungsverordnung, Richtlinien, amtlicher Begründung und Erläuterungen), 2. Aufl., Stuttgart 1961

Vorstand der SPD (Hrsg.) — Vorschläge der Steuerreformkommission beim Parteivorstand der SPD, Materialien zum Ausserordentlichen Parteitag 18.-20. November 1971 (Steuerreform IV), Bonn 1971

Weisser, G. — Politik als System aus normativen Urteilen, in: Monographien zur Politik, H. 1, Göttingen 1951

Weisser, G. | Einige Grundbegriffe der Sozialpolitiklehre (Neue Fassung 1957), als Manuskript vervielfältigt, Köln 1957

Politik der Geschenke?. in: Welt der Arbeit, Nr. 44 v. 30.10.1964, S. 4

Willgerodt, H., Bartel, K. und Schillert, U. | Vermögen für alle - Probleme der Bildung, Verteilung und Werterhaltung des Vermögens in der Marktwirtschaft -, Düsseldorf und Wien 1971

Wissenschaftlicher Beirat beim Bundesminister der Finanzen | Zur Neuordnung der finanzpolitischen Regelungen zur Förderung des privaten Sparens und Verbesserung der Vermögensverteilung (Gutachten), in: Bulletin des Presse- und Informationsamtes der Bundesregierung, Nr. 111, Bonn 1964, S. 1057 ff.

Zech, J. | Das deutsche Einkommensteuergesetz in sozialpolitischer Sicht, Dissertation, Köln 1967

Zeitel, G. | Die Steuerlastverteilung in der Bundesrepublik Deutschland, Tübingen 1959

Forschungsberichte des Landes Nordrhein-Westfalen

Herausgegeben im Auftrage des Ministerpräsidenten Heinz Kühn
vom Minister für Wissenschaft und Forschung Johannes Rau

Sachgruppenverzeichnis

Acetylen · Schweißtechnik
Acetylene · Welding gracitice
Acétylène · Technique du soudage
Acetileno · Técnica de la soldadura
Ацетилен и техника сварки

Arbeitswissenschaft
Labor science
Science du travail
Trabajo científico
Вопросы трудового процесса

Bau · Steine · Erden
Constructure · Construction material · Soilresearch
Construction · Matériaux de construction · Recherche souterraine
La construcción · Materiales de construcción · Reconocimiento del suelo
Строительство и строительные материалы

Bergbau
Mining
Exploitation des mines
Minería
Горное дело

Biologie
Biology
Biologie
Biologia
Биология

Chemie
Chemistry
Chimie
Quimica
Химия

Druck · Farbe · Papier · Photographie
Printing · Color · Paper · Photography
Imprimerie · Couleur · Papier · Photographie
Artes gráficas · Color · Papel · Fotografía
Типография · Краски · Бумага · Фотография

Eisenverarbeitende Industrie
Metal working industry
Industrie du fer
Industria del hierro
Металлообработывающая промышленность

Elektrotechnik · Optik
Electrotechnology · Optics
Electrotechnique · Optique
Electrotécnica · Optica
Электротехника и оптика

Energiewirtschaft
Power economy
Energie
Energía
Энергетическое хозяйство

Fahrzeugbau · Gasmotoren
Vehicle construction · Engines
Construction de véhicules · Moteurs
Construcción de vehículos · Motores
Производство транспортных средств

Fertigung
Fabrication
Fabrication
Fabricación
Производство

Funktechnik · Astronomie
Radio engineering · Astronomy
Radiotechnique · Astronomie
Radiotécnica · Astronomía
Радиотехника и астрономия

GPSR Compliance

The European Union's (EU) General Product Safety Regulation (GPSR) is a set of rules that requires consumer products to be safe and our obligations to ensure this.

If you have any concerns about our products, you can contact us on ProductSafety@springernature.com

In case Publisher is established outside the EU, the EU authorized representative is:

Springer Nature Customer Service Center GmbH
Europaplatz 3
69115 Heidelberg, Germany

Batch number: 10809636

Printed by Printforce, the Netherlands